한국인의 철학

한국인의 철학

초판 1쇄 펴낸 날 | 2011년 1월 7일
초판 2쇄 펴낸 날 | 2011년 3월 31일

지은이 | (주)한국갤럽조사연구소
펴낸이 | 박무익
펴낸곳 | (주)한국갤럽조사연구소

주　소 | (주)한국갤럽조사연구소
　　　　 110-054 서울시 종로구 사직동 208번지
전　화 | 02-3702-2100, 팩　스 | 02-3702-2121
출판등록번호 | 300-1978-20
전자우편 | press@gallup.co.kr
홈페이지 | www.gallup.co.kr

이 책은 (주)한국갤럽조사연구소의 소중한 자산입니다.
이 책의 내용을 인용하시려면 반드시 출판사의 동의를 받아야 합니다.

ⓒ (주)한국갤럽조사연구소

ISBN 978-89-93516-07-4 (93100)

여론조사로 생생하게 밝힌 한국 최초의 철학 탐구서

한국인의 철학

(주)한국갤럽조사연구소 지음

한국갤럽 GALLUP KOREA

이 책을 펴내면서

지금으로부터 약 6년 전 철학과 동문 모임에서 이런 이야기들이 나왔습니다.

"한국인은 도대체 철학을 어떻게 생각하고 있을까?"

"나아가 한국인은 어떤 생활 철학을 하면서 살아가고 있을까?"

지난 30여 년 간 여론조사 분야에 몸담아온 저는 이런 주제에 관한 조사 연구를 일찍이 본 적이 없었고 또한 이런 주제가 새롭고 흥미롭게 느껴져 기꺼이 여론 조사를 하기로 했습니다. 곧 여러 철학 교수님들과 조사의 방향과 질문지 작성에 대한 논의를 거쳐 바로 조사에 착수했습니다.

조사 결과를 분석하다 보니 단순히 여론조사 결과만 제시해서는 미진한 점이 있다고 생각했습니다.

첫째, 여론조사 결과는 진리 혹은 진실이라기보다는 그때 그 시절의 바람과 온도에 대해 느끼는 감정 같은 것이기 때문입니다. 둘째, 여론 조사 결과가 의미하는 바는 그동안 우리 언론의 보도와 철학 교육의 결과일 수 있다는 점 때문입니다.

이에 저는 일반 독자들의 이해를 돕고 우리나라 철학 발전을 위해 철학 교수 네 분께 조사 결과를 드리고 의견을 부탁 드렸습니다.

여기에는 송영배 명예교수(서울대 철학과, 동양철학 전공), 이태수 명예교수(서울대 철학과, 서양 고대철학 전공), 손동현 교수(성균관대 철학과, 독불철학·존재론 전공), 그리고 황경식 교수(서울대 철학과, 윤리학 전공)가 참여해주셨고, 당시 한국갤럽 이동욱 전문위원이 인터뷰했습니다. 이 자리를 빌려 조사 결과의 해석에 도움을 주신 철학 교수 네 분께 진심으로 감사 말씀을 전합니다.

한 가지 양해를 구할 것은 2005년에 첫 번째 조사를 실시했으나, 차일피일 늦어져 자료가 노후한 탓에 2010년에 다시 조사를 실시해 이 자료집을 낸 점입니다. 자료집을 늦게 발간한 것에 대해 사과 드립니다.

아무쪼록 이 자료집이 우리나라에서 철학을 연구하는 분들에게 도움이 된다면 한 조사인으로 살아온 저에게는 큰 보람이 될 것입니다.

2011년 1월

박 무 익
(한국갤럽조사연구소장)

CONTENTS

이 책을 펴내면서…   _ 4
조사 개요   _ 11

제1부 » 조사 결과 분석

제1장 **철학에 대한 인식**

1. 철학에 대한 생각   _ 19
   철학 관련 자유 연상聯想 / 철학에 대한 견해

2. 철학에 대한 관심 정도   _ 27
   철학 관련 독서량 / 관심 있는 철학 분야

3. 철학자   _ 32
   철학자 상기도 / 가장 훌륭한 철학자

4. 철학과 사회   _ 37
   철학과 윤리의 관계 / 고교 과정 철학 수업 효과 /
   철학의 국가 발전 기여도 / 철학 전공 지지도

제2장 **인생의 의미와 가치관**

1. 인생의 의미   _ 49
   삶의 의미 / 허무감 / 죽음에 대한 생각 / 행복감

2. 가치관 _ 59
　　인생의 우선 순위 / 이상적인 직업 / 감명 깊게 읽은 책 / 존경하는 사람

제3장 가정과 가족관

1. 가정교육 _ 71
　　가훈 / 가정교육 내용

2. 가족관 _ 75
　　전통적 가족관에 대한 의견

3. 결혼관 _ 81
　　혼전婚前 동거에 대한 의견 / 이혼에 대한 의견

제4장 윤리관과 운명관, 종교관

1. 윤리관 _ 87
　　인간의 본성 / 인과응보因果應報

2. 운명관 _ 91
　　운명에 대한 의견 / 점占

3. 종교관 _ 100
　　본인의 종교 / 종교적 개념에 대한 믿음 / 종교와 진리

제5장 국가관과 사회관, 정치의식

1. 국가관 _ 111
　　국민으로서의 자부심 / 전쟁시 참전 의향

2. 사회관 _ 116
　　현 사회제도에 대한 의견 / 우리 사회의 도덕성 수준 /
　　도덕성 저低평가 이유 / 자유 대對 평등 / 능력급의 공평성에 대한 의견 /
　　교통경찰에게 편의 부탁 관련 의견 / 과학 발전이 인류에 미칠 영향

3. 정치의식 _ 127
　　정치에 대한 관심 / 정치적 이념 성향

제2부》 대담 철학 교수 4인, 한국인의 철학에 대해 말하다

1. 철학, 가까이 하기엔 너무 먼 당신? _ 135
2. 철학이 바로 서야 학문이 바로 선다! _ 142
3. 철학 책 안 읽는 사회에 관하여 _ 151
4. 동양 철학에 관심이 쏠린다 _ 162
5. 배부른 돼지보다 배고픈 소크라테스가 나은 이유 _ 169
6. 한국인이 기억하는 철학자 _ 178
7. 철학과 윤리의식 _ 200
8. 철학과 사회 발전 _ 211
9. 네 멋대로 해라! – 철학 전공에 대한 학부모들의 태도 _ 218
10. 고민의 대전환: '먹고사는' 문제에서 '어떻게 사느냐'의 문제로 _ 224
11. 죽음을 망각한 한국인: 한국인의 현세주의적 철학관 _ 235
12. 서민들의 생활 철학, '점' _ 241

제3부》 자료 교차 집계표

응답자 특성 _ 255

1. 철학에 대한 인식 _ 256
   표 1-1-1. 철학 자유 연상(카테고리) _ 256
   표 1-1-2-1. 철학에 대한 견해 – 공부하기 어려운 학문 _ 258
   표 1-1-2-2. 철학에 대한 견해 – 모든 학문의 기초 _ 259
   표 1-1-2-3. 철학에 대한 견해 – 인생의 의미와 가치 탐구 _ 260
   표 1-1-2-4. 철학에 대한 견해 – 내 삶에 필요한 학문 _ 261
   표 1-2-1. 철학 관련 독서량 _ 262
   표 1-2-2. 관심 있는 철학 분야 _ 263
   표 1-3-1-1. 생각나는 우리나라 철학자 _ 264
   표 1-3-1-2. 생각나는 동양 철학자 _ 265

표 1-3-1-3. 생각나는 서양 철학자 _ 266
　　　표 1-3-2. 가장 훌륭한 철학자 _ 267
　　　표 1-4-1. 철학 공부와 윤리의식 관련성 _ 268
　　　표 1-4-2. 고등학교 철학 수업의 교육적 효과 _ 269
　　　표 1-4-3. 국가 발전에 대한 철학의 기여도 _ 270
　　　표 1-4-4. 철학 전공 지지도 _ 271

2. 인생의 의미와 가치관 _ 272
　　　표 2-1-1. 인생의 의미 정도 _ 272
　　　표 2-1-2. 인생의 무의미성 생각 빈도 _ 273
　　　표 2-1-3. 죽음에 대한 생각 빈도 _ 274
　　　표 2-1-4. 현재 자신의 행복 정도 _ 275
　　　표 2-2-1-1. 인생에서 가장 중요한 것 – 최초 _ 276
　　　표 2-2-1-2. 인생에서 가장 중요한 것 – 중복 _ 277
　　　표 2-2-2-1. 아들의 장래 희망 직업 _ 278
　　　표 2-2-2-2. 딸의 장래 희망 직업 _ 279
　　　표 2-2-3-1. 가장 감명 깊게 읽은 책 – 최초 _ 280
　　　표 2-2-3-2. 가장 감명 깊게 읽은 책 – 중복 _ 282
　　　표 2-2-3-3. 가장 감명 깊게 읽은 책 – 중복(상위 10위) _ 284
　　　표 2-2-4-1. 가장 존경하는 사람 – 최초 _ 286
　　　표 2-2-4-2. 가장 존경하는 사람 – 중복 _ 287
　　　표 2-2-4-3. 가장 존경하는 사람 – 중복(상위 10위) _ 288

3. 가정과 가족관 _ 289
　　　표 3-1-1-1. 가훈 존재 여부 _ 289
　　　표 3-1-1-2. 가훈 내용 _ 290
　　　표 3-1-2-1. 자녀가 가정에서 우선적으로 배워야 할 것 – 최초 _ 291
　　　표 3-1-2-2. 자녀가 가정에서 우선적으로 배워야 할 것 – 중복 _ 293
　　　표 3-2-1-1. 전통적 동양사상에 대한 견해 – 집안 남자어른 주도권 _ 295
　　　표 3-2-1-2. 전통적 동양사상에 대한 견해 – 남편과 아내 하는 일 구별 _ 296
　　　표 3-2-1-3. 전통적 동양사상에 대한 견해 – 자식은 부모 뜻 추종 _ 297
　　　표 3-3-1. 결혼 전 동거에 대한 견해 _ 298
　　　표 3-3-2. 이혼에 대한 견해 _ 299

4. 윤리관, 운명관, 종교관 _ 300
　　　표 4-1-1. 인간의 본성에 대한 견해 _ 300
　　　표 4-1-2. 인과응보에 대한 견해 _ 301
　　　표 4-2-1. 사람의 운명에 대한 견해 _ 302

표 4-2-2-1. 돈 내고 점(占) 본 경험 여부　_ 303
　　표 4-2-2-2. 점(占)과 실제 현실과의 일치도　_ 304
　　표 4-2-2-3. 점(占)에 대한 신뢰도　_ 305
　　표 4-2-2-4. 궁합 나쁜 결혼에 대한 견해　_ 306
　　표 4-3-2-1. 절대 진리의 존재에 대한 견해　_ 307
　　표 4-3-2-2. 신의 존재에 대한 견해　_ 308
　　표 4-3-2-3. 사후 세계의 존재에 대한 견해　_ 309
　　표 4-3-3. 종교에 대한 견해　_ 310

5. 국가관과 사회관, 정치의식　_ 311
　　표 5-1-1. 한국인이라는 것이 자랑스러운 정도　_ 311
　　표 5-1-2. 전쟁시 우리나라를 위해 참전할 의향　_ 312
　　표 5-2-1. 현 사회제도에 대한 견해　_ 313
　　표 5-2-2. 우리 사회의 도덕성 수준　_ 314
　　표 5-2-3. 우리 사회의 도덕성이 낮은 이유　_ 315
　　표 5-2-4. 자유와 평등 중 우리 사회에 더 중요한 것　_ 316
　　표 5-2-5. 능력급의 공평성에 대한 견해　_ 317
　　표 5-2-6. 교통법규 위반시 편의 부탁에 대한 견해　_ 318
　　표 5-2-7. 과학의 발전이 인류에게 미칠 영향　_ 319
　　표 5-3-1. 정치에 대한 관심도　_ 320
　　표 5-3-2. 정치적 이념 성향　_ 321

질문지　_ 323

조사 개요

I. 조사 설계

이 조사는 2009년 12월 15일부터 2010년 1월 5일까지 제주도를 제외한 전국의 만 19세 이상 남녀 1,503명을 개별면접하여 자료를 수집했습니다. 조사대상자는 최신 행정구역과 주민등록인구통계자료를 바탕으로 층화대표구를 추출한 후 해당 지역에서 선정했으며, 최대허용표본오차한계는 ±2.5%포인트입니다.

조사에 협조해주신 1,503명 가운데에는 남성이 749명, 여성은 754명이었고, 연령별로는 만 19~29세 316명, 30대 340명, 40대 348명, 50대 247명, 그리고 60세 이상 252명이 포함되어 있습니다. 거주 지역별로는 서울 319명, 인천/경기 422명, 강원 48명, 대전/충청 153명, 광주/전라 155명, 대구/경북 164명, 부산/울산/경남 242명이었습니다.

2010년 조사에 앞서 2005년 7월에 동일한 방식으로 1,510명을 대상으로 사전조사를 실시한 바 있습니다. 본문 가운데 철학 교수님들의 대담은 당시의 사전조사 결과를 바탕으로 1차 구성했으며, 2010년 조사에 나타난 변화에 대해서는 수정 보완했습니다.

2. 이 책의 구성

이 책은 한국인의 철학에 관한 제1부 조사 결과 분석, 철학 교수 4인의 대담인 제2부 대담, 그리고 제3부 자료편으로 구성했습니다.

제1부 한국인의 철학에 대한 조사 결과 분석편에서는 한국인은 철학이라고 하면 무엇을 떠올리는가, 철학은 공부하기 어려운 학문인가, 삶에 얼마나 필요한 학문인가, 철학 관련 책을 얼마나 읽었는가, 철학자로는 누구를 떠올리는가, 철학이 국가 발전에 얼마나 기여하는가 등의 내용을 다룹니다. 또한 한국인이 느끼는 인생의 의미와 가치관, 가정 내 교육과 가족관, 결혼관, 윤리, 운명, 종교, 국가, 사회, 정치에 대한 다양한 견해들을 알아봄으로써 앞으로 우리나라의 철학, 인문학 교육과 사회화가 어떤 방향으로 설계되고 강화되어야 할지에 대한 기초자료를 담았습니다.

제2부 철학 교수 4인의 대담편에서는 제1부에서 다룬 철학에 대한 한국인의 생각을 송영배 명예교수(서울대 철학과, 동양철학 전공), 이태수 명예교수(서울대 철학과, 서양 고대철학 전공), 손동현 교수(성균관대 철학과, 독불철학·존재론 전공), 그리고 황경식 교수(서울대 철학과, 윤리학 전공)가 해석한 내용을 대담 형식으로 엮었습니다.

제3부 자료편에서는 제1부, 제2부 본문에서 미처 언급하지 못한 구체적인 계층별, 지역별 수치들을 제시함으로써, 특정 주제나 특정 집단에 초점을 두고 연구하려는 분들에게 도움이 될 수 있는 교차집계표를 담았습니다.

3. 해석시 주의사항

일반적으로 조사 결과를 해석할 때에는 통계적으로 의미 있는 차이를 보이는 결과만 다루는 경우가 많습니다. 그러나 이 조사는 철학에 대한 한국인의 다양한 생각을 담아내는 데 목적이 있으므로 필요한 경우에는 매우 낮은 수치를 보이는 항목도 제시했습니다. 본문에서 구체적으로 다루지 않은 수치는 제3부 자료편을 참조해주십시오.

이 책에 실린 철학 교수님들의 견해는 절대적인 것이 아니며 한국갤럽의 입장과도 일치하지 않을 수 있습니다. 또한 독자들의 연구 분야와 관심사에 따라 상대적으로 달리 해석될 수 있음을 알려드립니다. 한국갤럽은 이 조사 결과를 활용하여 추가적인 연구를 원하는 분들께는 원 데이터를 제공할 예정이오니, 필요하신 분은 담당자에게 문의해주십시오.

이 책의 내용을 인용하실 때에는 반드시 출처를 밝혀주시기 바랍니다.

철학에 대한 인식

인생의 의미와 가치관

가정과 가족관

윤리관과 운명관, 종교관

국가관과 사회관, 정치의식

한국인의 철학
제 1 부

조사 결과 분석

제1장

철학에 대한 인식

1. 철학에 대한 생각
2. 철학에 대한 관심 정도
3. 철학자
4. 철학과 사회

> 한국인에게 철학은 어떤 모습으로 자리 잡고 있을까? 철학이란 인생을 사는 가치관이자 세상을 바라보는 눈이니 이 땅 위에 사는 한국인의 수만큼 다양한 철학이 존재할 것이다. 흥미로운 점은 그 생김을 꼼꼼히 살펴보면 공통된 분모를 찾을 수 있다는 것이다. 제1장에서는 한국인은 철학이라는 말을 들었을 때 떠올리는 것은 무엇인지, 철학 관련 책은 몇 권이나 읽어보았는지, 좋아하는 철학자는 누구인지 등을 물어보고 그 속에 담긴 한국인의 철학에 대한 생각을 알아보고자 했다.

한국인의
철학

01

철학에 대한 생각

1) 철학 관련 자유 연상 聯想

질문 '철학' 하면 무엇이 떠오르십니까? 어떤 내용이라도 좋으니 생각나시는 대로 2개까지 말씀해주십시오. (자유 응답)

- 점占과 관련된 용어   21%
- 어렵고 재미없다   20%
- 진리, 가치관 등 철학적 관념   16%
- 소크라테스 등 철학자   15%
- 인생의 본질과 관련된 단어   12%
- 철학과 관련된 이론이나 책 혹은 명언   9%

'진리, 가치관' 등 철학의 본질과 관련된 응답 52%

한국인들은 '철학' 하면 무엇을 떠올릴까? 한국인이 철학에 대해 가지고 있는 이미지를 파악하기 위해 '철학'이라고 하면 무엇이 연상되는지 질문한 결과, '점(11%)', '운명/운세(2%)', '관상(2%)', '철학관(2%)' 등 점 관련 연상이 21%로 가장 많았다. 그 다음으로 '어렵고 재미없다'가 20%였다. '사상', '진리', '이념' 등 철학적 관념에 관한 용어가 16%, '소크라테스', '공자' 등 철학자에 대한 연상이 15%, '삶', '운명', '죽음', '삶에 대한 고찰' 등 인생의 본질과 관련된 말을 떠올린 응답이 12%, '너 자신을 알라', '유토피아' 등 철학과 관련된 이론이나 책 혹은 명언이 떠오른다는 응답이 9%였다. 기타 소수 의견으로는 '현실과 동떨어진 배고픈 학문'이라는 견해와 종교 관련 응답이 각 3%, 윤리/도덕 관련 응답이 2%였다.

상위 5순위까지의 응답별 비율을 살펴보면, 10~20% 내로 큰 차이가 없어 철학에 대한 사람들의 인식 가운데 두드러진 하나를 잡아내기는 어려웠다. 그러나 전체적인 응답의 성격을 살펴볼 때, '인생의 본질', '진리/가치관', '철학 용어/철학자' 등 철학의 탐구 대상이나 철학 자체와 관련된 응답이 52%로 상당수의 한국인들은 어렴풋이 철학에 대한 기본 개념에 접근하고 있는 것으로 보인다.

또한 점 관련 연상이 가장 많은 것은 철학에 대한 일반인의 인식을 보여준다. 철학의 개념은 운명·운세와 분리되기 힘든데 이는 사주팔자나 점이 '주역'이라는 동양 철학의 고전에 근거하고 있고, '철학관'이라 부르는 점집 문화가 일상생활의 영역에 널리 퍼져 있기 때문이다. '점'과 관련된 연상聯想은 남성(16%)보다 여성(25%)에게서 더 많았다.

한편, '어렵고 재미없다'는 응답은 남녀 차이가 별로 없이 20%로 나타나 철학에 대한 한국인의 기본 태도를 엿볼 수 있었다. 이와 같은 느낌은 '어렵다', '고리타분하다', '머리 아프다', '딱딱하다', '복잡하다', '지루하다', '답답하다' 등으로 다양하게 표현되었다.

| 그림 1 | **철학에 대한 자유 연상**聯想

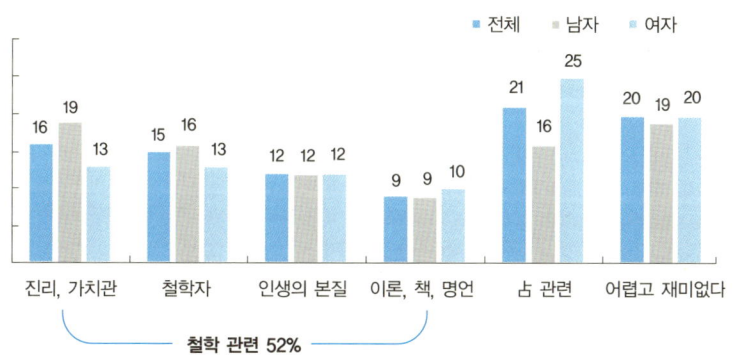

2) 철학에 대한 견해

> **질문** 귀하께서는 다음 각 항목에 대해 '그렇다'고 생각하십니까, 혹은 '아니다'라고 생각하십니까?
>
> 가. 철학은 공부하기 어려운 학문이다
> 나. 철학은 모든 학문의 기초가 되는 학문이다
> 다. 철학은 인생의 의미와 가치를 탐구하는 학문이다
> 라. 철학은 내 삶에 필요한 학문이다

한국인들, 철학의 학문적 가치 긍정

한국인들은 철학의 가치를 어떻게 평가하고 있는지 알아보기 위해, 철학의 학문적 가치와 의미, 실용성에 관한 4가지 명제를 제시한 후 각각에 대한 동의 여부를 물었다.

가. 철학은 공부하기 어려운 학문

한국인의 77%가 '철학은 공부하기 어려운 학문이다'라는 명제에 '그렇다'고 응답해, '어렵고 재미없는 학문'으로서의 철학의 이미지를 재확인할 수 있었다. 철학을 공부하기 어려운 학문으로 생각한다는 응답은, 남성(78%)과 여성(77%)에게서 비슷하게 나타났으며, 연령별로도 큰 차이를 보이지 않았다.

| 그림 2 | **철학은 공부하기 어려운 학문**

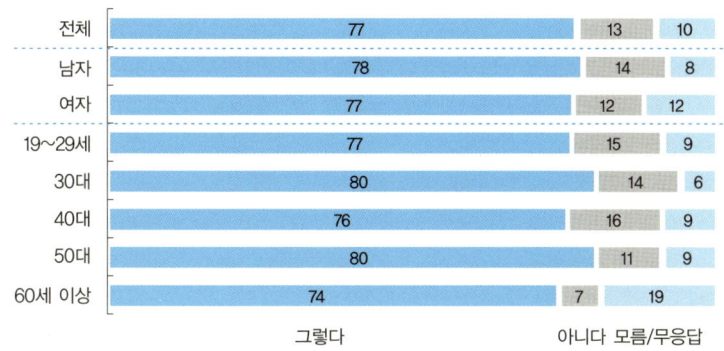

나. 철학은 모든 학문의 기초가 되는 학문

철학을 '모든 학문의 기초가 되는 학문'으로 인정한다는 응답은 54%로 과반이었다. 반면, '아니다'라는 의견도 28%로 적지 않아, 한국인의 인식에는 기초 학문으로서 철학의 입지가 확고하지는 않음을 시사했다.

'철학을 모든 학문의 기초로 생각한다'는 응답은 30대와 40대에서 60% 전후로 많고 20대에서 47%로 가장 적었다. 특히 20대의 부정 응답이 37%에 달해 1980년 이후 출생한 젊은 세대에서는 철학의 입지가 흔들리고 있음을 보여준다.

| 그림 3 | **철학은 모든 학문의 기초가 되는 학문**

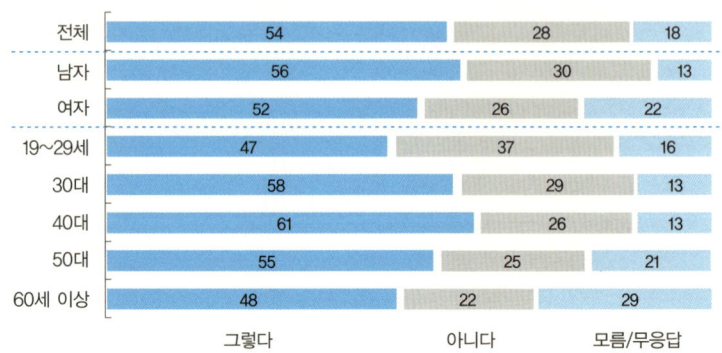

다. 철학은 인생의 의미와 가치를 탐구하는 학문

한국인의 68%는 철학이라는 학문이 인생의 의미와 가치를 탐구하는 학문이라고 생각하고 있었다. 이는 다수의 한국인들이 다양한 철학 분야 가운데 특히 '삶이란 무엇인가' 란 문제를 탐구하는 인생론의 측면에서 철학을 이해하고 있기 때문인 것으로 보인다.

앞의 명제에 동의하는 비율은 여성(65%)보다 남성(70%)에게서 높았고, 연령별로는 40대(73%)에서 동의하는 비율이 높았으며, 60세 이상(60%)에서 낮았다.

| 그림 4 | **철학은 인생의 의미와 가치를 탐구하는 학문**

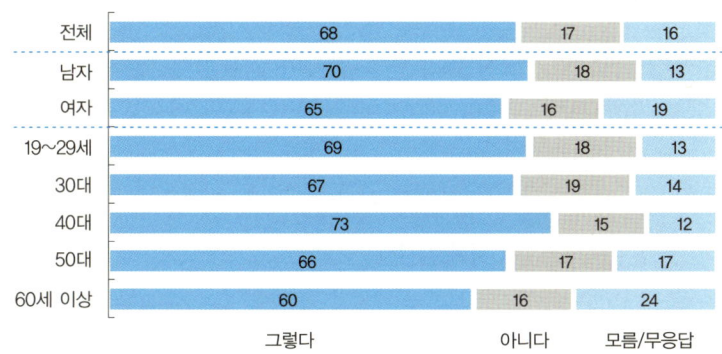

라. 철학은 내 삶에 필요한 학문

철학의 학문적 가치에 대한 평가는 비교적 높은 반면, 철학을 실제 자신의 삶에 필요한 학문으로 생각하는지에 대한 질문에는 반대 의견이 많았다. '철학은 내 삶에 필요한 학문이다'라는 명제에 대해 '그렇다'란 응답이 38%, '아니다'란 응답이 47%였다.

'철학은 모든 학문의 기초'라는 명제나 '철학은 인생의 의미와 가치를 탐구하는 학문'이라는 명제에 동의한 응답자 가운데 3분의 1 이상은 철학은 삶에 필요한 학문이 '아니다'라고 응답해, 철학의 학문적 가치는 인정하면서도 그 실용성에 대해서는 회의적인 시각을 가지고 있는 사람들이 상당수 있는 것으로 나타났다.

또 '철학은 인생의 의미와 가치를 탐구하는 학문'이란 명제에 대해 비동의 응답자 대부분(89%)이 철학의 실용성 역시 부인해, 철학의 학문적 가치를 인정하지 않을수록 철학의 실용성에 대해서도 낮게 평가하고 있었다.

| 표 1 | 철학의 실용성과 학문적 가치 (%)

구 분		철학은 삶에 필요한 학문이다	
		그렇다	아니다
전 체		38	47
철학은 모든 학문의 기초	긍정(815명)	58	36
	부정(422명)	16	78
철학은 인생의 의미와 가치 탐구하는 학문	긍정(1,015명)	52	41
	부정(253명)	10	89

| 그림 5 | 철학은 내 삶에 필요한 학문

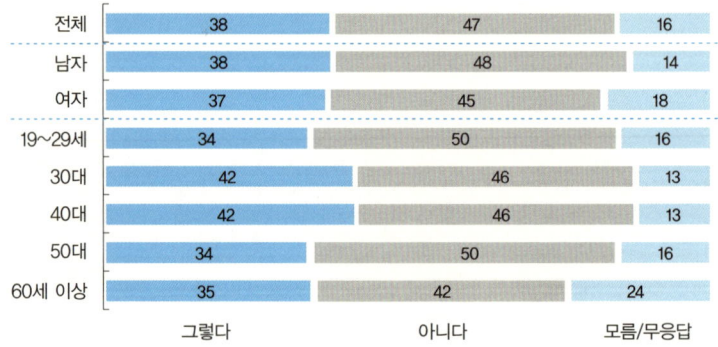

한국인의
철학
02

철학에 대한 관심 정도

1) 철학 관련 독서량

> **질문** 귀하께서는 지금까지 살아오시면서 철학과 관련된 책을 몇 권 정도 읽어보셨습니까? (자유 응답)
>
> - 철학 관련 책을 읽은 적이 없음　　74%
> - 1~2권　　11%
> - 3~4권　　6%
> - 5~9권　　3%
> - 10권 이상　　6%

한국인의 74%, 철학 관련 책 읽어본 적 없다

한국인들의 철학에 대한 관심은 어느 정도인지 알아보기 위해, 지금까지 살아오면서 철학 관련 서적을 몇 권이나 읽었는지 물어보았다. 그 결과, 한국인은 평균 2.14권의 철학 책을 읽었으며, 10명 가운데 7명(74%)은 평생 철학 관련 서적을 1권도 읽지 않은 것으로 나타났다. 지난 2004년 한국갤럽에서 실시한 '한국인의 독서 실태 조사' 결과에서는 모든 장르의 책을 통틀어 한 달 평균 1권의 책도 읽지 않는 사람이 57%에 달했다. 이처럼 낮은 독서율을 감안할 때 이번 조사 결과가 아주 놀랍지 않을 수도 있다. 그러나 응답자의 42%가 대학 재학 이상 학력자임을 감안하면 70% 이상이 지금까지 철학 관련 책을 1권도 읽은 적이 없다는 사실은 분명 매우 놀라운 것이다. 아마도 '철학'이라는 단어에 내재된 다소 어렵고 전문적인 느낌 때문에 이러한 결과가 나오지 않았나 생각된다.

철학은 매우 포괄적인 의미를 지닌다. 주요 서점의 베스트셀러 자리를 석권하는 처세 및 성공에 관한 책들도 엄밀히 보면 '성공철학'과 관련이 있다. 『소피의 세계』와 같은 스테디셀러 소설은 추리 소설의 형식을 빌려 철학을 소개하는 책이다. 이외에도 일반 독자들을 위해 쉽고 재미있게 쓴 철학 관련 책들도 많다. 분명 응답자의 상당수는 학교 수업을 통해 또는 개인적인 취미로 이러한 책들을 읽은 경험이 있을 것이다. 그럼에도 불구하고 '읽어본 적이 없다'는 응답이 74%로 높게 나타난 것은 철학의 전문적인 이미지 때문인 것으로 보인다.

지금까지 철학 관련 책을 1~2권 읽어봤다는 응답자는 전체의 11%, 3~4권은 6%, 5~9권은 3%였다. 한편, 10권 이상을 읽었다는 독자도 6%로 적지 않았다.

평균 독서량은 성별로는 남성(2.80권)이 여성(1.48권)보다 많았다. 연령별로는 40대(3.41권)에서 특히 많았다.

| 그림 6 | **철학 관련 독서량**

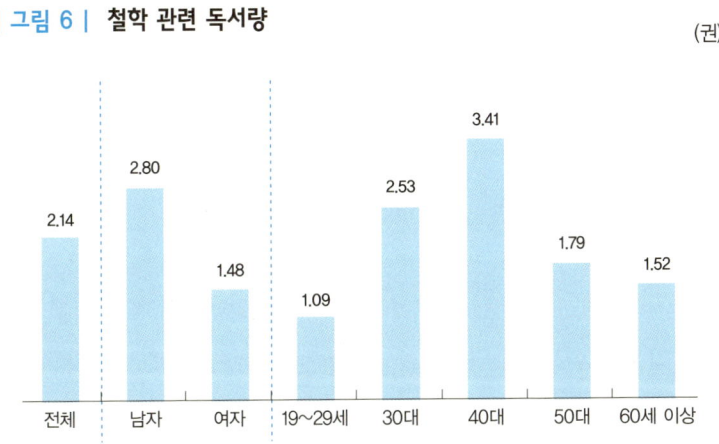

2) 관심 있는 철학 분야

그럼, 철학 책을 읽어본 사람들은 철학의 어느 분야에 가장 관심이 있을까?

질문	귀하께서는 다음 중 어떤 철학 분야에 가장 관심이 많으십니까? 하나만 선택해주십시오. (보기 제시)
• 동양 철학	21%
• 윤리학	20%
• 형이상학	11%
• 사회/정치 철학	10%
• 논리학	9%
• 인식론	3%
• 기타	1%
• 모름/무응답	26%

* 철학 책 1권 이상 읽은 사람 기준(390명)

가장 관심 있는 분야, '동양 철학'

지금까지 철학 책을 1권 이상 읽었다고 응답한 390명에게 가장 관심 있는 철학 분야를 질문한 결과, '동양 철학'이 21%로 가장 많았다. 그 다음은 '윤리학'으로 20%가 응답했다. 이외에 형이상학(14%), 사회/정치 철학(10%), 논리학(9%)은 각각 10% 내외였다.

'동양 철학'은 우리 전통과 가까운 이미지를 가지고 있어 일반인 들에게 가장 친숙한 철학 분야로 관심을 모은 것 같다. '윤리학'의 경우도 '윤리경영', '시민윤리' 등 기업과 사회의 운영에 있어 도덕적 마인드에 대한 요구가 높아지는 현실을 반영한 듯 보인다.

분야별 관심도를 성별로 살펴보면, 동양 철학 분야에서는 여성(26%)의 관심도가 남성(17%)보다 높은 반면, 사회/정치 철학에 대한 관심은 남성(13%)이 여성(7%)보다 높았다.

| 그림 7 | **철학 분야 관심도 - 성별**

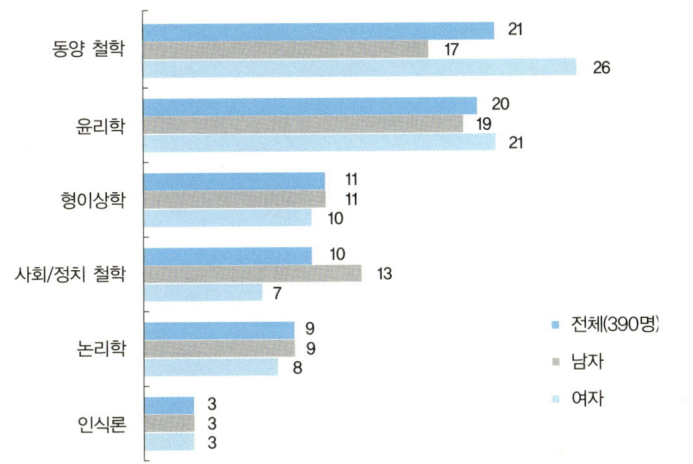

> 한국인의
> 철학
> **03**

철학자

1) 철학자 상기도

 귀하께서는 '우리나라/동양/서양 철학자'로는 어떤 철학자가 생각나십니까? 돌아가신 분과 현존하는 분을 모두 포함하여 2명까지 말씀해주십시오. (자유 응답)

한국인에게 가장 깊은 인상을 준 철학자들이 과연 누구인지 알아봄으로써, 그들이 한국인에게 어떻게 영향을 미치는지 간접적으로 재조명했다.

철학자 하면 떠오르는 인물, '율곡 이이, 공자, 소크라테스'

한국인에게 상기도가 높은 철학자는 율곡 이이, 공자, 소크라테스 등으로 나타났다. 그러나 각 질문에 대한 응답에서 '없음/무응답'이 다수를 차지해 철학자에 대한 한국인의 인식이 그다지 높지 않음을 알 수 있었다.

가. 우리나라 철학자

국내 철학자 가운데서는 '율곡 이이', '도올 김용옥'이 각각 7%로 가장 많이 응답됐다. 그 다음으로 '퇴계 이황(5%)', '다산 정약용(5%)'의 순이었다. 그러나 응답자의 76%는 국내 철학자 가운데 아무도 떠올리지 못했다.

| 그림 8 | 국내 철학자

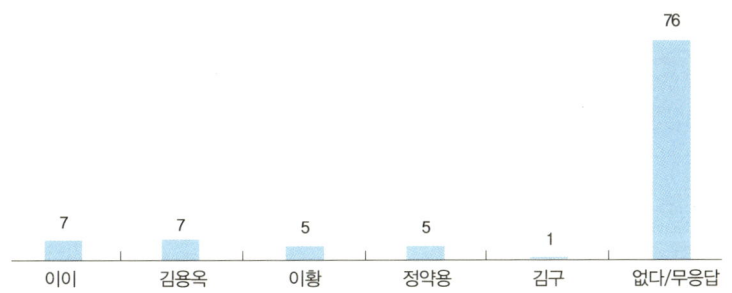

나. 동양의 철학자

한국인들은 동양 철학자 가운데 유가儒家와 도가道家 및 법가法家 사상가들을 많이 기억했다. 유가의 창시자인 '공자'가 46%로 가장 많았으며, '맹자(33%)'가 그 뒤를 이었다. 그 다음으로 도가의 창시자인 도가의 '노자(5%)', 법가의 '순자(2%)', '간디(2%)' 순이었다. 기억나는 동양 철학자가 없다거나 대답을 하지 않은 응답자는 45%였다.

기타 의견 가운데에는 우리나라의 '율곡 이이(1%)', '퇴계 이황(1%)' 등도 있었다.

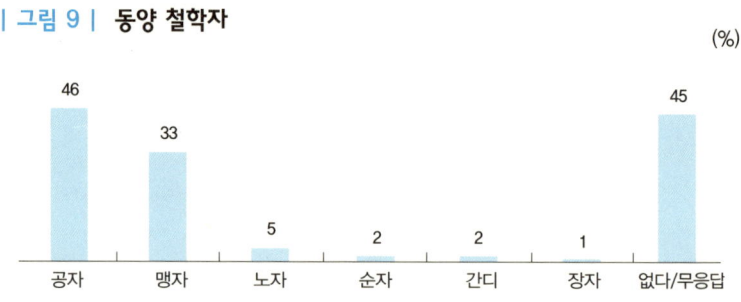

| 그림 9 | 동양 철학자

다. 서양의 철학자

기억나는 서양 철학자로 41%가 '소크라테스'를 꼽았다. 그 다음으로 '아리스토텔레스(15%)', '플라톤(6%)', '칸트(5%)', '데카르트(2%)', '니체(2%)' 등의 철학자들이 거론되었다. 기억나는 서양 철학자가 없다거나 대답을 하지 않은 응답자는 43%였다.

| 그림 10 | **서양 철학자**

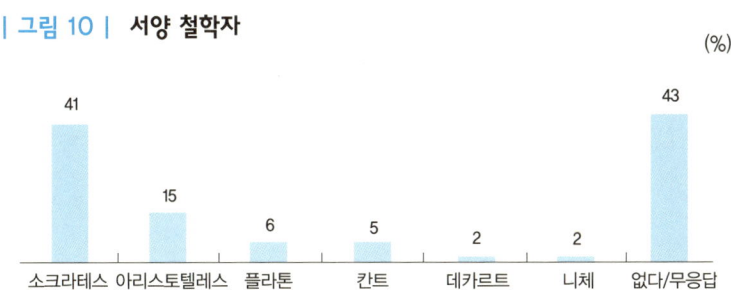

2) 가장 훌륭한 철학자

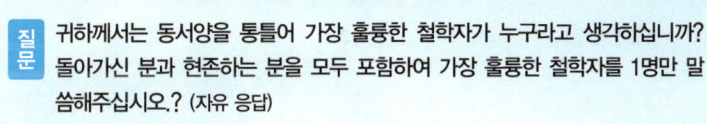

귀하께서는 동서양을 통틀어 가장 훌륭한 철학자가 누구라고 생각하십니까? 돌아가신 분과 현존하는 분을 모두 포함하여 가장 훌륭한 철학자를 1명만 말씀해주십시오.? (자유 응답)

가장 훌륭한 철학자는 '공자'

한국인이 생각하는 가장 훌륭한 철학자는 '공자(20%)', '소크라테스(18%)'였다. 이들은 각각 서양 철학과 동양 철학에서 가장 많이 기억되는 철학자들이기도 했다. 한국인들은 어릴 때부터 윤리 교과서와 대중매체를 통해 공자와 소크라테스에 대해 많이 접하므로, 가장 많이 알려진 철학자가 가장 훌륭한 철학자로 인식되고 있는 셈이다.

| 그림 11 | **가장 훌륭한 철학자**

우리나라 철학자로는 '율곡 이이(1%)', '다산 정약용(1%)' 등이 언급되었으나 응답률이 매우 낮아, 한국 철학의 위상에 대해 다시 한 번 돌아보게 하였다.

한국인의
철학
04

철학과 사회

1) 철학과 윤리의 관계

> **질문** 귀하께서는 철학 공부와 윤리의식이 어느 정도 관련이 있다고 생각하십니까, 혹은 관련이 없다고 생각하십니까?
>
> 1. 밀접한 관련이 있다
> 2. 어느 정도 관련이 있다
> 3. 별로 관련이 없다
> 4. 전혀 관련이 없다
> 5. 모름/무응답

'윤리의식, 철학 공부와 관련이 있다' 67%

철학과 윤리의식의 관련성에 대해 '밀접한 관련이 있다'는 응답이

10%, '어느 정도 관련이 있다'는 응답이 57%로 한국인 10명 가운데 7명은 철학과 윤리의식의 관련성을 의식하는 것으로 나타났다.

| 그림 12 | 철학 공부와 윤리의식의 관련성

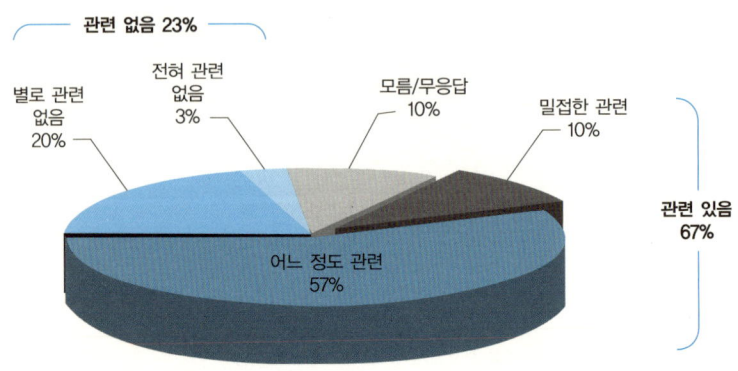

연령별로 살펴보면, 40대와 50대는 철학과 윤리의 관련성을 높게, 20대, 60세 이상에서는 상대적으로 낮게 인식하는 것으로 나타났다.

| 그림 13 | 철학 공부와 윤리의식의 관련성

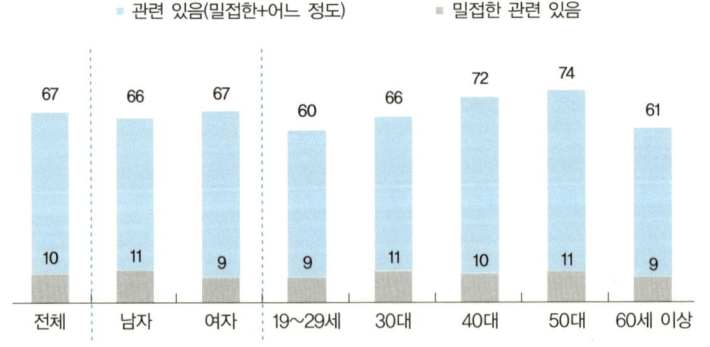

2) 고교 과정 철학 수업 효과

> **질문** 현재 철학은 고등학교에서부터 정규과목으로 개설되어 있습니다. 귀하께서는 고등학교에서의 철학 수업이 교육적 효과가 있다고 생각하십니까, 없다고 생각하십니까?
>
> 1. 효과 있다
> 2. 효과 없다
> 3. 모름/무응답

'철학 수업, 교육적 효과 있다' 44%

고교 과정 철학 수업의 교육적 효과에 대해서는 긍정적인 평가(44%)가 부정적인 평가(37%)보다 조금 많았다.

철학 수업의 효과에 대해 연령별로 차이를 보여 40대 이상에서는 '효과 있다', 20대에서는 '효과 없다'는 의견이 더 많았다. 30대는 '효과 있다'와 '효과 없다'가 비슷했다.

| 그림 14 | 고교 과정 철학 수업 교육적 효과 (%)

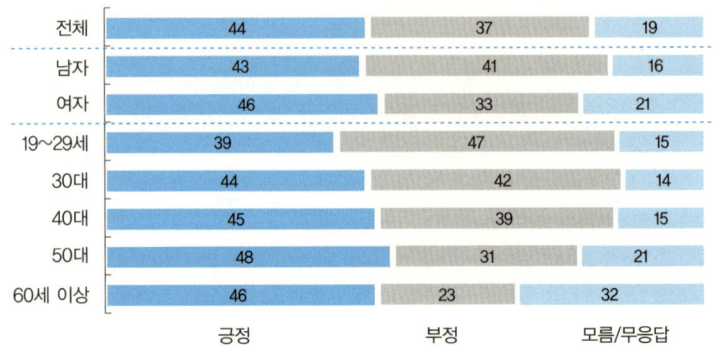

철학의 교육적 효과에 대한 평가는 철학 공부와 윤리의식의 관련성을 어떻게 인식하는가와도 상관이 있어, 철학 교육과 윤리의식의 관련성을 높게 평가할수록 철학의 교육적 효과에 대해서도 높게 평가하는 것으로 나타났다.

| 그림 15 | 철학 공부−윤리의식의 관계 인식별 철학의 교육적 효과 평가 (%)

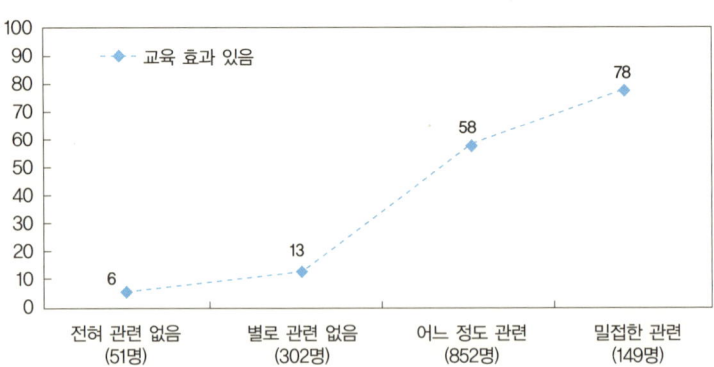

한편, 철학 수업의 교육적 효과를 부정하는 사람들 가운데 절반가량(49%)이 철학 공부와 윤리의식의 관련성을 인정하는 것으로 나타났다. 이러한 결과는, 철학 교육에 기대하는 바가 단순히 윤리의식 고양만은 아니라는 점을 시사한다. 동시에 국민들의 상당수가 윤리의식 고양에 있어서도 고교 과정의 철학 수업이 원하는 만큼의 효과가 없다고 생각한다는 점을 알 수 있다.

| 표 2 | 철학의 교육적 효과 평가별 철학 공부-윤리의식 관련성 인식 (%)

구 분		고교 과정에서 철학 수업 교육적 효과	
		있다	없다
사례 수		663	559
철학 공부와 윤리의식의 관련성	밀접한 관련	18	5
	어느 정도 관련	75	44
	별로 관련 없음	6	40
	전혀 관련 없음	1	7
	모름/무응답	1	3
계		100	100

(없다 열의 밀접한 관련 5 + 어느 정도 관련 44 = 49%)

3) 철학의 국가 발전 기여도

> **질문** 귀하께서는 철학이 국가 발전에 얼마나 도움이 된다고 생각하십니까, 혹은 도움이 되지 않는다고 생각하십니까?
>
> 1. 많은 도움이 된다
> 2. 어느 정도 도움이 된다
> 3. 별로 도움이 되지 않는다
> 4. 전혀 도움이 되지 않는다
> 5. 모름/무응답

'철학, 국가 발전에 기여하고 있다' 57%

철학이 국가 발전에 '도움이 된다(57%)'는 의견이 '도움이 되지 않는다(30%)'는 의견보다 많아, 국가 발전 기여도 측면에서 철학은 대체로 긍정적인 평가를 받았다.

긍정 평가는 남성(57%)과 여성(58%)이 비슷했고, 연령별로는 50대(64%)에서 가장 높았다.

| 그림 16 | **철학의 국가 발전 기여도**

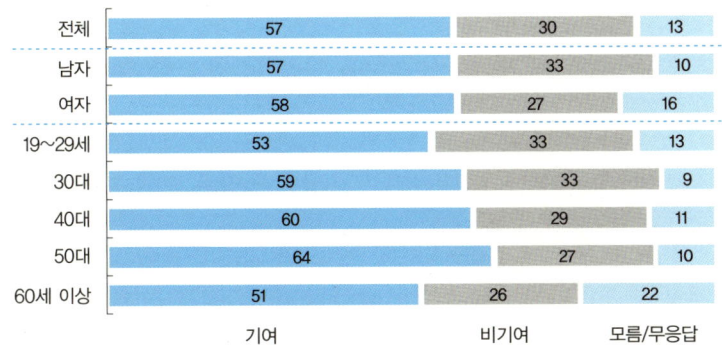

(%)

* 기여: '많은 도움이 된다' + '어느 정도 도움이 된다'
  비기여: '전혀 도움이 되지 않는다' + '별로 도움이 되지 않는다'

4) 철학 전공 지지도

질문 귀하의 자녀나 가족 가운데 한 사람이 대학에서 철학을 전공하겠다고 하면 말리시겠습니까, 혹은 지원하시겠습니까?

1. 말리겠다
2. 지원하겠다
3. 본인이 알아서 할 일이라고 생각한다
4. 모름/무응답

'철학 전공, 지원하겠다' 10%

자녀나 가족 일원이 대학에서 철학을 전공하겠다고 할 경우 '지원하겠다'는 응답자는 10명 가운데 1명 정도에 불과했다. 53%의 응답자가 '본인이 알아서 할 일'이라며 유보적인 입장을 보인 가운데, '말리겠다'는 반대 의향자가 33%로 지원 의향자(10%)의 3배에 달해, 철학 전공에 대한 사회의 낮은 기대 수준을 단적으로 드러냈다.

'본인이 알아서 할 일'이라는 의견은 60세 이상(59%)에서 가장 많았고, '말리겠다'는 의견은 20대에서 39%로 가장 많았다. '지원하겠다'는 응답자 비율은 모든 계층에서 10% 전후로 거의 비슷했다.

한편, 철학 전공을 '말리겠다'는 응답은 철학의 가치에 대해 회의적인 응답자 가운데서 상대적으로 많아, 철학 전공에 대한 낮은 사회적 기대감은 철학 자체에 회의적인 인식과 연관이 있는 것으로 보인다.

| 그림 17 | 철학 전공 지지도

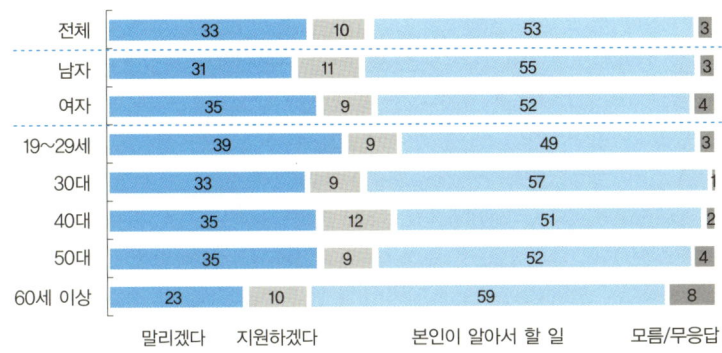

| 그림 18 | 철학에 대한 견해별 철학 전공 지지도

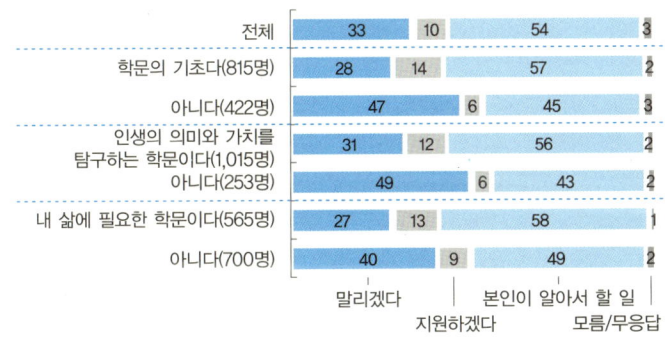

제2장

인생의 의미와 가치관

1. 인생의 의미
2. 가치관

"
평소 한국인들은 자신의 삶에 대해 어떻게 느끼며 생활하고 있을까? 죽음에 대한 생각은 얼마나 자주하며, 인생의 허무함은 어느 정도나 느끼고 있을까? 인생은 매 순간 예측하지 못한 일들로 채워져 있다고 한다. 살면서 부딪치는 많은 사건들에 사람들이 어떤 기준을 가지고 대응하는지, 타인들의 가치관을 살펴보는 일은 자신의 인생을 개척하는 데에도 분명 큰 도움을 준다. 본 장에서는 이를 알아보기 위해 ▲ 삶의 의미에 대한 생각 ▲ 평소 허무함을 느끼는 빈도 ▲ 죽음에 대한 생각을 떠올리는 정도 ▲ 현재 느끼는 행복감 ▲ 인생의 우선순위 ▲ 이상적으로 생각하는 직업 ▲ 감명 깊게 읽은 책과 존경하는 인물에 대해 물었다.
"

한국인의
철학
01

인생의 의미

1) 삶의 의미

> **질문** 귀하께서는 우리 인생이 얼마나 의미 있다고 혹은 의미 없다고 생각하십니까?
>
> 1. 매우 의미 있다
> 2. 어느 정도 의미 있다
> 3. 별로 의미 없다
> 4. 전혀 의미 없다
> 5. 모름/무응답

한국인의 90% '인생은 의미 있어'

한국인 대다수는 '인생이 의미 있다'고 생각하며 살고 있는 것으로 나타났다. '매우 의미 있다'는 28%, '조금 의미 있다'는 62%로 90%의 응답자가 인생에 의미가 있다고 답했다.

반면, '인생이 전혀 의미 없다'는 0.4%, '별로 의미가 없다'는 8%로 10명 가운데 1명은 의미가 없다고 응답했다.

| 그림 1 |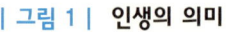

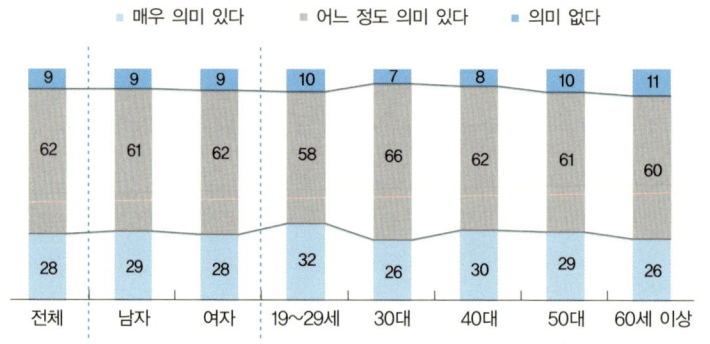

인생의 의미는 현재 느끼는 행복감, 인생의 허무함을 느끼는 빈도와도 관계가 있었다. 현재 '행복하다'고 응답한 사람들(1,240명)에서 인생이 '매우 의미 있다'고 보는 비율은 32%였으나 '행복하지 않다'고 응답한 사람들(243명) 사이에선 9%에 불과했다. 또한 인생의 허무함을 생각하는 빈도가 낮을수록 인생을 의미 있게 보는 비율이 높아, 인생이 허무하다는 생각을 '전혀 하지 않는다'는 응답자(190명)에서 인생이 '매우 의미 있다'는 응답이 61%에 이르렀다.

종합적으로 살펴볼 때, 인생의 의미는 응답자 개인이 느끼는 삶의 질과 긍정적인 상관 관계가 있는 것으로 보인다.

| 표 1 | 인생의 의미와 행복감/허무감 (%)

구 분		매우 의미 있다	어느 정도 의미 있다	별로 의미 없다	전혀 의미 없다
전 체		28	62	8	0
행복 여부	행복(1,240명)	32	63	4	0
	불행(243명)	9	60	28	2
허무감을 느끼는 빈도	자주 생각(63명)	21	38	**36**	5
	가끔 생각(704명)	20	70	9	-
	거의 생각 안 함(526명)	29	65	6	-
	전혀 생각 안 함(190명)	**61**	34	4	-

2) 허무감

질문 귀하께서는 인생이 무의미하다고 얼마나 자주 생각하십니까, 혹은 생각하지 않으십니까?

1. 자주 생각한다
2. 가끔 생각한다
3. 별로 생각하지 않는다
4. 전혀 생각하지 않는다
5. 모름/무응답

인생의 허무감을 느끼는 빈도, 삶의 질과 관계

'인생이 무의미하다고 얼마나 자주 생각하느냐'는 질문은 '인생이 얼마나 의미 있다고 생각하는가'라는 질문과 반대되는 것이 아니다. 자신의 인생에서 충분히 의미를 찾으며 열심히 살아가다가도 어느 순간 인생의 허무함을 느낄 수도 있기 때문이다. 이렇게 인생의 무의미함을 자주 혹은 종종 느끼는 한국인은 51%로, 지난 1981년 한국갤럽 조사 결과(61%)에 비해 다소 낮아졌다.

인생이 무의미하다고 '자주 생각한다'는 응답은 4%, '가끔 생각한다'는 응답은 47%였다. 반면, '생각하지 않는다'는 응답은 48%로 '거의 생각하지 않는다'는 35%, '전혀 생각하지 않는다'는 13%였다.

| 그림 2 | 허무감 느끼는 빈도

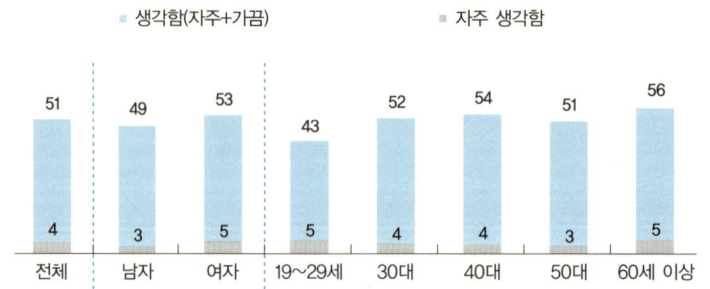

인생의 무의미함을 자주 혹은 가끔 생각한다는 응답은 20대에서는 43%로 가장 적었고, 30대 이상에서는 모두 50%를 웃돌았다.

한편, 인생의 허무함을 느끼는 정도는 건강상태와도 관련이 있어서, 건강상태가 좋다는 응답자(945명)의 45%, 건강상태가 좋지 않다는 응답자(163명)의 63%가 인생의 허무함을 느낀다고 했다.

인생이 무의미하다고 느끼는 빈도는, 삶에서 느끼는 행복감과도 상관이 있었다. 현재 '행복하지 않다'고 응답한 사람들(243명) 가운데 인생의 허무함을 느끼는 비율은 72%로, 심리적으로 불행할수록 인생의 허무함을 느끼는 사람이 많았다.

| 표 2 | 허무감과 행복감

(%)

구 분		자주 생각 (1)	가끔 생각 (2)	허무감 느낌 (1+2)	별로 생각 안 함 (3)	전혀 생각 안 함 (4)	허무감 안 느낌 (4+5)
전 체		4	47	51	35	13	48
행복 여부	행복(1,240명)	3	44	47	38	14	52
	불행(243명)	11	62	72	20	5	25

3) 죽음에 대한 생각

> **질문** 귀하께서는 죽음에 대해 얼마나 자주 생각하십니까, 혹은 생각하지 않으십니까?
>
> 1. 자주 생각한다
> 2. 가끔 생각한다
> 3. 별로 생각하지 않는다
> 4. 전혀 생각하지 않는다
> 5. 모름/무응답

10명 가운데 6명은 '죽음에 대해 생각해'

사람들은 죽음에 대해서 얼마나 자주 생각할까? 한국인 10명 가운데 6명(56%)은 죽음에 대해서 '자주(7%)' 혹은 '가끔(49%)' 생각한다고 응답해, 인생의 허무함을 느끼는 만큼 죽음에 대해서도 자주 생각하고 있는 것으로 나타났다. 이는 1981년 한국갤럽 조사 결과(62%)와 비교해 6%P 하락한 것이다.

한편, 죽음에 대해 '생각하지 않는다'는 응답은 43%였으며, '거의 생각하지 않는다'는 30%, '전혀 생각하지 않는다'는 13%다.

죽음에 대해 생각한다고 응답한 비율은 남성(55%)과 여성(58%)이 비슷하며, 연령이 높을수록 증가했다. 특히 60세 이상에서 71%로 가장 많았다.

| 그림 3 | 죽음을 생각하는 빈도

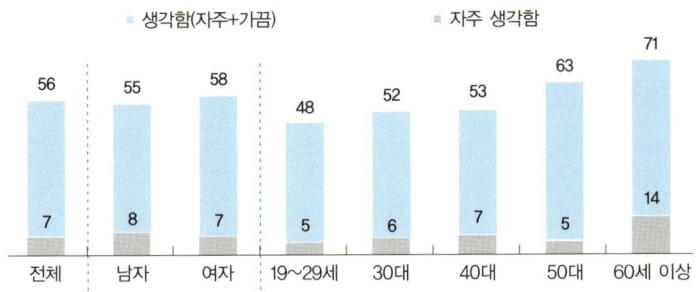

죽음에 대한 생각은 건강상태와도 관련이 있어서, 건강상태가 '좋다'는 응답자(945명)의 51%, 건강 상태가 좋지 않다는 응답자(163명)의 69%가 죽음에 대해 생각한다고 응답했다.

죽음에 대해 생각하는 빈도는 인생을 무의미하다고 생각하는 빈도와도 상관이 있었다. 죽음에 대한 생각을 '자주 한다'는 응답은 허무감을 자주 느낀다는 응답자(34%) 가운데 가장 많았으며, 죽음에 대한 생각을 '전혀 하지 않는다'는 응답은 허무감을 전혀 느끼지 않는다는 응답자(40%) 가운데에서 가장 많았다.

또한 현재 불행하다고 응답한 사람들에게서 행복하다고 응답한 사람들에서보다 죽음에 대한 생각을 자주 한다는 응답이 상대적으로 많았다.

| 표 3 | 죽음에 대한 생각 빈도 – 허무감/행복 여부별 (%)

구 분		자주 한다	가끔 한다	별로 하지 않는다	전혀 하지 않는다
전 체		7	49	30	13
허무감 빈도	자주	34	44	11	9
	가끔	6	66	22	6
	별로	4	35	47	13
	전혀	8	31	21	40
행복 여부	행복	7	47	32	14
	불행	11	58	23	7

4) 행복감

질문 귀하께서는 현재 자신이 얼마나 행복하다고 생각하십니까, 혹은 불행하다고 생각하십니까?

1. 매우 행복하다
2. 어느 정도 행복하다
3. 별로 행복하지 않다
4. 전혀 행복하지 않다

행복한 한국인, 30년간 18%P 증가

현재 자신이 얼마나 행복하다고 생각하는지에 대해 '행복하다'는 응답이 83%로 대다수의 한국인은 자신이 행복하다고 여기고 있었다. 이는 1981년 한국갤럽 조사 결과(65%) 대비 18%P 증가한 수치로, 행복감을 느끼는 비율이 지난 30년간 크게 늘어났음을 알 수 있다. '매우 행복하다'는 응답은 6%P(8%→14%), '어느 정도 행복하다'는 응답은 12%P(57%→69%) 증가했다.

반면, '행복하지 않다'는 16%로, 이 가운데 '별로 행복하지 않다'는 15%, '전혀 행복하지 않다'는 1%였다.

| 그림 4 | 1981년과 2010년 한국인의 행복감

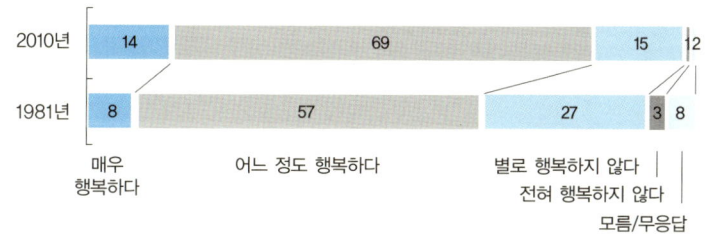

행복감은 인생에 대한 의미나 허무감 등 심리적 요인들과 관계가 있어, 인생의 의미를 크게 느끼고 허무감을 느끼지 않을수록 행복감을 많이 느끼는 것으로 나타났다.

| 표 4 | 인생 의미/허무감별 행복감 (%)

구 분		매우 행복하다	어느 정도 행복하다	별로 행복하지 않다	전혀 행복하지 않다
전 체		14	69	15	1
허무감 빈도	자주	8	47	31	11
	가끔	11	66	20	1
	별로	12	78	9	–
	전혀	33	61	4	2
인생의 의미	매우	29	64	5	–
	조금	9	75	15	1
	거의	4	39	47	7
	전혀	–	43	14	43

한국인의
철학
02

가치관

1) 인생의 우선 순위

> **질문** 다음 중 귀하 인생에서 가장 중요하다고 생각하는 것은 무엇입니까? 다음 항목 중에서 가장 중요한 것과 그 다음으로 중요한 것을 말씀해주십시오. (보기 제시)
>
> 1. 권력
> 2. 명예
> 3. 재산富
> 4. 좋은 직업
> 5. 마음의 평안
> 6. 남을 돕는 일
> 7. 종교
> 8. 가족

인생에서 가장 중요한 것은 '가족'

인생에서 가장 중요한 것으로 한국인들은 '가족(47%)' 과 '마음의 평안(20%)'을 꼽았다. 그 다음으로 '재산(13%)', '좋은 직업(7%)' 순이었다. '명예'와 '종교'는 각각 5%, '남을 돕는 일'은 2%였다.

| 그림 5 | 인생의 우선순위

'가족'에 대한 중요성은 여성(51%)이 남성(43%)보다, 30대(51%)와 40대(50%)에서 비교적 높게 평가했다.

반면, '재산'에 대한 중요성은 남성(15%)이 여성(11%)보다, 나이가 어릴수록(20대: 16%, 30대: 15%, 40대: 13%, 50대: 9%, 60세 이상: 10%) 상대적으로 높게 평가하고 있었다.

한편, '종교'가 가장 중요하다는 응답은 '개신교' 신자信者 층에서 17%로 높게 나타나(불교 1%, 천주교 5%), 개신교도의 경우 신앙이 삶에 미치는 영향이 여타 종교인 대비 큰 것으로 나타났다.

2) 이상적인 직업

 귀하에게 지금 15세 된 아들/딸이 있다고 가정한다면, 귀하께서는 그 아들/딸이 커서 어떤 직업을 갖길 바라십니까? 구체적인 직업을 하나씩 말씀해주십시오. (자유 응답)

자녀의 이상적인 직업으로 아들은 '공무원', 딸은 '교사'

한국인들은 어떤 직업을 이상적인 직업으로 생각하는지 알아보기 위해, 아들과 딸이 갖길 바라는 직업에 대해 각각 물어보았다.

　아들의 경우에는 '공무원'이라는 응답이 23%로 가장 높았고, 그 다음으로 '의사(13%)', '교사(8%)', '사업가(5%)'의 순으로 높게 나타났다.

| 그림 6 | 아들의 이상적인 직업(상위 6위)　　　　　　　　　　　(%)

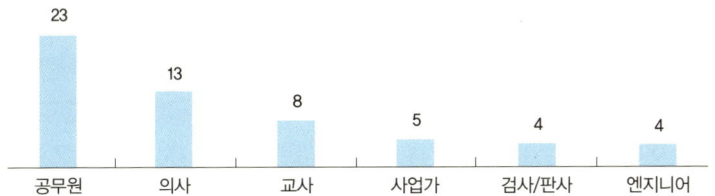

딸의 경우에는, 응답자 3명 가운데 1명꼴로 '교사(28%)'를 언급해 교직의 인기를 실감할 수 있었다. 그 다음으로 공무원(19%), 의사(8%), 교수(3%), 간호사(3%) 등의 응답이 나왔다.

| 그림 7 | 딸의 이상적인 직업(상위 6위)

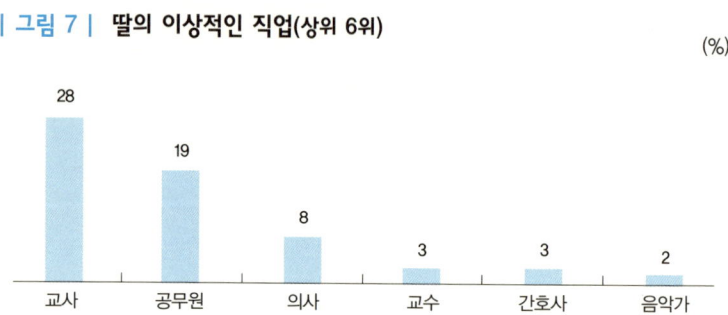

아들과 딸 모두, '교사', '공무원', '의사' 등 고용이 안정적이라고 인식되는 직업들이 수위를 차지해, 취업난과 고용불안의 시대상을 반영하는 것으로 보인다.

| 그림 8 | 아들의 이상적인 직업

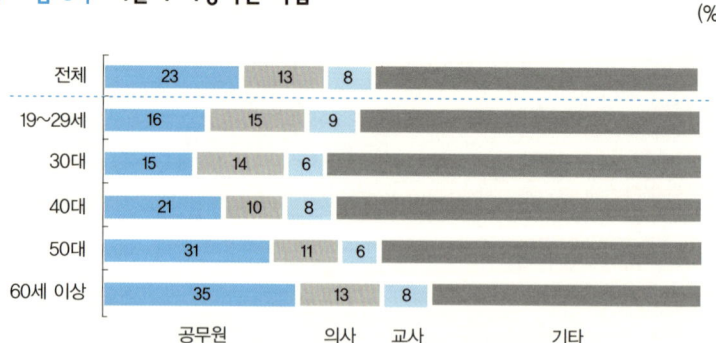

| 그림 9 | 딸의 이상적인 직업

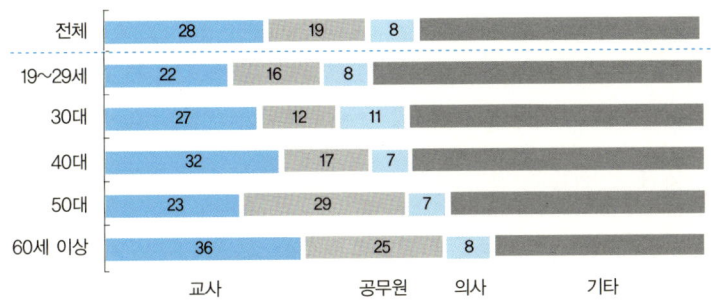

3) 감명 깊게 읽은 책

 살아오면서 지금까지 읽으신 책 중 귀하께서 가장 감명 깊게 읽으신 책은 무엇입니까? 순서대로 두 권까지 말씀해주십시오. (자유 응답)

가장 감명 깊게 읽은 책은 '삼국지'

가장 감명 깊게 읽은 책으로는 『삼국지』를 꼽은 응답자가 8%로 가장 많았다. 그 다음으로 『토지』, 『성경』이 각각 3%, 『어린왕자』, 『엄마를 부탁해』가 각각 2%였다.

2번째까지 응답된 비율을 함께 고려했을 때에도 전체적인 순위는 크게 변하지 않았다. 『삼국지』를 꼽은 응답자는 전체의 10%로 우리 나라 국민에게 가장 깊은 인상을 준 책으로 확고한 위치를 차지하고 있었다. 『삼국지』는 지난 1993년과 1994년 한국갤럽 조사에서도 가장 인상 깊었던 책 1위와 2위에 선정돼 오랜 세월이 지난 뒤에도 사람들에게 큰 감명을 주는 고전으로서의 위력을 실감케 한다.

| 그림 10 | 감명 깊게 읽은 책(상위 10위)

한편, 모른다거나 대답하지 않은 응답자가 31%로, 우리 국민 10명 가운데 3명은 감명 깊게 읽은 책을 선뜻 떠올리지 못했다. 이 같은 '모름/무응답' 비율은 60세 이상 고연령층에서 51%로 특히 높았다.

『삼국지』를 가장 감명 깊게 읽었다는 응답은 성별로 여성(3%)보다 남성(17%)에게서 많았고 『토지』 응답은 50대(10%)에서 가장 많았다. 『성경』을 가장 감명 깊게 읽었다는 응답은 대부분 개신교 신자信者가운데에서 나타났다.

| 그림 11 | 가장 감명 깊게 읽은 책

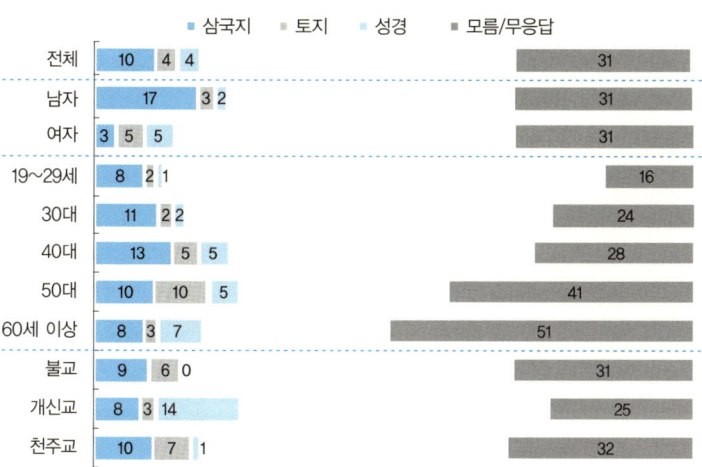

4) 존경하는 사람

> **질문** 지금까지 살아오시면서 귀하께서 가장 존경하는 사람은 누구입니까? 가족이나 아는 사람을 제외하고 순서대로 2명까지 말씀해주십시오. (자유 응답)

가장 존경하는 사람 '박정희' 前 대통령 11%

가장 존경하는 사람으로는 우리나라를 산업화로 이끈 '박정희' 전 대통령을 꼽은 응답자가 11%로 가장 많았고, '세종대왕'을 응답한 사람은 9%였다. 그 다음으로 '이순신(8%)' 장군, '노무현(5%)' 전 대통령 등의 응답이 나왔다.

| 그림 12 | **존경하는 사람(상위 10위)**

'박정희' 전 대통령을 가장 존경한다는 응답은 여성(12%)보다는 남성(17%)에게서, 고연령일수록 많았으며(60세 이상 32%), 대구/경북 지역(26%)에서 높게 나타났다. '세종대왕'을 가장 존경한다는 응답은 나이가 적을수록 많았다.

지난 2002년 한국갤럽 조사에서는 가장 존경하는 인물로 '박정희' 전 대통령을 꼽은 응답자가 20%였으며, '세종대왕'은 16%, '이순신' 장군은 15%였다. 이번 조사에서는 그 비율이 다소 줄었지만 '박정희', '세종대왕', '이순신'이 수위에 오른 점은 변함이 없다.

존경하는 사람 상위 10명 가운데 여성은 '신사임당' 1명, 현재 생존자는 '이명박' 대통령 1명, 그리고 외국인은 미국 제16대 대통령인 '링컨' 1명이다. 직업별로는 전현직 정치인이 7명, 군인 1명, 성직자 1명, 서화가(동시에 현모양처의 대명사) 1명으로 정치인이 유난히 많다.

| 그림 13 | **존경하는 사람**

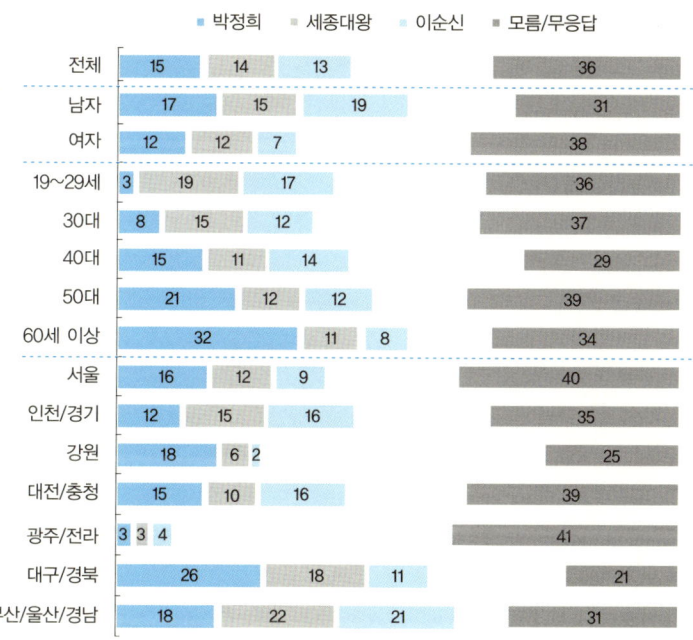

제3장

가정과 가족관

1. 가정교육
2. 가족관
3. 결혼관

"가정은 사람들이 처음으로 접하는 사회다. 사람들은 가정에서 인생의 가치를 배우며, 사회와 사람을 보는 기본 틀을 형성한다. 따라서 한국인의 가치관을 알기 위해서는 가정 교육의 현실과 사람들이 가족에 대해 가지는 생각, 결혼관 역시 함께 살펴봐야 할 것이다. 이를 위해 본 장에서는 ▲ 한국인들이 가정교육에서 중요시하는 것 ▲ 전통적 가족관에 대한 의견 ▲ 혼전 동거와 이혼에 대한 견해를 조사하였다."

가정교육

1) 가훈

> **질문** 귀댁에는 가훈이 있습니까? 가훈이 있다면, 그 가훈이 무엇인지 말씀해주십시오.

가훈에서 중요시하는 덕목은 '정직'

한국인이 가정에서 중요시하는 덕목이 무엇인지 알아보기 위해 가훈을 물었다. 한국인 10명 가운데 4명 정도(39%)는 가정에 가훈이 있으며, 가훈에 가장 많이 나타나는 덕목은 '정직(19%)'과 '근면/성실(13%)'이었다. 그 다음으로 '최선을 다하자(7%)', '서로 사랑하자

(6%)', '가화만사성(6%)', '건강하게 살자(5%)' 등이 있었다.

이외에도, '하면 된다', '인내하며 살자', '착하게 살자', '바르게 살자' 등이 가정에서 중요시하는 덕목으로 제시되었다.

| 그림 1 | **가훈(상위 7위)**　　　　　　(가훈이 있다는 응답자 589명 중 %)

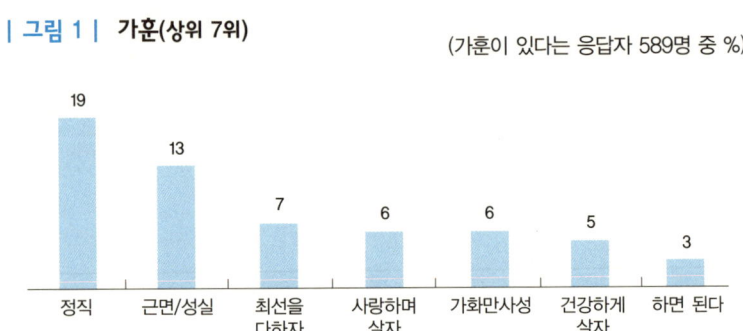

2) 가정교육 내용

| 질문 | 다음 중 자녀들이 가정에서 우선적으로 배워야 한다고 생각되는 것을 순서대로 2개까지 말씀해주십시오. (보기 제시) |

1. 예절 바름
2. 성실함
3. 독립심
4. 근면
5. 정직
6. 책임감
7. 인내력
8. 창의성
9. 관용
10. 지도력
11. 자제심
12. 절약
13. 결단력
14. 신앙심
15. 순종

가정에서 우선적으로 배워야 하는 것은 '예절 바름'

가정에서 우선적으로 배워야 하는 덕목으로 '예절 바름'을 꼽은 응답자가 36%로 가장 많았다. 그 다음으로 '성실함(19%)', '책임감(15%)', '정직(11%)' 순으로 응답이 나왔다. 첫 번째 응답과 두 번째 응답을 종합했을 때에는 '예절 바름(48%)', '성실함(38%)', '책임감(35%)', '정직(24%)' 순이었다.

| 그림 2 | 가정교육 내용(상위 9위)

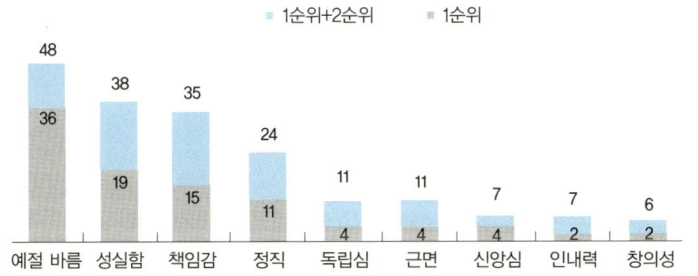

동일한 질문으로 실시한 1981년 한국갤럽 조사에서도 '예절 바름'을 응답한 경우가 69%(5개까지 응답)로 가장 많았다. 그 다음으로 '정직(62%)', '책임감(56%)', '독립심(46%)' 등이 언급되었다. 이러한 결과로 볼 때, 30년 전이나 지금이나 가정교육의 첫 번째 우선 순위는 예절 교육에 있는 것으로 보인다.

연령별로 보면 '예절 바름'은 60세 이상에서, '책임감'은 40대에서 가장 많았다. 전반적으로 연령별 차이는 크지 않았다.

| 그림 3 | 연령별 주요 4대 가정교육 내용

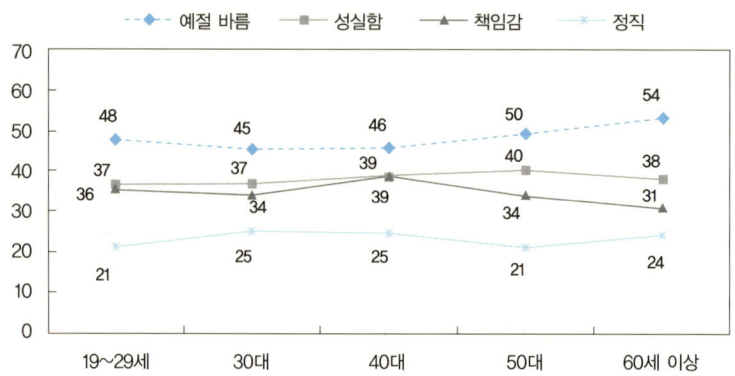

한국인의
철학
02

가족관

1) 전통적 가족관에 대한 의견

> **질문** 귀하께서는 다음 각 항목에 대해 '그렇다'고 생각하십니까, 혹은 '아니다'라고 생각하십니까?
>
> 가. 집안의 남자 어른이 주도권을 가져야 집안의 질서가 선다
> 나. 남편과 아내가 하는 일은 구별되어야 한다
> 다. 자식은 자기 생각보다 부모의 뜻에 따라야 한다

전통적 가족관에 동의하는 비율은 계속 감소

가부장적이고 남녀 차별적인 한국의 전통적 가족관은 남녀 평등과 탈脫 권위주의를 지향하는 현대사회에서 어떻게 평가되고 있을까?

전통적 가족관에 대한 한국인의 인식을 알아봄으로써, 현재 우리 사회의 가족관을 전반적으로 조망해보았다.

가. 가부장제家父長制

'집안의 남자 어른이 주도권을 가져야 집안의 질서가 선다'는 명제에 대해 동의하는 의견이 47%, 그렇지 않다는 의견이 50%로, 가정의 주도권을 집안의 남자 어른이 가지고 있어야 한다는 가부장제적 가치관 옹호자와 그 반대자가 팽팽히 맞서는 것으로 나타났다.

집안의 남자 어른이 주도권을 가지는 데 동의한다는 의견은 남성(54%)이 여성(40%)보다, 연령대가 높을수록 많았다.

| 그림 4 | 집안의 남자 어른이 주도권을 가져야 한다

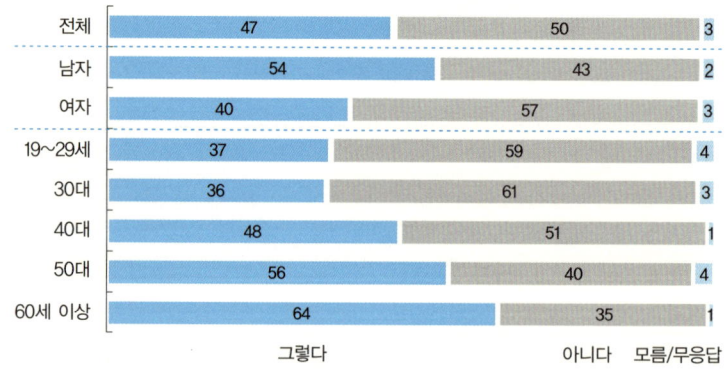

나. 부부유별夫婦有別

'남편과 아내가 하는 일은 구별되어야 한다'는 명제에 대해서는 '아니다'라는 반대 의견(59%)이 '그렇다'라는 동의 의견(40%)보다 많아, 대표적인 전통적 가족관 가운데 하나인 '부부유별'이 설 자리를 잃어가고 있는 것으로 보인다.

남편과 아내가 하는 일이 구별돼야 한다는 데 반대하는 의견은 여성(65%)이 남성(53%)보다 많았으며, 20대 저연령층에서 71%로, 나이가 어릴수록 증가하였다.

| 그림 5 | 남편과 아내가 하는 일은 구별되어야 한다

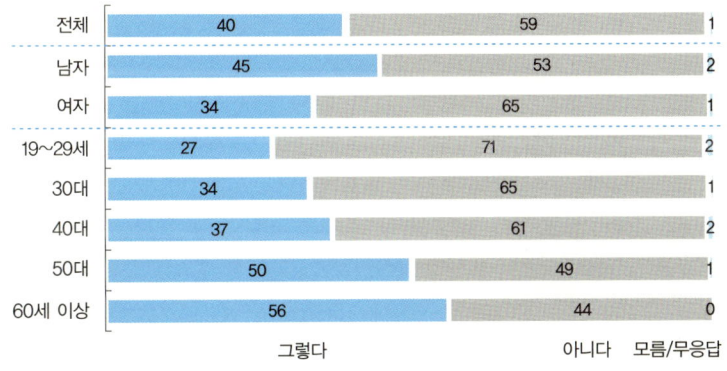

한국인들의 과반수는 '집안의 남자 어른이 주도권을 가져야 집안의 질서가 선다'고 믿고 있는 반면, '남편과 아내가 하는 일이 구별돼야

한다'는 데 대해서는 60% 가까이 반대하고 있어, 현재 한국 사회는 전통적 가족관과 서구적 현대식 가족관이 혼재하고 있는 것으로 보인다.

가부장제와 부부유별에 모두 동의하는 응답자를 전통적 가족관 옹호층이라 정의할 때, 이들은 여성보다는 남성에서, 연령이 높을수록 많았다. 반대로 가부장제, 부부유별 모두에 반대하는 전통적 가족관 부인층은 남성보다는 여성, 연령이 낮을수록 많았다.

전체적으로는 전통적 가족관 옹호층 29%, 전통 가족관 부인층 40%로 전통적 가족관에 대해 옹호층보다 부인층이 더 많았다. 가부장제 또는 부부유별 가운데 하나에 동의하는 혼합층은 28%였다.

| 그림 6 | **전통적 가족관에 대한 태도별 계층 분포**

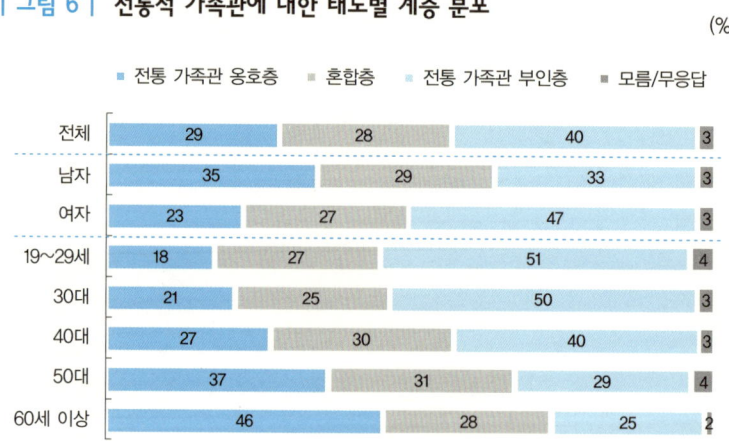

* 전통 가족관 옹호층: 가부장제와 부부유별 모두 찬성 응답자
  혼합층: 가부장제, 부부유별 중 하나에만 찬성 응답자
  전통 가족관 부인층: 가부장제와 부부유별 모두 반대 응답자

다. 부모에게 순종

'자식은 자기 생각보다 부모의 뜻에 따라야 한다'는 데 대해 '그렇다'라는 찬성 의견이 30%, '아니다'라는 반대 의견이 67%로, 의사 결정에 있어 부모의 뜻에 전적으로 따르지 않아도 된다는 견해가 부모의 뜻을 따라야 한다는 견해보다 2배 이상 많았다.

'본인 생각보다 부모의 뜻에 따라야 한다'에 반대하는 응답 비율은 성별로는 큰 차이를 보이지 않았으며, 연령별로는 20대(72%)와 30대(73%) 젊은 층에서 특히 높았다.

| 그림 7 | **자식은 자기 생각보다 부모의 뜻에 따라야 한다** (%)

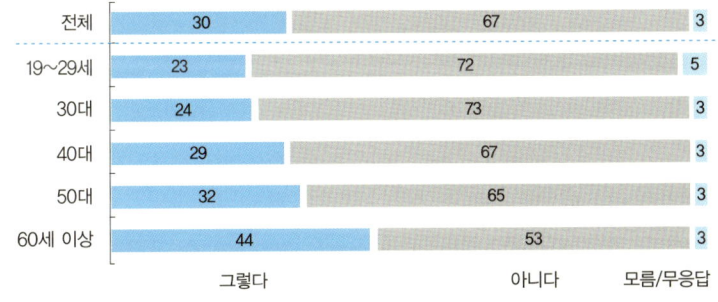

이 문항에 대한 과거 한국갤럽 조사 결과를 살펴보면 1984년부터 2010년까지 26년에 걸쳐, 각 항목에 동의하는 비율이 꾸준히 감소한 것을 알 수 있다. '가부장제'에 대한 동의 의견은 1984년 70%에서

1989년 69%, 1997년 64%, 2004년 52%, 2010년 47%에 이르러 지난 26년간 23%P 줄어들었다. '부부유별'에 동의하는 의견은 1984년 73%에서 2010년 40%로 '부모에게 순종'에 동의하는 의견도 1984년 48%에서 2010년 30%로 각 33%P, 18%P 감소하였다.

산업화와 핵가족화를 겪으며 가족에 대한 전통적 관념은 한국 사회에서 점점 사라져가고 있는 것으로 보인다. 이동성의 증가와 높은 이혼율로 가족의 해체를 걱정하는 현대사회에서 전통적 가족관을 대체할 새로운 가족상은 무엇일지 기대된다.

한국인의
철학

03

결혼관

1) 혼전婚前 동거에 대한 의견

> **질문** 귀하께서는 남녀가 결혼 전 일정 기간 동거한 후 결혼하는 것에 대해 찬성하십니까, 아니면 반대하십니까?
>
> 1. 찬성한다
> 2. 반대한다
> 3. 모름/무응답

20대의 54%는 혼전 동거 찬성

결혼 전 일정 기간 동안 동거한 후 결혼하는 것에 대해 '반대한다(54%)'는 의견이 '찬성한다(40%)'는 의견보다 많았다. 혼전 동거에 대해 부정적인 시각을 갖고 있는 사람들은 남성(50%)보다는 여성(57%)에서 많고, 연령별로는 연령대가 높을수록 더 많아, 50대 이상에서는 3명 가운데 2명꼴로 혼전 동거에 반대했다. 그러나 20대에서는 과반수(54%)가 혼전 동거에 찬성해 젊은 세대의 개방적 성의식과 결혼관의 변화를 엿볼 수 있었다.

| 그림 8 | 혼전婚前 동거 찬반

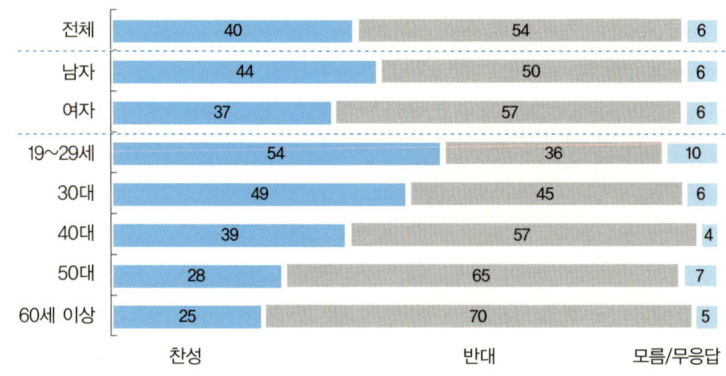

2) 이혼에 대한 의견

> **질문** 귀하께서는 이혼을 경우에 따라 할 수 있는 일이라고 생각하십니까, 아니면 절대 하지 말아야 한다고 생각하십니까?
>
> 1. 할 수 있는 일이다
> 2. 절대 하지 말아야 한다
> 3. 모름/무응답

한국인의 68%, '이혼, 할 수 있는 일이다'

이혼에 대해 '할 수 있는 일'이라는 견해가 68%로, 30%에 그친 '절대 하지 말아야 한다'는 의견보다 2배 가까이 많아, 국민 3명 가운데 2명 정도는 이혼에 대한 허용도가 높은 것으로 나타났다. 그러나 연령대가 높을수록 이혼에 대해 반대하는 의견이 많아, 60세 이상에서는 이혼을 절대 하지 말아야 한다는 의견이 절반 이상을 차지했다.

| 그림 9 | **이혼에 대한 의견**

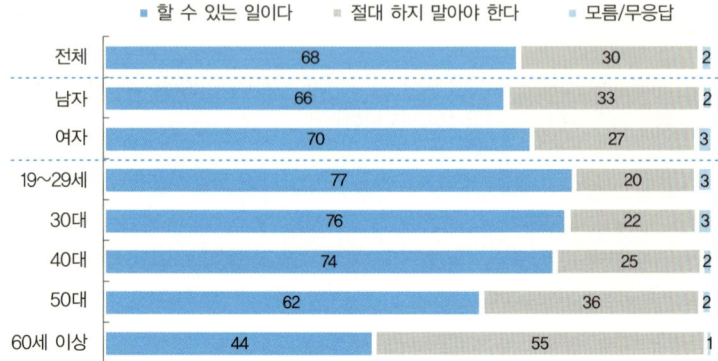

지난 1995년 한국갤럽 조사에서는 '어떠한 이유로도 이혼해서는 안 된다'는 의견이 전체의 49%로 2010년에 비해 19%P 높았다. 이러한 견해 차이는 지난 15년간 결혼과 이혼에 대한 한국인의 인식에 상당한 변화가 일어났다는 사실을 말해준다.

제4장

윤리관과 운명관, 종교관

1. 윤리관
2. 운명관
3. 종교관

❝
실제로 한국인들은 인간의 본성, 죄와 벌에 대해 어떤 윤리관을 갖고 생활하고 있을까? 이를 알아보기 위해 한국인들의 ▲ 인간의 본성에 대한 견해와 ▲ 인과응보에 대한 견해를 조사하였다. 아울러 한국인들의 운명관과 종교관을 알아보기 위하여 ▲ 운명에 대한 의견 ▲ 점 경험률과 신뢰도 ▲ 종교 인구 분포와 종교적 개념에 대한 믿음을 살펴보았다.
❞

한국인의
철학
01

윤리관

1) 인간의 본성

> **질문** 지금까지 삶의 경험으로 미루어볼 때 귀하께서는 인간의 본성이 태어날 때부터 선하다고 생각하십니까, 혹은 악하다고 생각하십니까?
>
> 1. 태어날 때부터 선하다
> 2. 태어날 때부터 악하다
> 3. 태어날 때부터 선과 악을 동시에 지니고 있다
> 4. 선하지도 악하지도 않다(태어난 후에 결정된다)
> 5. 모름/무응답

성선설性善說 지지가 53%로 가장 많아

인간의 본성은 '태어날 때부터 선하다' 는 의견이 53%로 가장 많았으며, '태어날 때부터 선과 악을 동시에 지니고 있다'는 의견이 32%로 그 다음이었다.

'인간의 본성은 선하지도 악하지도 않으며 태어난 후에 결정된다'는 9%, '태어날 때부터 악하다'는 3%에 그쳤다.

| 그림 1 | **인간의 본성에 대한 견해**

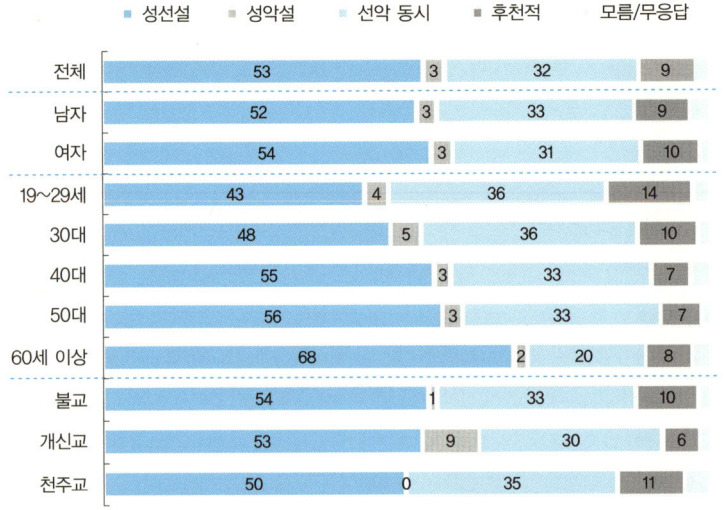

성선설_{性善說}을 믿는 응답자는 고연령일수록 증가하여 60세 이상에서 68%로 가장 많았다. 반면, '태어날 때부터 선과 악을 동시에 지니고 있다'고 응답한 사람은 20대와 30대에서 많았다.

인간의 본성이 후천적으로 결정된다는 견해는 연령별로 20대(14%)

에서 상대적으로 많았다. '태어날 때부터 악하다'는 응답자는 소수에 불과했으나, 종교별로 봤을 때 개신교 신자(9%) 가운데에서 상대적으로 많았다.

2) 인과응보因果應報

> **질문** 귀하께서는 '나쁜 일을 하면 언젠가는 그 죄를 달게 받는다'는 말에 대해 동의하는 편이십니까, 혹은 동의하지 않는 편이십니까?
>
> 1. 동의하는 편
> 2. 동의하지 않는 편
> 3. 모름/무응답

한국인의 85%는 인과응보 믿어

'나쁜 일을 하면 그 죄를 받는다'는 말에 대다수(85%)의 한국인은 동의했고 12%만이 동의하지 않았다.

| 그림 2 | **인과응보에 대한 견해**

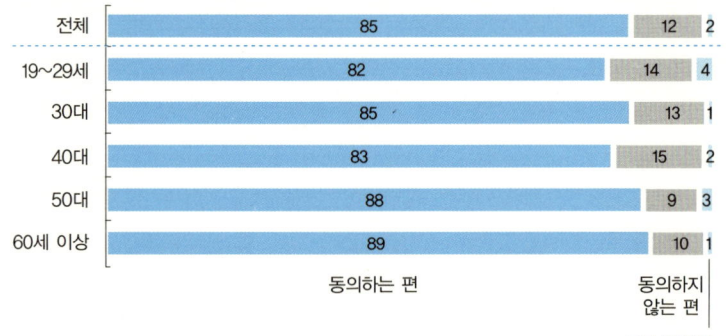

한국인의
철학
02

운명관

1) 운명에 대한 의견

> **질문** 귀하께서는 사람의 운명이나 팔자가 타고나는 것이라고 생각하십니까, 아니면 개인의 노력이나 능력에 따라 만들어지는 것이라고 생각하십니까?
>
> 1. 사람의 운명이나 팔자는 타고나는 것이다
> 2. 사람의 운명이나 팔자는 개인의 노력이나 능력에 따라 만들어지는 것이다
> 3. 반반
> 4. 모름/무응답

'운명은 노력에 의해 만들어지는 것' 62%

사람의 운명이나 팔자는 '개인의 노력이나 능력에 따라 만들어지는

것'이라는 의견이 62%로 3분의 2를 차지하는 가운데, '운명이나 팔자는 타고나는 것'이라는 소극적인 운명관을 가진 응답자가 24%, '반반'이라는 응답자가 12%였다.

'개인의 노력이나 능력'이 사람의 인생을 좌우한다는 적극적인 운명관을 가진 응답자는 나이가 어릴수록 많았다. 반면, '운명이나 팔자는 타고나는 것'이라는 응답은 60세 이상 고연령층(36%)에서 상대적으로 많았다.

| 그림 3 | **운명에 대한 견해**

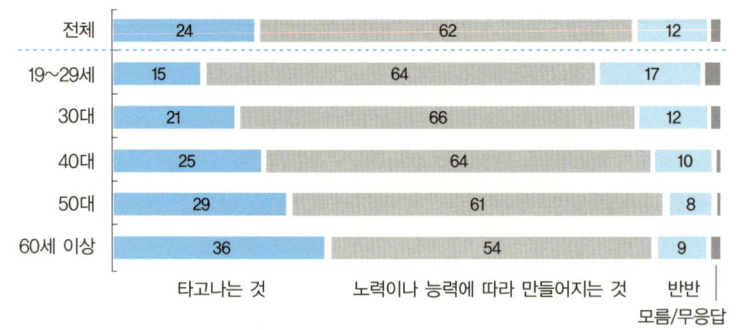

2) 점占

한국인들은 신년운세, 토정비결, 궁합, 사주 등 다양한 형태의 점占에 친숙하다. 혼사婚事 전에 보는 궁합이나, 신년을 맞아 재미로 보는 운세 등 일반 서민들의 삶 가운데 드물지 않게 등장하는 점占을 우리 국민들은 과연 어떤 의미로 받아들이고 있을까?

얼마나 많은 사람들이 점을 본 적이 있는지, 점의 결과에 대해서는 어느 정도 신뢰하고 있는지, 그리고 점의 결과가 삶에 어느 정도 영향을 미치고 있는지 물어봄으로써 한국인이 생각하는 '점과 삶의 관계'에 대해 알아보고자 했다.

가. 점이나 사주 경험률

> **질문** 귀하께서는 지금까지 한 번이라도 직접 돈을 내고 점이나 사주 등을 본 적이 있습니까?

한국인 10명 가운데 4명, '직접 점 본 적 있다'

전체 응답자의 40%가 점이나 사주를 본 적이 있다고 응답해 일반 국민 10명 가운데 4명은 점에 대한 경험이 있는 것으로 나타났다.

점이나 사주 등을 본 적이 있다는 응답은 여성(56%)이 남성(25%)보다 많았으며, 연령별로는 60세 이상 고연령층(46%)에서, 종교별로는 불교(62%) 신자 가운데에서 특히 많았다.

| 그림 4 | **점이나 사주 경험**

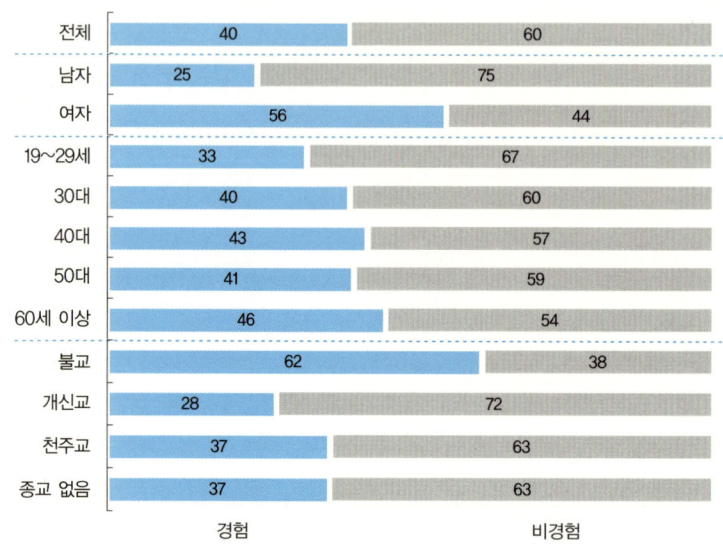

　점이나 사주를 본 경험은 '사람의 운명이나 팔자는 타고나는 것'이라고 생각하는 사람들 가운데 더 많았다(50%). 그러나 '사람의 운명은 개인의 노력이나 능력에 따라 만들어지는 것'이라고 생각하는 사람들 가운데에서도 36%가 점이나 사주를 본 적이 있다고 응답했으며, 점을 '믿지 않는다'는 사람들 가운데에서도 4명 가운데 1명 정도는 점이나 사주를 본 적이 있다고 응답해, 점을 믿지 않더라도 재미로 혹은 관습상 점을 보는 경우도 어느 정도 있는 것으로 보인다.

| 표 1 | 점 경험률과 운명관/점에 대한 신뢰도 (%)

구 분		점 경험	점 비경험
전 체		40	60
운명관	타고나는 것(367명)	50	50
	반반(937명)	46	54
	만들어지는 것(174명)	36	64
점에 대한 신뢰도	많이 믿는다(42명)	60	40
	어느 정도 믿는다(427명)	69	31
	별로 믿지 않는다(556명)	36	64
	전혀 믿지 않는다(453명)	17	83

나. 점과 현실 일치도

> **질문** 귀하께서 점이나 사주를 보신 경험에 의하면, 점이나 사주가 실제 현실과 어느 정도 일치했습니까?
>
> 1. 거의 대부분 일치했다
> 2. 어느 정도 일치했다
> 3. 별로 일치하지 않았다
> 4. 전혀 일치하지 않았다
> 5. 모름/무응답

'점과 현실이 어느 정도 일치했다' 51%

점이나 사주를 본 적이 있다는 응답자 605명 가운데 51%가 점이나 사주가 실제 현실과 일치했다고 응답했다.

| 그림 5 | **점과 현실 일치도**

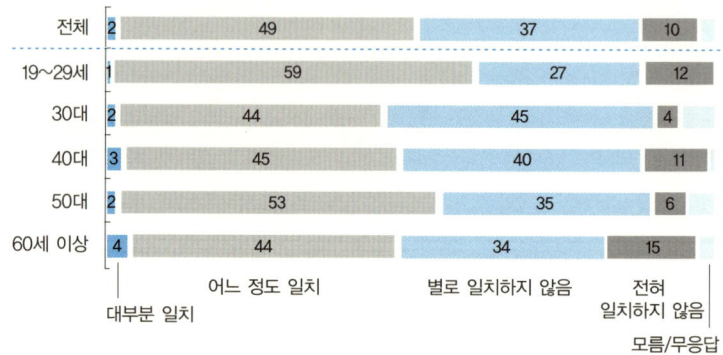

다. 점에 대한 신뢰도

질문 귀하께서는 평소 점, 사주, 관상, 작명 등을 어느 정도 믿고 있습니까?

    1. 많이 믿는다
    2. 어느 정도 믿는다
    3. 별로 믿지 않는다
    4. 전혀 믿지 않는다
    5. 모름/무응답

'점을 믿지 않는다' 67%

점을 '많이 혹은 어느 정도 믿는다'는 응답은 31%, '믿지 않는다'는 응답은 67%로 점을 믿지 않는다는 응답자가 2배 정도 많았다.

점에 대한 신뢰도는 여성(38%)이 남성(25%)보다 높았고, 불교 신자(57%) 가운데에서 높게 나타났다.

| 그림 6 | 점에 대한 신뢰도

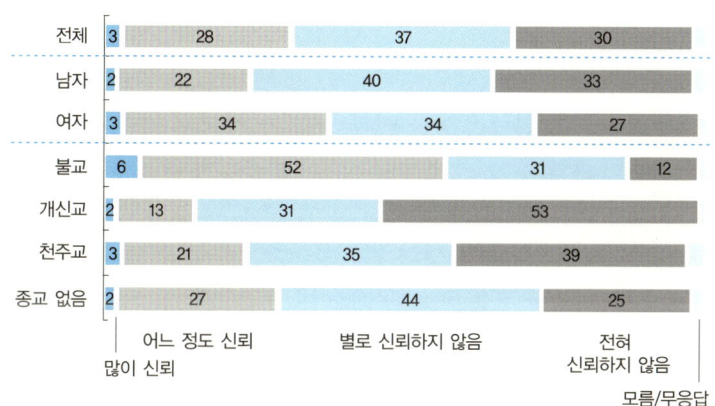

라. 궁합과 결혼

> **질문** 만일 결혼을 앞둔 자녀나 친척이 결혼 상대와 궁합이 나쁠 경우, 귀하께서는 결혼해도 상관없다고 생각하십니까, 아니면 안 하는 게 좋다고 생각하십니까?
>
> 1. 결혼해도 상관없다
> 2. 결혼 안 하는 게 좋다
> 3. 모름/무응답

'궁합이 나빠도 결혼은 괜찮다' 62%

점이 실제 삶에 얼마나 영향을 미치는지 가늠해보기 위해, 궁합의 결과가 결혼에 대한 인식에 어느 정도 영향을 미치는지 알아보았다. 그 결과, 궁합이 나쁘더라도 '결혼해도 상관없다'는 응답이 62%, '결혼 안 하는 게 좋다'는 응답이 32%였다. 즉, 3명 가운데 1명꼴로, 점의 결과가 결혼과 같은 인생의 중대사를 결정하는 데 영향을 미치는 것으로 나타났다.

'결혼 안 하는 게 좋다'는 응답은 점을 '많이 믿는다'는 응답층에서 55%로 특히 높았다. 그러나 점을 '믿지 않는다'는 응답층 가운데서도 20%가량은 궁합이 안 좋은 결혼에 대해 부정적인 태도를 보이고 있었다. 이는 점에 대한 신뢰도와는 무관하게, 점의 부정적인 결과가 사람들의 인식에 일정 수준 영향을 미치고 있음을 시사한다.

| 그림 7 | 점에 대한 신뢰도별 궁합과 결혼

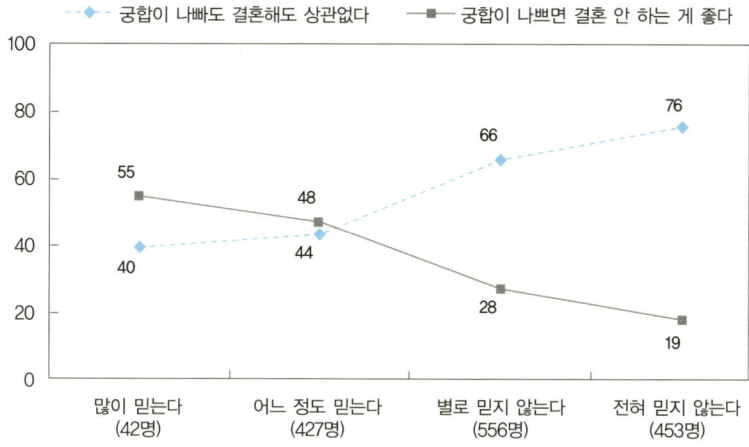

궁합이 나쁘면 '결혼 안 하는 게 좋다'는 응답은 남성(25%)보다 여성(38%)에서 많았으며, 고연령일수록 많아져 20대에서는 18%에 불과했지만 60세 이상에서는 45%에 달했다.

| 그림 8 | 궁합과 결혼

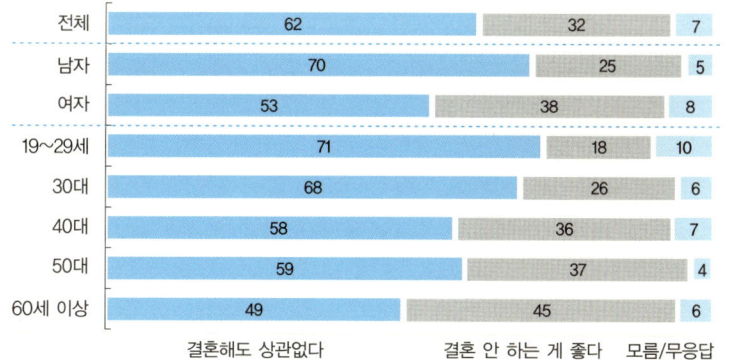

종교관

1) 본인의 종교

> **질문** 귀하는 현재 종교를 믿고 계십니까? (믿고 있다면) 어떤 종교입니까?
>
> 1. 불교
> 2. 개신교(기독교)
> 3. 천주교(가톨릭)
> 4. 기타 종교
> 5. 종교 없음

지난 30년간 개신교 비율만 10%P 증가

현재 종교를 믿고 있다는 응답은 56%로 한국인 2명 가운데 1명 정도가 종교를 가지고 있는 것으로 나타났다. 성별로 보면, 여성(62%)이 남성(49%)보다 종교를 가지고 있는 경우가 많았으며, 연령별로는 50대(71%), 60세 이상(69%) 고연령에서 종교 인구 비율이 많았다.

종교별 분포를 보면, 불교가 22%, 개신교가 25%, 천주교가 8%였다. 고연령일수록 불교 신자층이 두터워지는 경향을 보였고, 개신교 신자는 남성(21%)보다 여성(29%)에서 더 많았다.

지난 1981년 한국갤럽 조사 결과와 비교하면, 전체 종교 인구 비율에는 큰 변화가 없었으며, 종교별로는 불교가 줄고 개신교 신자의 비율만 10%P 증가한 것으로 나타났다.

| 그림 9 | **1981년과 2010년 본인의 종교**

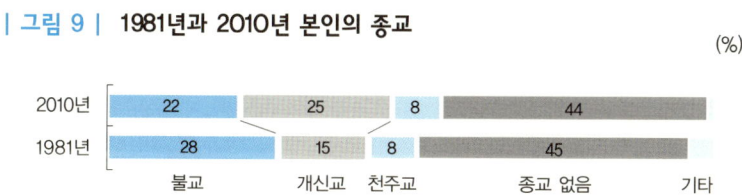

| 그림 10 | 본인의 종교 (%)

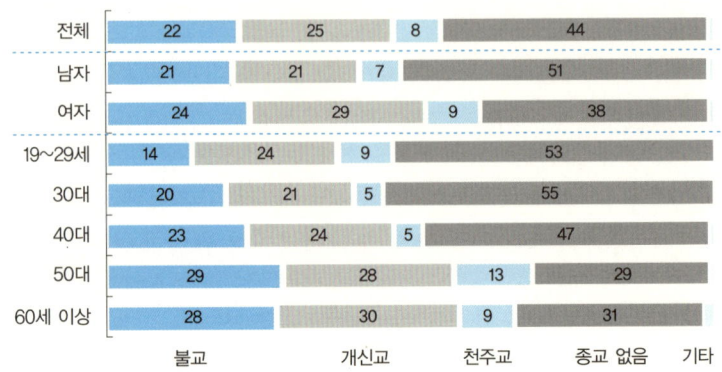

2) 종교적 개념에 대한 믿음

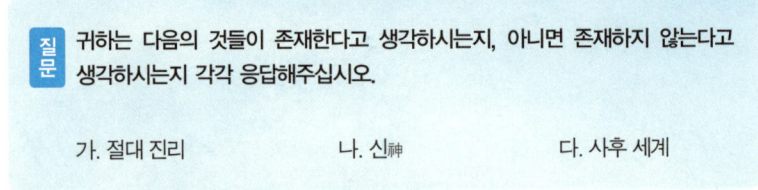

한국인의 절반은 종교적 개념 믿는다

한국인은 절대 진리나 신神, 사후 세계와 같은 종교적 개념의 존재를 어느 정도 믿고 있는지 알아봤다.

가. 절대 진리

절대 진리가 '존재한다'는 응답은 53%, '존재하지 않는다'는 34%로 우리 국민의 절반가량이 절대 진리의 존재를 믿고 있었다. 이와 같은 믿음은 여성(56%)이 남성(49%)보다 많았다.

| 그림 11 | 절대 진리

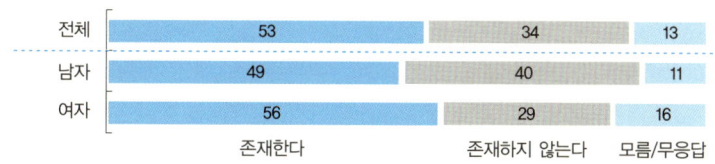

나. 신神

신이 '존재한다'는 응답은 53%로, 국민 2명 가운데 1명은 신의 존재를 믿고 있었다. '존재하지 않는다'는 응답은 36%였다.

성별로 보면, 남성은 '존재한다(45%)'는 의견과 '존재하지 않는다(45%)'는 의견이 비등한 반면, 여성은 '존재한다(60%)'는 의견이 '존재하지 않는다(28%)'는 의견보다 많아, 성별에 따라 신의 존재에 대한 믿음에 차이를 보였다.

| 그림 12 | **신** (%)

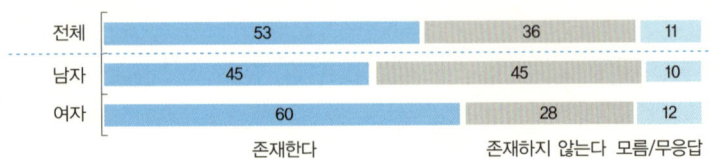

다. 사후 세계

사후 세계가 '존재한다'는 의견은 48%로 '존재하지 않는다(36%)'는 의견보다 많았다. 성별로 보면, 남성(42%)보다 여성(54%)이 사후 세계의 존재를 더 긍정하는 것으로 나타났다. 남성은 사후 세계가 '존재한다'와 '존재하지 않는다'가 거의 같은 반면, 여성은 '존재한다'는 응답이 더 많았다.

| 그림 13 | **사후 세계** (%)

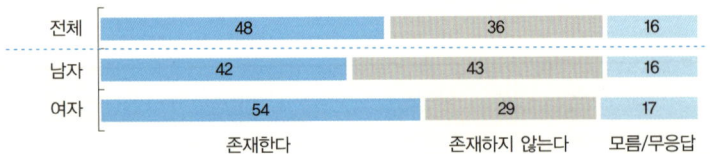

연령별로 살펴보면, 종교적 개념에 대한 믿음은 30대에서 낮고 40대 이상에서 높은 경향을 보였다.

| 그림 14 | 연령별 종교적 개념에 대한 믿음

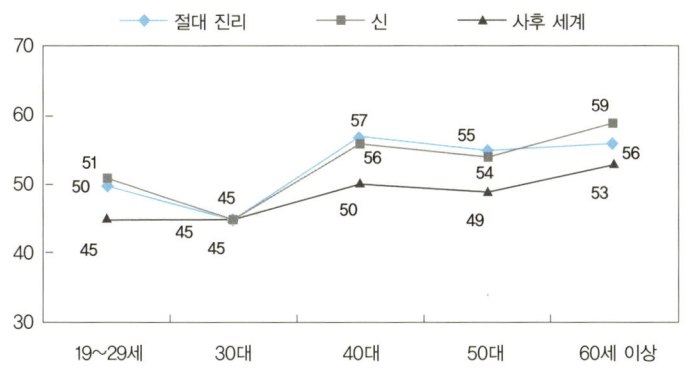

종교별로 보면, 절대 진리나 신, 사후 세계 등이 기독교와 관련이 많아 불교 신자 가운데 이들 개념을 믿는다는 응답자 비율이 개신교나 천주교 신자 대비 상대적으로 낮았다. 반면, 개신교 신자의 경우 대다수가 신과 절대 진리, 사후 세계에 대한 믿음을 가지고 있는 것으로 나타났다.

| 그림 15 | 종교별 종교적 개념에 대한 믿음

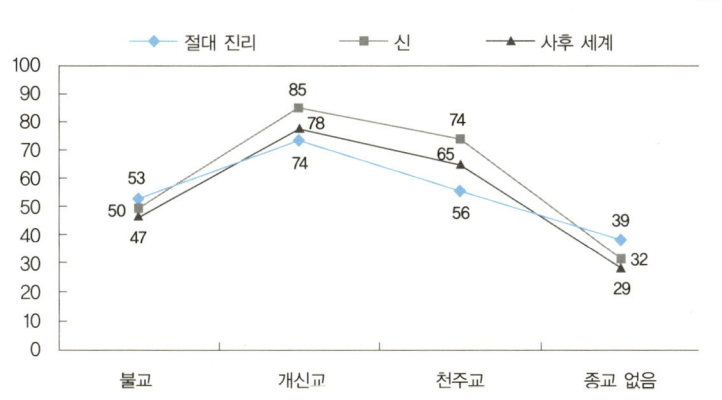

한편, 종교가 없다고 응답한 계층에서 '절대 진리'나 '신', '사후 세계'의 존재를 믿는다는 응답이 각각 39%, 32%, 29%로, 종교가 없다고 하더라도 상당수는 종교적 개념을 가지고 있는 것으로 보인다.

지난 1981년 한국갤럽 조사 결과와 비교하면, '신'의 존재를 믿는다는 응답은 11%P(42%→53%) 증가했으며, '사후 세계'를 믿는다는 응답은 18%P(30%→48%) 증가했다. 30년이 흐르는 동안 종교적 개념에 대한 인식이 강화되었으며 이는 개신교 인구의 증가(15%→25%)에 기인한 것으로 판단된다.

3) 종교와 진리

> **질문** 귀하께서는 다음 중 어떤 생각에 동의하십니까? (보기 제시)
>
> 1. 진정한 종교는 하나뿐이다
> 2. 여러 종교는 저마다 기본적인 진리와 의미를 갖고 있다
> 3. 어떤 종교든 진리를 갖고 있지 않다
> 4. 모름/무응답

'종교는 저마다 기본적인 진리와 의미를 갖고 있다' 67%

한국인의 67%는 각 종교가 저마다 기본적인 진리와 의미를 갖고 있

다는 점을 존중하지만, '진정한 종교는 하나뿐'이라는 응답도 20%에 달했으며 특히 개신교 신자의 절반 정도(51%)가 이와 같은 배타적인 견해를 보였다. '어떤 종교든 진리를 갖고 있지 않다'는 회의적인 답변은 4%에 그쳤다.

| 그림 16 | 종교별 종교와 진리에 대한 견해

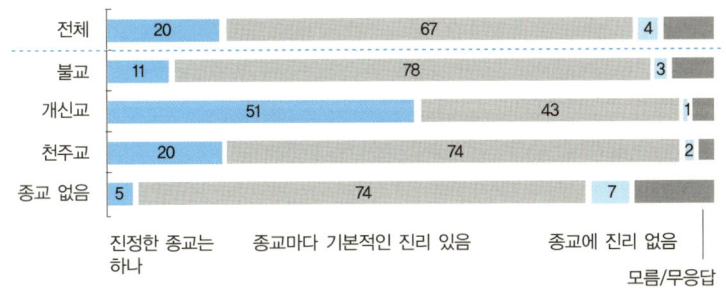

제5장

국가관과 사회관, 정치의식

1. 국가관
2. 사회관
3. 정치의식

"국민들의 정치의식을 조사하고 여러 사회 현상들에 대한 의견을 들어보는 것은 올바른 정책을 수립하는 데 필수적인 일이다. 본 장에서는 ▲ 한국인으로서의 긍지 ▲ 전쟁시 참전 의향 ▲ 현 사회제도에 대한 의견 ▲ 한국 사회의 도덕성 수준에 대한 견해 ▲ 여러 가지 사회적 관행과 가치관에 대한 의견(자유와 평등/능력급의 공평성/뇌물에 대한 인식) ▲ 과학 발전과 인류에 대한 생각 ▲ 정치의식 및 정치성향에 대해 조사하였다."

한국인의
철학
01

국가관

1) 국민으로서의 자부심

> **질문** 귀하께서는 한국인이라는 것이 얼마나 자랑스럽습니까, 혹은 자랑스럽지 않으십니까?
>
> 1. 매우 자랑스럽다
> 2. 어느 정도 자랑스럽다
> 3. 별로 자랑스럽지 않다
> 4. 전혀 자랑스럽지 않다
> 5. 모름/무응답

국민의 85%, '한국인으로서 긍지를 느낀다'

대다수의 한국인은 자신이 한국인이라는 사실을 자랑스럽게 생각하는 것으로 나타났다. 한국인임이 '매우 자랑스럽다'는 응답이 22%, '어느 정도 자랑스럽다'는 응답이 63%로 총 85%의 한국인이 한국인으로서 자부심을 느끼고 있었다. 반면, '별로 자랑스럽지 않다'는 의견은 12%였으며, '전혀 자랑스럽지 않다'는 1%에 불과했다.

지난 1981년 한국갤럽 조사 결과와 비교하면, '매우 자랑스럽다'는 응답은 23%P 감소했지만 '어느 정도 자랑스럽다'는 응답은 34%P 증가하여, 전체적으로 자랑스럽다는 의견이 11%P 증가했다.

| 그림 1 | **1981년과 2010년 국민으로서의 자부심**

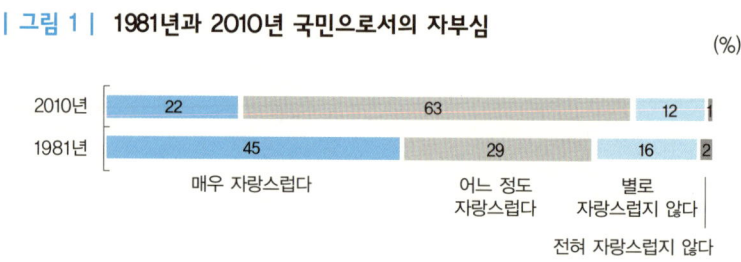

한편, 한국인임이 '매우 자랑스럽다'는 응답자 비율은 연령별로는 60세 이상(32%) 고연령층에서 높았다.

또한 한국인으로서의 긍지는 행복 정도와도 관련이 있어, 행복하다는 응답층에서 행복하지 않다는 응답층에 비해 국민으로서의 긍지가 높았다.

| 그림 2 | **국민으로서의 자부심**

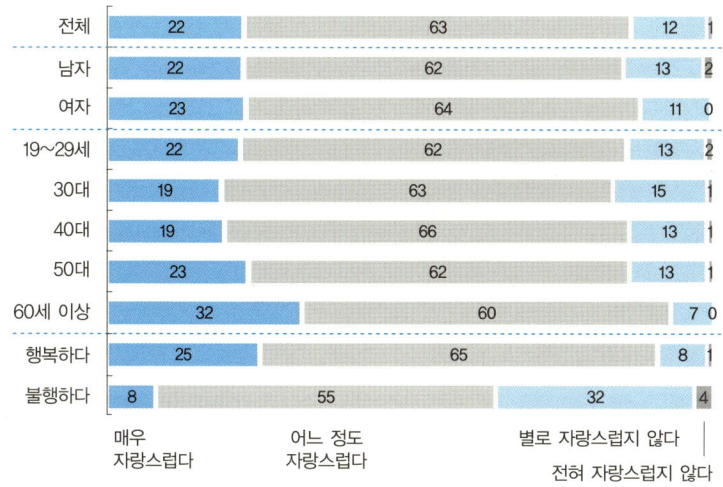

2) 전쟁시 참전 의향

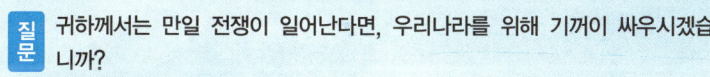

국민 10명 가운데 6명, '전쟁시 기꺼이 참전하겠다'

전쟁시 참전 의향을 물은 결과, 전쟁이 일어난다면 나라를 위해 기꺼이 싸우겠다는 응답이 61%로 상당수의 한국인이 국가를 위해 희생할 준비가 되어 있는 것으로 나타났다. 한편 '아니오' 라고 응답한 경우는 26%였으며, 모르겠다거나 응답을 하지 않은 경우도 13%에 달했다.

지난 1981년 한국갤럽 조사 결과와 비교해보면, '기꺼이 참전하겠다' 는 응답자 비율은 14%P 감소했으며, '아니오' 라고 응답한 비율은 20%P 증가했다.

| 그림 3 | 1981년과 2010년 전쟁시 참전 의향

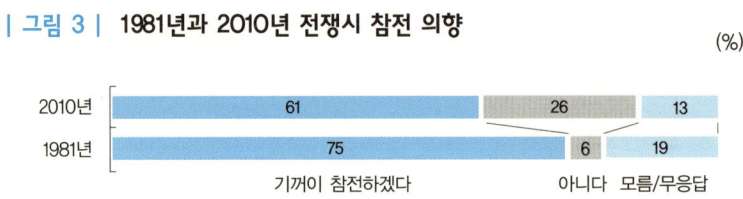

전쟁시 참전 의향은 남성(78%)이 여성(45%)보다 훨씬 높았으며, 연령별로는 30대(65%), 40대(66%), 50대(64%)에서 높았다.

| 그림 4 | **전쟁시 참전 의향**

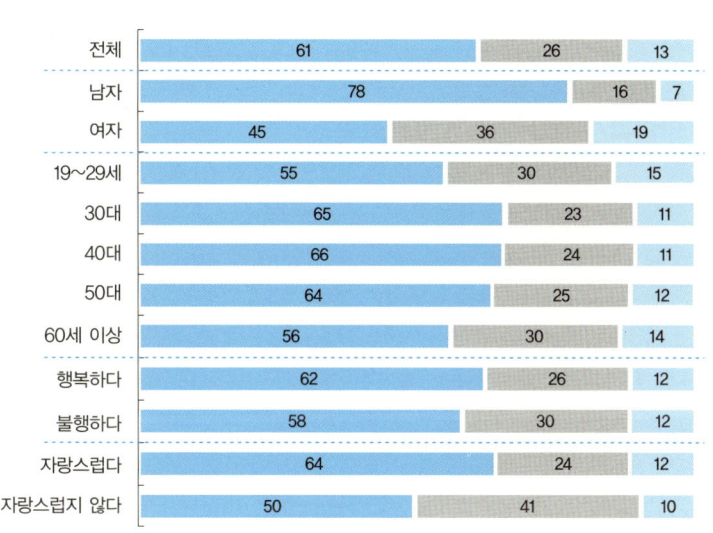

행복 여부별로 보면, 현재 행복하다는 사람과 불행하다는 사람의 전쟁시 참전 의향은 비슷했다. 반면, 한국인임이 '자랑스럽다'는 응답층에서 참전 의향이 훨씬 높게 나타나, 국민으로서의 자긍심이 애국심과 밀접한 관련이 있음을 확인할 수 있었다.

사회관

1) 현 사회제도에 대한 의견

> **질문** 귀하께서는 다음 중 어떤 생각에 동의하십니까? (보기 제시)
>
> 1. 우리의 현 사회제도는 잘못된 점이 많으며, 빨리 바뀌어야 한다
> 2. 우리의 현 사회제도는 잘못된 점이 존재하나, 서서히 개선되어야 한다
> 3. 우리의 현 사회제도는 전체적으로 잘되어 있기 때문에 현 상태를 유지하는 것이 바람직하다
> 4. 모름/무응답

한국인의 61%, '사회제도의 개선이 점진적으로 이루어지길 원한다'

현재 한국의 사회제도에 대해, 대다수 한국인들이 문제를 느끼고 있

으며, 급진적인 변화보다는 점진적인 개선을 통해 이에 대한 해결이 이루어져야 한다고 생각하는 것으로 나타났다. 우리의 현 사회제도에 대해 '잘못된 점이 존재하나, 서서히 개선되어야 한다'는 응답은 61%로, '잘못된 점이 많으며, 빨리 바뀌어야 한다(30%)'는 응답보다 많았다. '현 상태를 유지하는 것이 바람직하다'는 응답은 3%에 불과했다.

| 그림 5 | **현 사회제도에 대한 의견**

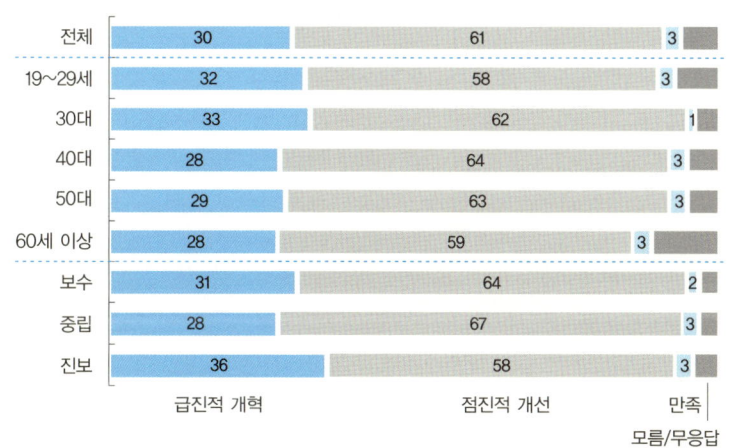

현 사회제도에 대한 의견은 연령별로 크게 차이 나지 않았다. 한편 자신의 정치적 이념 성향이 보수적이라는 응답자들도 급진적 개혁에 30% 이상 공감했다.

2) 우리 사회의 도덕성 수준

> **질문** 귀하께서는 우리 사회의 도덕성이 어느 정도 높다고 생각하십니까, 아니면 낮다고 생각하십니까?
>
> 1. 매우 높다
> 2. 높은 편이다
> 3. 낮은 편이다
> 4. 아주 낮다
> 5. 모름/무응답

한국인의 69%, '한국 사회의 도덕성 낮다'

| 그림 6 | 사회 도덕성 평가

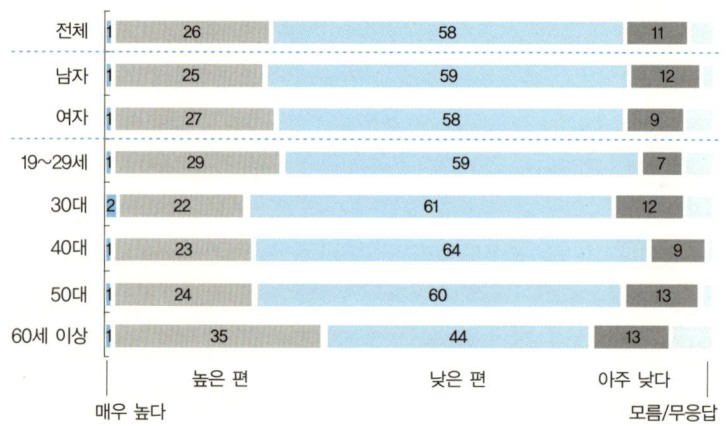

한국인들의 상당수가 우리 사회의 도덕성을 낮게 평가하는 것으로 나타났다. 우리 사회의 도덕성 수준에 대한 질문에 '매우 높다'는 응답은 1%에 불과했으며, '높은 편이다'가 26%로, 27% 정도만이 한국 사회의 도덕성을 긍정적으로 평가했다. 반면, '낮은 편이다'가 58%, '아주 낮다'가 11%로 부정적인 평가는 69%에 이르렀다. 이러한 부정적인 평가는 여성보다는 남성, 30~50대에서 상대적으로 많았다.

3) 도덕성 저低평가 이유

> **질문** 귀하께서 우리 사회의 도덕성이 낮다고 생각하시는 가장 큰 이유를 다음 중 하나만 선택해주십시오. (보기 제시)
>
> 1. 지도자들의 부정부패
> 2. 물질만능주의
> 3. 국민 개개인의 이기주의
> 4. 서구 문명의 그릇된 영향
> 5. 도덕 교육의 실패

도덕성 저평가 이유 '국민 개개인의 이기주의'

그러면 한국인들이 우리 사회의 도덕성을 낮게 평가하는 이유는 뭘까? 한국 사회의 도덕성을 낮게 평가한 1,033명에게 그 이유를 물은 결과, '국민 개개인의 이기주의'가 35%, '지도자들의 부정부패'가

34% 응답되어, 국민과 국가지도자 모두에게 책임이 있는 것으로 인식했다. 이외에 '물질만능주의'(21%), '외래 문명의 무분별한 수용'(5%), '도덕 교육 실패'(5%) 순으로 응답이 많았다.

'국민 개개인의 이기주의'는 20대에서 가장 많고, '물질만능주의'는 50대 이상 고연령층에서 더 많이 응답되었다.

| 그림 7 | **사회 도덕성 저평가 이유** (한국사회 도덕성 저평가자 1,033명 중 %)

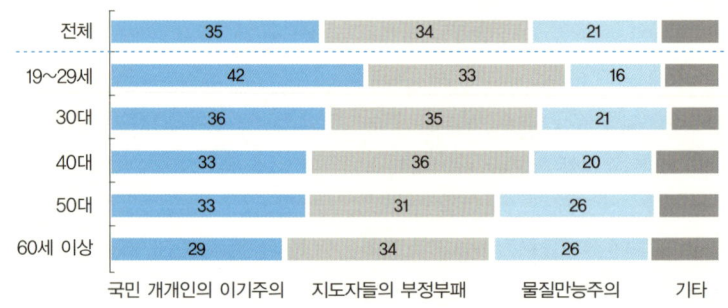

4) 자유 대(對) 평등

> **질문** 귀하께서는 자유와 평등 중 어느 것이 우리 사회에 조금이라도 더 중요하다고 생각하십니까?
>
> 1. 자유
> 2. 평등
> 3. 모름/무응답

'자유'가 더 중요 53%, '평등'이 더 중요 42%

우리 국민은 현재 자유를 평등보다 더 중시하는 것으로 나타났다. 자유와 평등 가운데 더 중요한 것을 고르도록 요구했을 때, '자유'가 더 중요하다는 응답이 53%로 '평등'이 더 중요하다는 응답 42%보다 11%P 더 많았다. 지난 1981년 한국갤럽 조사 결과와 비교하면, '자유'에 대한 상대적 중요도는 3%P 증가(50%→53%)했으며, '평등'의 상대적 중요도는 11%P 증가(31%→42%)한 것으로 나타났다.

1981년은 제5공화국 초기로 자유에 대한 제약이 심했기 때문에 평등보다는 자유에 대한 갈망이 상대적으로 더 강했다. 그러나 경제적/사회적 불평등이 큰 문제로 부상하고 있는 2010년에 와서는 평등에 대한 요구가 더 커진 것이라고 볼 수 있다.

| 그림 8 | **1981년과 2010년 자유와 평등 중요도**

한편, '자유'가 더 중요하다는 응답은 여성(49%)보다 남성(57%)에서, '평등'이 더 중요하다는 응답은 남성(38%)보다 여성(46%)에서 더 많았다.

| 그림 9 | **자유와 평등**

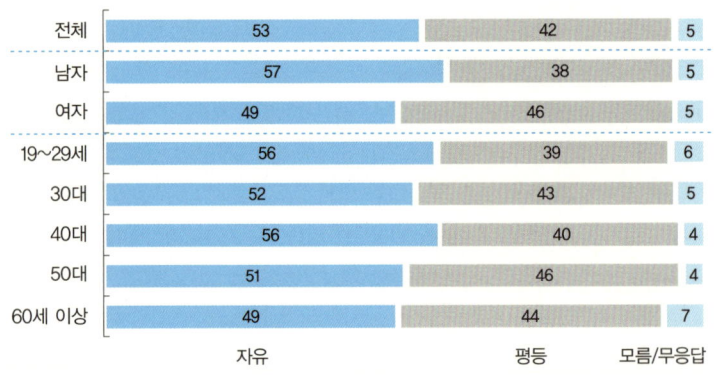

5) 능력급의 공평성에 대한 의견

> **질문** 같은 나이에 비슷한 일을 하는 2명의 비서가 있습니다. 그 중 1명이 다른 비서가 자기보다 더 많은 월급을 받는다는 사실을 알고 윗사람에게 항의했습니다. 윗사람은 다른 비서가 일을 더 빠르게 잘하며 믿을 수 있기 때문이라고 대답했습니다. 귀하께서는 능력 있는 비서가 그렇지 못한 비서보다 더 많은 월급을 받는 것이 공평하다고 생각하십니까, 아니면 공평하지 못하다고 생각하십니까?
>
> 1. 공평하다
> 2. 공평하지 못하다
> 3. 모름/무응답

한국인의 78%, '능력급'의 공평성 인정

능력의 차이에 따라 월급을 차등 지급하는 능력급 제도가 공평한지 물어본 결과, '공평하다'는 응답이 78%로 '불공평하다'는 응답(19%)보다 많았다. 이로써 대다수의 한국인들은 능력에 따라 보상을 받는 제도에 대해 거부감이 없는 것으로 나타났다.

한편, 능력급 제도를 공평하다고 생각하는 비율은 1981년 한국갤럽 조사 결과 대비 12%P 증가해, 지난 30년간 능력급 제도에 대한 시각이 많이 변했음을 알 수 있다.

| 그림 10 | 1981년과 2010년 능력급 제도 공평성 (%)

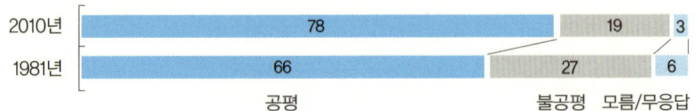

| 그림 11 | 능력급 제도 공평성 (%)

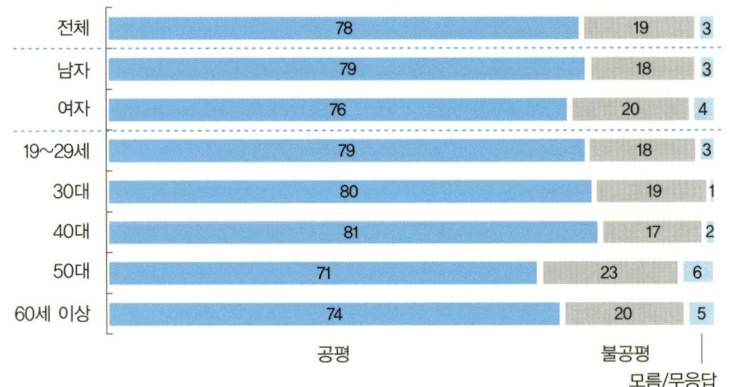

6) 교통경찰에게 편의 부탁 관련 의견

질문: 귀하께서는 교통법규를 위반했을 때 교통경찰에게 돈을 건네는 등 잘 봐달라고 부탁하는 것에 대해 그럴 수도 있는 일이라고 생각하십니까, 아니면 절대 해서는 안 되는 일이라고 생각하십니까?

1. 그럴 수도 있는 일이다
2. 절대 해서는 안 되는 일이다
3. 모름/무응답

한국인의 71%, '뇌물 청탁 있을 수 없는 일'

교통법규를 위반했을 때 교통경찰에게 돈을 건네는 행위를 어떻게 생각하는지 물어본 결과, '절대 해서는 안 되는 일'이라고 응답한 경우가 71%로, '그럴 수도 있는 일'이라는 응답자(26%)보다 2배 이상 많았다.

'절대 해서는 안 되는 일'이라는 응답자는 여성(75%)이 남성(68%)보다 많았으며, 50대 이상에서 많았다.

| 그림 12 | 교통경찰에게 편의 부탁

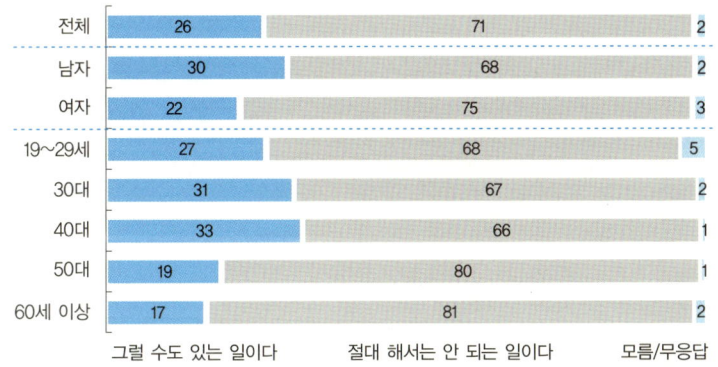

그럴 수도 있는 일이다 / 절대 해서는 안 되는 일이다 / 모름/무응답

7) 과학 발전이 인류에 미칠 영향

 귀하께서는 장기적으로 과학의 발전이 인류에게 이익을 줄 것이라고 생각하십니까, 아니면 해를 끼칠 것이라고 생각하십니까?

1. 이익을 줄 것이다
2. 해를 끼칠 것이다
3. 모름/무응답

한국인의 71%, 과학의 발전이 이익을 줄 것으로 기대

한국인의 71%는 과학 발전이 인류에게 '이익을 줄 것'이라고 생각한다고 응답해 과학에 대한 국민의 기대가 큰 것으로 나타났다. 그러나 '해를 끼칠 것'이라는 부정적인 전망도 20%로, 과학 발전의 부정적 측면에 대한 우려도 적지 않았다.

| 그림 13 | 과학 발전의 영향

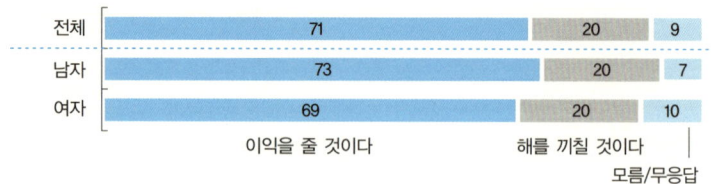

정치의식

1) 정치에 대한 관심

> **질문** 귀하께서는 정치에 대해 어느 정도 관심이 있으십니까, 혹은 관심이 없으십니까?
>
> 1. 많은 관심이 있다
> 2. 어느 정도 관심이 있다
> 3. 그다지 관심이 없다
> 4. 전혀 관심이 없다
> 5. 모름/무응답

한국인의 68%, '정치에 관심 없다'

한국인 10명 가운데 7명은 정치에 관심이 없는 것으로 나타났다. 정치에 대한 관심 정도를 물었을 때 '전혀 관심이 없다'는 응답이 25%, '그다지 관심이 없다'는 41%로 66%가 정치 무관심층을 형성하고 있었다. 반면, '많은 관심이 있다'는 응답은 5%, '어느 정도 관심이 있다'는 28%로, 관심이 있다는 응답자가 33%였다.

지난 1981년 한국갤럽 조사 결과에서는 '관심이 있다'는 응답이 48%, '관심이 없다'는 응답이 52%로, 정치 관심층과 무관심층이 비슷한 비율이지만, 2010년에는 정치에 대한 관심층이 다소 감소했다.

| 그림 14 | 1981년과 2010년 정치에 대한 관심

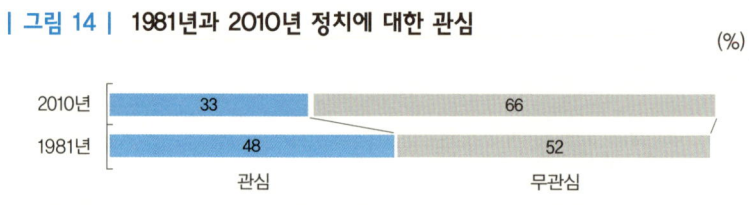

한편, 정치에 대한 관심은 여성(21%)보다 남성(44%)에서 높았고, 연령별로는 40대, 60세 이상에서 높고 20대에서 낮았다.

| 그림 15 | **정치에 대한 관심**

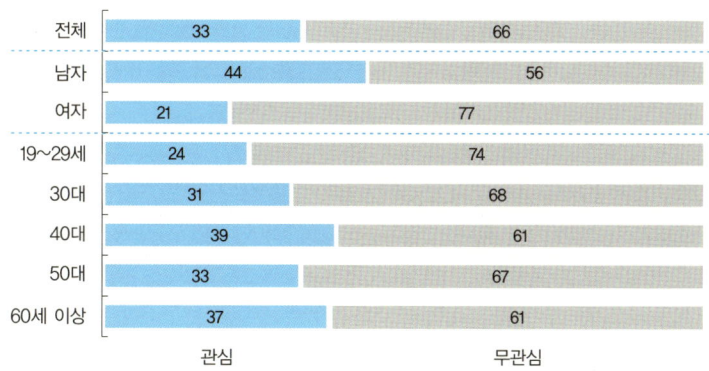

2) 정치적 이념 성향

질문 귀하의 정치적 이념 성향은 다음 중 어디에 해당한다고 생각하십니까? (보기 제시)

1. 매우 보수적이다
2. 다소 보수적인 편이다
3. 보수도 진보도 아니다
4. 다소 진보적인 편이다
5. 매우 진보적이다
6. 모름/무응답

한국인의 정치 성향, '다소 보수적'

자신의 정치적 이념 성향에 대해, '보수도 진보도 아니다'라는 중도층이 39%로 가장 많았고, '보수적'이라는 응답이 29%로 '진보적(20%)'이라는 응답보다 9%P 정도 많아, 우리 국민의 정치적 성향은 전반적으로 봤을 때 '보수' 쪽으로 다소 기울어져 있는 것으로 나타났다. 자신이 '매우 보수적'이라는 응답은 3%, '다소 보수적인 편'이라는 응답은 26%였다. '다소 진보적인 편'은 18%, '매우 진보적'이라는 응답은 2%에 불과했다.

| 그림 16 | **정치적 이념 성향** (%)

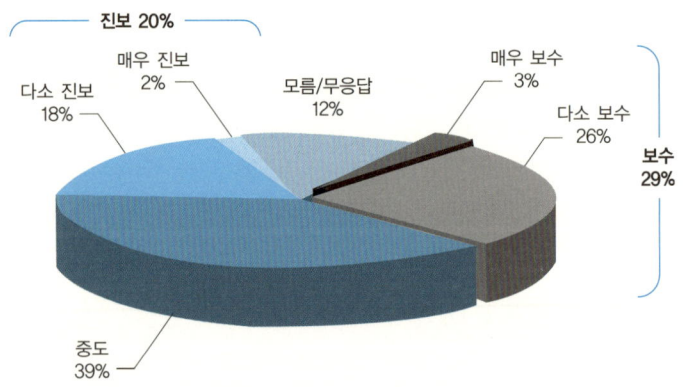

본인이 '보수적'이라는 응답은 남성(33%)이 여성(26%)보다 많았고, 연령이 높을수록 증가했으며, '진보적'이라는 응답은 연령이 낮을수록 많았다.

| 그림 17 | **정치적 이념 성향**

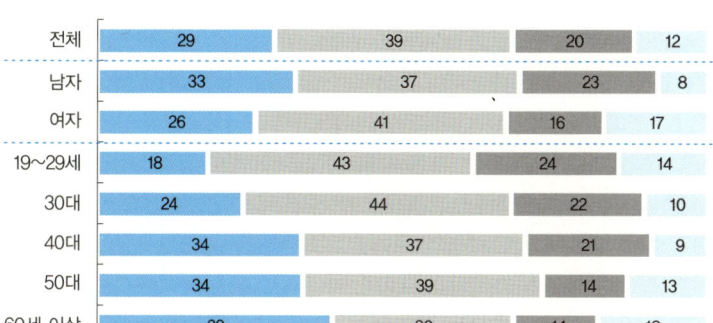

정치에 대한 관심별로 보면, 정치에 대해 관심이 있다는 응답자 가운데 보수층과 진보층이 비교적 고르게 분포하고 있으며 정치에 관심이 없다는 응답자 가운데서는 보수층이 다소 더 두터운 것으로 나타났다.

| 그림 18 | **정치 관심별 정치 성향**

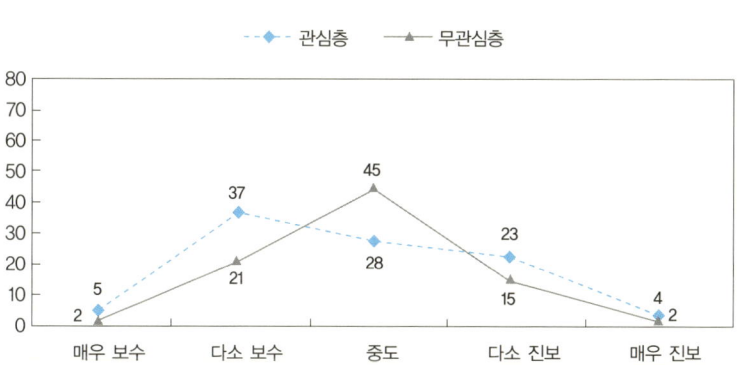

철학, 가까이 하기엔 너무 먼 당신?

철학이 바로 서야 학문이 바로 선다!

철학 책 안 읽는 사회에 관하여

동양 철학에 관심이 쏠린다

배부른 돼지보다 배고픈 소크라테스가 나은 이유

한국인이 기억하는 철학자

철학과 윤리의식

철학과 사회 발전

네 멋대로 해라! – 철학 전공에 대한 학부모들의 태도

고민의 대전환: '먹고사는' 문제에서 '어떻게 사느냐'의 문제로

죽음을 망각한 한국인: 한국인의 현세주의적 철학관

서민들의 생활 철학, '점'

한국인의 철학
제2부

대담
_철학 교수 4인, 한국인의 철학에 대해 말하다

송영배 명예교수
서울대 철학과, 동양 철학 전공

이태수 명예교수
서울대 철학과, 서양 고대철학 전공

손동현 교수
성균관대 철학과, 독불철학·존재론 전공

황경식 교수
서울대 철학과, 윤리학 전공

한국인의 철학 **01**

철학, 가까이 하기엔 너무 **먼 당신**?

한국갤럽의 조사 결과를 보면 철학이 한국인에게 어려움, 난해함, 골치 아픔 등 '어렵고 재미없다'는 느낌을 불러일으킨다는 걸 알 수 있다. 인간은 태어나면서부터 죽을 때까지 끊임없이 어떤 문제에 대해 고민하고 사색하면서 살아간다. 어쩌면 인간의 삶과 가장 가까운 학문인 철학. 그런데 사람들은 왜 철학을 골치 아프고 난해하게 생각하는 것일까. 전문가들의 의견을 들어보자.

"철학의 숙명" _ 이태수 교수

철학의 축복과 비극

철학을 난해하고 어렵게 생각하는 경향은 다른 나라에서도 마찬가지

일 겁니다. 왜 그럴까요? 수학이나 물리학 등은 정규교육을 받으며 꾸준히 공부해야만 접근이 가능한 영역입니다. 미적분 문제를 길을 가다 문득 풀어보고자 고민할 수 있는 사람은 학자나 물리학자처럼 특별한 전문가가 아니면 거의 불가능하지요.

특정 전문가들만이 '우주를 구성하는 미세한 입자의 내부는 어떤 모양으로 생겼을까' 같은 자연과학적 질문에 대해 연구하고 답할 수 있습니다. 그런데 '어떻게 사는 것이 가장 보람되게 사는 것일까' 같은 철학적 질문에는 모든 이들이 생각하고 표현할 수 있습니다. 이런 점이 일반인들로 하여금 철학을 쉽게 접근 가능한 지식으로 생각하게 만들었습니다. (그렇기 때문에 일반인들이 철학을 쉽게 접근 가능한 지식으로 여길 수 있었습니다.) 그래서 사람들은 수학이나 물리학과는 달리 철학은 쉽게 답을 얻을 수 있는 지식 분야로 인식하며 높은 기대 수준을 유지하고 있습니다. 사람들의 기대 수준이 높다는 점은 철학의 축복일 수 있지만, 철학이 일반인들의 기대감을 쉽게 충족시켜주지 못한다는 점에서는 비극이 되고 말지요.

하지만 실제로 철학 역시 수학이나 물리학처럼 오랜 시간에 걸쳐 진화해온 학문입니다. 그러니 일반인들의 생각과 괴리가 있을 수밖에 없습니다. 철학이 고답적이면서도 누구에게나 답을 줄 수 있는 학문처럼 여겨지는 점은 철학의 숙명일 겁니다.

"가까이 하기엔 너무 먼 당신" _ 황경식 교수

공경하고프나 너무 먼 철학

철학 교양과목 첫 시간에 신입생들을 대상으로 수업을 할 때면 으레 학생들에게 "철학이라고 하면 뭐가 제일 먼저 생각나나"라고 질문합니다. 그러면 늘 나오는 답변들이 있지요. "어렵다"는 대답이 가장 많고, "난해하다", "난삽하다"에서부터 "말장난이다", 심지어 "뜬구름 잡는 얘기다"라거나 "언어의 유희", "관념의 유희"라고도 합니다.

이런 답변들을 잘 짚어보면 그 속에는 '철학에 대한 부정적 의미와 함께 그럼에도 뭔가 무시 못할 그 무엇이 있어 고민하는 마음'을 읽을 수 있습니다. 이런 태도를 한자漢字로 표현하자면 '경이원지敬而遠之', 즉 가까이서 공경하고 싶은데 그러기엔 너무 멀다는 뜻이지요. 뭔가 있는데, 'Something Special'한데 거리가 먼, '가까이 하기엔 너무 먼 당신'이 바로 철학이라고 인식하는 겁니다.

분명한 것은 어렵다거나 골치 아프다고 말하는 사람들도 한편으로는 무언가 가치 있는 학문임을 인정하고 있다는 것이지요. 만약 어렵지만 가치도 없다면 그냥 버리면 될 일이지 답답함에서 오는 골치 아픈 증상을 나열하지는 않을 겁니다.

흔히 우리는 '철학의 부재不在'나 '철학의 빈곤'을 말하곤 합니다. 이 말뜻은 매우 가치 있는 핵심이 빠져 있다는 얘깁니다. 한편으로는 철학이 골치 아프거나 말장난 같다고 여기지만 다른 한편으로는 매우 가치 있음을 인정하기도 하지요. 바로 철학의 양면성이기도 합니다.

한국갤럽의 조사 결과는 우리 같은 철학을 가르치는 사람들에게 숙제를 내주고 있다고 봅니다. 지금까지 철학이 '경이원지'였다면 이제부터 철학은 '애이근지愛而近之' 하는 학문으로 가꾸는 일일 겁니다.

● Gallup Korea Polls

'철학' 하면 무엇이 떠오르십니까?	
점과 관련된 용어	21%
어렵고 재미없다	**20%**
철학적 관념	16%
철학자	15%
인생의 본질	12%

철학은 공부하기 어려운 학문이다

그렇다 77 / 아니다 13 (%)

"철학은 연구 결과에 대한 반성적 연구 작업"

_ 송영배 교수

철학, 어려울 수밖에 없다

일반 학문과 철학 사이에 성격상 차이점이 있다면 연구 대상이 다르다는 것입니다. 일반 학문은 대상 자체를 직접 연구합니다만, 철학은 그 연구 결과에 대한 반성적 연구 작업이거든요.

예를 들어 요즘 많이 알려진 유전자 생물학의 경우, 과학자들은 생명체를 분해하고 유전자의 속성을 하나씩 들춰내서 인간에게 필요한 것을 찾아갑니다. 이 과정에서 성취한 연구 결과에 대해 철학자는 과연 이러한 연구는 타당한 것인가, 만약 타당하다면 생명 자체를 목적이 아닌 수단으로 활용하는 사고思考가 만연할 텐데 이런 사태는 인류의 행복을 위해 과연 필요한 것인가, 아니면 절대 금기시해야 할 것인가, 혹은 제3의 길은 없는가 등을 연구합니다. 이런 연구를 위해서는 생명공학자가 연구한 연구물에 대해 일반인 이상의 이해도를 가져야 하고 게다가 철학적 소양도 요구되지요.

물론 철학 공부를 하면 철학사哲學史를 주로 하게 됩니다만, 그러나 철학은 본래 목적이 모든 인간의 내심적, 사회적 활동 모두를 반성적으로 평가해서 인간의 품위와 행복을 따져가는 작업입니다. 그러니 어려울 수밖에 없지요.

"인간과 세계를 총체적으로 보려니 어려울 수밖에"

_ 손동현 교수

난해함은 철학의 본성?
도대체 이 세상이 무엇인지 하는 의문을 누구나 한때 갖기 마련이지만 대답을 쉽게 얻지는 못합니다. 그리고 질문을 더 이상 간직하질 않지요. 철학은 인간과 세계를 총체적으로 보려는 학문이기에 어려워서 그렇습니다. 하지만 철학자는 이 질문을 평생 쥐고 다닙니다. 그러면서 선입견을 배제하고 쉽게 단정 짓지도 않으면서 끝까지 물고 늘어지는 겁니다. 이런 행위는 지적 사유의 훈련을 받지 않은 보통 사람들에게는 어려운 일입니다. 대학 철학과에서 4년을 훈련 받아도 어렵습니다. 결국 '난해하다' 는 것은 철학의 본성인 겁니다.

철학의 물음은 언제나 총체적입니다. 항상 세계와 인간의 총체적 질문을 다루기 때문에 실상 어렵습니다. 철학적 문제를 붙잡고 씨름하려면 지적 수준이 대단히 높아야만 가능합니다. 쉽게 던져서 쉽게 대답할 수 있는 질문이 없다는 겁니다.

우리는 일상에서 늘 문제에 부딪힙니다. 점심때면 무얼 먹을까 하는 질문을 만나고, 일을 하면서도 어떤 일을 먼저 해야 하나를 고민합니다. 이런 류의 질문들은 별 생각 없이 답을 구할 수 있거나 조금 생각하면 쉽게 풀리는 문제들입니다. 또 당장은 해결이 안 되지만 어떻게 하다 보면 해결되는 문제도 있지요.

그런데 철학적 질문은 질문의 배경 자체를 이해하지 않고는 풀리지 않습니다. 그래서 생각을 많이 요구합니다. 게다가 해결이 잘 안 되는 특징이 있지요. 그래서 철학을 잘하려면 지적 지구력이 필요합니다. 학문을 하려면 두뇌가 명석하고 이해력이 깊어야 하는 조건이 요구되는데, 고민하다가 "아이구 골치 아파" 하면서 포기하는 사람들은 지적 순발력은 있지만 지구력이 없는 분들입니다. 철학은 끝까지 붙들고 늘어지면서 따지고 또 따져가야 합니다. 이처럼 지적 지구력을 요구하는 작업이니 철학이 어려울 수밖에 없지요.

한국인의
철학
02

철학이 바로 서야 학문이 바로 선다!

인문과학의 정수精髓라 할 문文·사史·철哲, 그 중에서도 철학이 모든 학문의 기초라는 말이 있다. 철학개론조차 배우지 않고도 얼마든지 학업을 마치고 자기 분야에서 큰 불편 없이 일하는 사람들도 많은 현실인데, 오늘을 사는 한국인들은 과연 이 말에 얼마나 동의할까. 놀랍게도 한국인의 54%가 학문의 기초가 철학이라는데 말이다.

"모든 학문의 조감도로서 꼼꼼히 따지는 학문이기에……" _ 이태수 교수

명확하고, 비판적이고 논증적인 사고를 가능케 하는 학문

왜 철학이 기초 학문일까요? 2가지 정도를 말씀 드릴 수 있을 것 같

습니다.

우선, 인류 지성이 어떤 문제에 관심을 갖고 발전해서 오늘날과 같은 지적 수준에 도달했는지를 조감하려면 철학의 역사를 거치지 않고는 불가능합니다. 다시 말해 철학사의 전개를 통해 인류 지성의 족적을 찾아낼 수 있고, 그 족적을 추적하다 보면 원시 학문이 분화 과정을 거치면서 발전해 오늘날의 모습으로 변천해온 사실을 발견하게 됩니다. 이처럼 학문의 조감도를 마련하기 위해서 철학사가 필요하듯, 전체 지식판에서도 조감도가 필요할 때엔 철학적 사고가 요구됩니다. 바로 철학이 기초 학문이기 때문에 그렇습니다.

특히 요즘처럼 지식 정보가 넘쳐나는 사회일수록 기초 학문으로서의 철학적 소양은 매우 긴요합니다. 그러나 우리나라의 경우, 철학을 일반 교과 과정에 포함해온 시간이 너무 짧은 것이 사실입니다.

독일은 고등학교에 진학하면 이미 영문 소설을 읽게 합니다. 우리는 회화 중심의 교육이 되어 영어 소설책을 읽을 수준은 되지 못하지요. 대학에 가야 교양 강좌를 통해 공부하지만 너무 늦습니다. 이처럼 기초 교육의 함의를 제대로 이해하지 못하면 고급스러운 분야에 접근조차 할 수 없습니다.

둘째, 철학은 따지는 학문이기에 기초 학문이라 할 수 있습니다. 따지는 학문의 특징은 명확한 사고를 가능하게 하며Clear Thinking, 비판적 사고를 가능하게 하고Critical Thinking, 논증적 사고Argumentation Thinking를 가능하게 합니다. 예를 들어 천성산 도롱뇽 보호를 둘러싸고 정부와 환경단체 간의 마찰이 있었을 때를 상기해봅시다. 따지는 능력이 발달했다면 우리에게 규칙에 따라 승복하는 문화도 있었을 겁니다. 그러나 실제 우리 사회는 따지는 문화가 제대로 자리잡지 못했습니다. 이것은 철학적 사고가 학교 울타리 안에서만 기능하고 있을 뿐, 사회로는 제대로 전파되지 못했음을 의미합니다.

즉, 철학은 학문으로서도 기초일 뿐 아니라, 학문 이외에 성숙한 사회를 위한 기초이기도 하다는 것이지요. 많이 가르칠 수 있는 국가적 역량이 시급히 요구된다고 하겠습니다.

"소외 받는 철학, 자기 혁신이 필요" _ 황경식 교수

방법을 바꾸면 길이 보인다

최근 인문학 분야는 실용 학문에 밀려 사양길에 접어들었다고들 합니다. 인문학의 근본이 문文·사史·철哲입니다. 문학, 역사, 그리고 철학일진데, 그 중에서도 철학은 근본입니다. 생각하는 방법에 대해 가르치는 학문이기 때문입니다. 그런데 이 근본 학문이 찬밥 신세를 면치 못하고 있습니다. 지방의 대학에 재직 중인 철학과 교수에게는 중매도 들어오지 않는답니다. 이런 현상은 철학자들에게 일차적인 책임이 있습니다.

10년 전 서울대학교 철학과도 수강생이 줄어드는 등으로 해서 위기의식을 느끼고 대책을 세웠습니다. 철학 과목의 활성화를 위해 일종의 기획과목을 만든 겁니다. 기존의 '철학개론'이나 '논리학개론' 등의 강좌는 요즘 세대들에게는 정말 철학에 정이 떨어지는 느낌을 줄 것이란 판단에서였지요.

● Gallup Korea Polls

철학은 기초 학문이다(전체)		철학은 기초 학문이다 - 그렇다(연령별)				
그렇다	아니다	20대	30대	40대	50대	60세 이상
54	28	47	58	61	55	48

처음 시작한 기획 과목의 이름은 '생명 의료 윤리'였습니다. 내용은 ▲임신중절은 정당한가 ▲안락사를 어떻게 볼 것인가 ▲인공수정에 관한 태도 ▲인간 복제와 배아 복제 등 현 시대의 논란이 되는 생명 윤리와 관련된 주제들로 일관되게 구성했습니다. 이 강좌를 개설하자 첫 학기에 200명이 수강을 신청했는데, 그 다음 학기엔 400명으로 늘더니 1,600명, 이제는 2,000명을 넘어섰습니다. 2005년에는 10개 클래스를 운영하게 되었지요. 여기서 한 걸음 더 나아가 '정보사회와 사이버 윤리', '성의 철학과 성 윤리' 등을 계속 기획하여 강좌를 개설하는 중입니다. 이 기획은 서울대학교의 성공 사례로 꼽힙니다.

여기서 분명한 것은 기초 학문이라는 철학이 대중으로부터 소외받는 이유가 철학 그 자체의 성격에 있는 게 아니라 지금까지 대중에게 접근해온 방식에 있다는 점입니다. 교육도 시대의 변화에 걸맞게 학생들의 눈높이에 맞추어야 한다는 것이지요. 학생들이 관심을 갖는 주제에 관해 논변하면 자연적으로 그 학과목에 대한 관심도 커집니다. 따라서 현실적인 문제에 대한 철학적 접근과 평가가 필요하다는 결론을 얻을 수 있을 겁니다.

특히 아직 본인에게는 닥치지 않은 문제들을 예방 윤리학 차원에서 다루면 막상 자신이 그러한 문제에 봉착했을 때 더욱 슬기로운 선택을 할 수 있게 됩니다. 물론 이러한 주제들이 어떤 답을 지향하거나 답을 제시하지는 않습니다. 아까도 말씀 드렸듯이 철학은 생각하는 방법에 관한 학문이니까요. 또한 인생은 다양한 의미와 다양한 가치가 있기 때문에 그 중에서 가장 현명하고 지혜로운 선택이 가능하도록 가이드라인만을 제시하고 있습니다.

이런 이야기를 소개하는 것은 우리 시대의 인문학의 위기는 극복될 수 있다는 것을 말씀 드리기 위해서입니다. 인문학에 원인이 있는 것이 아니라 인문학을 하는 사람들이 방법을 바꾸면 위기를 넘어설 수 있다고 말씀 드리고 싶습니다.

"결과물에 대해 반성적으로 사고하는 유일한 학문"

_ 송영배 교수

'생각이란 자극'을 던지는 사람이 철학자

'철학은 기초 학문이다' 라는 문장은 당위론입니다. 하지만 실제 철학 하는 사람들, 특히 현재와 같이 개별 과학이 엄청나게 발전한 시대에 한 사람의 철학자가 모든 정보를 꿰뚫고 그 안에서 보편적 이론을 갖춘다는 것이 과연 가능한가 생각해볼 필요가 있습니다.

지금과 달리 먼 옛날엔 인간의 활동 범위가 제한적이었습니다. 그 시절엔 하나의 원리로 일정 지역의 사람들을 공동으로 묶을 수 있었습니다. 기독교나 주자학(朱子學=天理) 등 폐쇄된 하나의 가치관이 그러했지요. 하지만 오늘날엔 더 이상 그 같은 일은 일어날 수 없습니다. 만약 아직도 하나의 원리로 인간 집단의 사고를 묶는다면 그것은 틀림없는 전체주의 체제일 겁니다. 지금은 어떤 철학자도, 어떤 종교인도 그렇게 할 수 없는 '열린 사회'가 되었습니다. 거의 모든 것이 개인의 선택에 따라 결정되는 시대가 된 겁니다. 이런 상황에서 철학자는 단 하나로 모든 문제를 해결하는 만병통치약식의 대안을 마련하는 것이 아니라, 다양한 선택 가운데 추천할 만한 몇몇 선택을 추려 제시하는 역할을 하는 것이죠.

오늘날 기초 학문으로서의 철학을 연구하는 철학자들은 자기가 몸

담고 있는 사회 속에서 연구를 통해 인간의 가치와 존엄성을 찾으려 애쓰며 비판적 제시를 해야 할 사명이 있을 겁니다. 그래야 기초 학문으로 제대로 인식될 수 있을 겁니다.

생명윤리를 예로 들어봅시다. 생명과학이 발달하지만 어디에 어떻게 사용되는지 제대로 알아야 합니다. 그 과정에서 앞서 말씀 드린 바처럼 생명이 도구가 아닌 목적으로서 과연 존속할 수 있는지 진지한 고민이 필요합니다. 생명윤리뿐 아니라 21세기에 인류가 당면할 수 있는 문제는 얼마든지 많습니다. 이들에 대해 가치론적이고 비판적이면서 규범적인 학문의 역할을 할 때 비로소 철학은 기초 학문으로서 제 임무를 다하는 것이라고 생각합니다.

소외 문제도 마찬가지이죠. 20세기 중반 이전까지는 전 세계 모든 나라들이 절대빈곤을 벗어나지 못했지만, 제2차 세계대전 후 자본주의의 발달로 말미암아 풍요를 누리는 국가들이 지구촌의 대세가 되었습니다. 그로 인해 초기 자본주의 사회의 모순에서 발생한 소외 문제가 사라진 것은 아니거든요. 자본주의가 발달한다는 것은 생산력이 발달한다는 것이고, 이는 곧 끝없는 소비를 촉진시킵니다. 여기서 인간의 소비 욕구가 무한히 자극됨에 따라 언제나 상대적 빈곤에 시달리는 계층들이 늘어나지요.

지금은 과거보다 전체적으로는 부자들입니다만, 과거에는 한 사람이 벌어 가족을 먹여살리고 교육도 시켰습니다. 그런데 오늘날에는 한 사람만 벌어서는 사회의 소비 구조를 따라가기가 어렵고 정상적인 가정을 꾸리기에도 벅차며 자녀들의 교육 역시 무척 어렵게 되었지요. 이런 환경 속에서 이른바 '자기본위의 삶'이 과연 절대 다수에게 허용되느냐 하는 겁니다.

우리 사회도 지금은 이런 현상에 빠져 있습니다. 현대인들은 일터로 나가 일을 하고 집으로 돌아와 휴식을 취합니다. 그리고 다시 일터로 나가죠. 다람쥐 쳇바퀴 돌 듯 무던히 애를 쓰지만 그 틀에서 벗어날 수 있는 사람은 그리 많지 않습니다. 이런 상황에서는 사람들에게 '의미 있는 삶'이란 무엇인지 생각해볼 자극이라도 철학자들이 던져주어야 할 겁니다.

예를 들면, 배아 복제의 기술은 그 의미만으로도 굉장한 겁니다. 그로 인해 대체생명기관을 생산함으로써 벌어들일 수 있는 돈만 해도 엄청날 겁니다. 이것은 자본주의의 이윤경쟁적 측면에서 그러한 것이고, 인간의 가치론적 측면에서 본다면 생명의 도구화가 시작된다는 점에서 충격적입니다.

철학은 이처럼 결과물에 대한 반성적 사고를 하는 학문이기에 기초 학문이라고 하는 것이죠.

"당연한데 54%만 수긍하다니……" _ 손동현 교수

철학자의 책임이 크다

이 조사 결과를 보면 그동안 철학이 얼마나 곡해되어왔는지를 느끼게 합니다. 당연히 기초 학문인데, 이 사실을 54%만이 수긍하고 있잖습니까. 이건 달리 말하면 철학 전문가 집단과 타 학문 분야의 학자 집단 사이에 지적 연관성이 점점 약해지고 있다는 얘기도 됩니다. 다른 학문들이 워낙 많이 분화되었기에 그렇지요.

'철학이 모든 학문의 기초'라는 말이 설득력 있는 명제로 다가오려면 금방 확인되어야 할 텐데 현실에서는 금방 확인되지 않는 사안들이 많아요. 예컨대 자연과학에서 어떤 물음이 나오면 오답일망정 자체적으로 답을 찾아내거나 아니면 한쪽으로 밀어놓고 하던 연구는 계속하거든요. 이것은 철학자들에게 책임이 크다는 얘기로 귀결됩니다.

다른 학문들은 자기 학문만 열심히 하면 되지만 철학은 계속해서 다른 학문을 지켜봐야만 하지요. 몇몇 철학적 소양도 갖고 있는 천재적 과학자들이 기초적 연결을 해야만 합니다.

한국인의
철학
03

철학 책 안 읽는 사회에 관하여

책은 사람과 지식을 연결한다. 한국인과 철학의 만남도 책을 통해 가장 빈번히 이루어졌을 것이다. 그러나 많은 사람들이 철학의 가치는 인정하면서도 철학 책은 그다지 많이 읽지 않는 것으로 조사되었다. 이러한 결과가 나온 것은 철학이 가지는 전문적이고 어려운 이미지 때문일까, 아니면 인간과 세상의 근본을 얘기하는 철학이 각종 실용서들의 틈바구니 속에서 자신의 입지를 제대로 다질 수 없었기 때문일까. 몇십 년 동안 철학을 공부하고 가르친 교수님들의 이에 대한 의견은 어떨까.

> "통로 기능 서적의 부족, 전문가들의 반성이 필요한 때"
> _ 이태수 교수

일반인을 위한 교양 서적이 부족해

한마디로 철학 책을 읽는 한국인들이 외국에 비해 너무 적습니다. 가장 먼저 철학 하는 사람들이 반성해야 할 부분이라 생각합니다. 철학이 우리나라에 알려진 지 100년이 넘었지만 비전문가를 위한 철학 전문서의 출판 현황은 너무나 비참하지요. 이번에 서울대학교에서도 대학생들을 위한 권장도서를 선정했는데, 철학 분야에 변변한 책이 없어 무척 고심했습니다. 물론 철학이 대중적 인기를 얻을 리 없었지만 말이죠.

이렇게 철학 책이 읽히지 않는 데는 철학인의 책임이 가장 크겠지만 번역에도 어느 정도 책임이 있다고 봅니다. 지난 1980년대, 우리나라의 정치상황이 매우 좋지 않았을 때 철학 분야의 외서들이 많이 번역되었습니다. 헌데, 당시 대중에게 공급된 번역서들 거의가 매우 질이 떨어지는 번역물들이었지요. 한글로 된 문장임에도 무슨 뜻인지 이해할 수 없는 글들이 버젓이 책으로 출판되었고, 심지어 그런 책을 읽고 학생들끼리 난상토론까지 벌였으니 그 토론의 결과가 어떠했을지 불을 보듯 뻔한 일입니다. 이처럼 철학 책이 읽히지 않는 데에는 공급 역량(번역 수준)의 문제도 심각합니다.

철학에 대해 아직도 '뜬소문의 학문'이라 말하지만 최소한 일반인들이 교양을 위해 접근하는 '통로 기능'은 마련되어야 했습니다. '일반인들의 교양을 위한' 철학 책이란 철학의 전문적인 내용을 일반인들도 쉽게 읽고 이해할 수 있게 쓴 책을 말합니다. 이를 통해 전문 영역과 일반인 사이의 통로를 마련한다는 의미를 지니지요. 일본의 경우 '통로 기능' 서적의 공급은 우리와 비교가 안 될 정도로 잘 되어 있습니다. 예를 들면 동경대학교 지성 강좌 시리즈물은 항상 시중에서 베스트셀러가 되곤 합니다. 비록 일본 최고의 학부를 다니지 않았더라도 마음만 먹으면, 그리고 자기 나라의 글을 읽고 이해할 수만 있다면 동경대학교 학부 수준의 교양은 누구나 쌓을 수 있도록 되어 있는 거지요.

흔히들 인문학의 위기, 이공계 학문의 위기를 얘기하는데, 그 근본 원인은 이처럼 통로 기능을 하는 서적이 없다는 데에 있습니다. 통로 기능은 비단 일반인과 전문가 사이에만 국한되지 않습니다. 서로 다른 전문가들 사이에도 통로 기능은 매우 긴요합니다. 이와 관련된 재미있는 이야기를 하나 말씀 드리지요.

옛날 모 대학교의 농학과 교수들이 모여 우리나라 농산물 증대를 위한 회의를 열었습니다. 참석한 교수들은 각 분야에서 자타가 공인하는 농업 전문가들이었습니다. 그런데 회의에서 결과를 도출하지 못했습니다. 이유는 다음과 같습니다. 육종학育種學 전문교수는 '육종 개량만 하면 현재 우리가 생산하는 쌀의 5배 이상을 생산해낼 수 있다'며 '육종 개량에 집중할 것'을 원했고, 토질 전문 교수는 '토질 개량을 하면 10배 이상의 수확을 보장한다'며 '토질 개량 연구만이 살 길'이라 주장했고, 병충해를 연구해온 교수는 '기생충만 박멸하면 현재의 토질과 육종만으로도 자급자족은 물론 수출까지 할 수 있다' 면서 '기생충 연구비용에 집중해야 한다'고 강조했다는 겁니다. 이처럼 전문가들이 자신의 영역만을 주장하니 결론이 나올 수가 없었던 거지요. 이들은 같은 농업 분야에서 연구해온 학자들이지만 자신의 분야 이외의 영역에는 거의 무지해 의견 교환이 불가능했던 것입니다.

● Gallup Korea Polls

철학 서적 독서량(전체)	
1권도 읽은 적 없다	74%
1~4권	17%
5~9권	3%
10권 이상	6%

철학 서적 독서량(평균) (권)
- 전체: 2.1
- 남: 2.8
- 녀: 1.5

오늘날 심리학 분야와 경영학 분야의 활발한 교류는 학문 간의 통로 기능의 중요성을 보여주는 좋은 사례입니다. 그렇지만 보다 기초적인 인문, 자연과학 분야에는 아직 그 통로가 미흡합니다. 통로 기능을 하는 책들을 만들기 위해서 어디서부터 먼저 손을 대야 하는지는 자명합니다. 중·고등학교 학생들에게 철학 관련 서적을 수험 점수와 관련 없이 지적 호기심과 교양을 쌓는 수단으로 제공할 수 있을 때 비로소 이런 책들이 존재한다고 말할 수 있습니다. 이를 위해서는 정확하면서도 동시에 쉽고 재미있는 책이 출판되어야 합니다. 이런 책들이 충분히 공급되면 비로소 국민의 지적知的 인프라도 탄탄하게 구축되며 기초 학문의 위기라는 소리도 자취를 감추게 될 겁니다.

"번역을 우습게 여기다가 책을 외면하는 사태까지"

_ 황경식 교수

교수 평가에 논문은 1점, 번역은 0.5점

이태수 선생의 의견에 공감합니다. 철학 책의 독서량이 적은 이유는 '접근성'이 취약하기 때문입니다. 사실 우리 주변에는 읽으라고 권할 만한 철학 책들이 많지 않을뿐더러 있다 해도 지극히 난해해서 권할 수 없는 지경인 것이 대부분입니다. 더구나 오늘날엔 한자조차 외국어처럼 일반인들과 거리가 멀어져서 접근성이 더 떨어져버렸습니다. 이 모두가 우리 철학자들의 책임임을 통감합니다.

특히 잘 번역된 철학 서적들을 보기 힘듭니다. 요즘은 대학교수도 평가를 받습니다만, 논문 1편을 쓰면 1점을 받지만 책 1권을 번역하면 그 절반인 0.5점을 받습니다. 사실 번역이 논문 1편 쓰기보다 어려울 때가 많은데, 고과 점수에도 제대로 반영이 안 되니 좋은 번역서를 만나기 어려운 상황이 조장되는 겁니다. 더구나 경제적 측면에서도 번역은 어렵습니다. 인세의 경우 옛날에는 번역을 하면 10% 정도였던 것이 요즘엔 번역 인세가 5%에서 3% 정도에 불과합니다. 이런 실정이니 번역을 꺼리게 되고, 한다 해도 일본어판을 구해 중역重譯을 해버립니다. 이중 번역을 하면 원문의 의미를 제대로 전달하기 어렵고 잘못하면 오역이 되곤 하지만 번역 환경이 열악하다 보니 이런 문제가 해결되지 않습니다.

번역을 생각하면 일종의 악순환을 보게 되는데, 우리 한국인들은 번역에 대해 너무 가볍게 생각하는 경향이 많습니다. 그래서 논문을 쓰더라도 번역서 인용을 꺼려합니다. 심지어 은사의 번역서도 인용하지 않고 원서에서 인용하곤 합니다. 이처럼 우리 스스로 번역을 경시하는 풍조를 만들어왔습니다. 이런 점은 한국인들이 그만큼 '원조元祖 의식'이 강하다는 걸 보여주는 셈이죠. 족발집조차 원조 경쟁을 하지 않습니까. 이런 특성이 다른 나라의 지식을 흡수하는 데 걸림돌이 되는 겁니다.

이웃나라 일본의 경우, 외국 책들의 십중팔구는 번역이 다 되어 있습니다. 그들이 쓴 논문을 보아도 인용한 책들이 대부분 번역서라는 걸 표기해두곤 합니다. 그만큼 일본은 번역 문화가 활성화되어 있지만 우리는 원조 의식이 너무 강해 늘 오리지널만을 고집하지요. 게다가 우리는 번역을 한 번 하면 그걸로 끝납니다. 번역서임에도 개정판이 나오는 경우가 무척 드뭅니다. 일본은 번역서가 대부분 개정판으로 거듭납니다.

우리의 번역 경시풍조는 여기서 끝나지 않습니다. 서구나 일본은 학위 논문에도 번역이 포함됩니다. 번역을 논문으로 간주하기도 합니다. 그러나 우리는 그렇지 않습니다. 특히 서구는 번역을 반드시 하도록 권장합니다. 그 논문의 주요 부분은 반드시 번역을 요구하기도 합니다. 만약 유교 관련 논문을 쓴다면 관련 문헌을 번역하게 하고 그것을 논문 평가에 반영합니다. 우리의 철학 서적이 공급 면에서 문제가 있는데, 한 걸음 더 들어가보면 이처럼 번역 경시풍조에서 기인하는 바가 클 겁니다. 번역을 우습게 여기다가 책을 외면하는 사태가 온 거죠.

"근대화, 산업화하느라 책 읽고 앉아 있을 시간이 없었다" _ 송영배 교수

현실에 참여하는 철학의 부족

두 분 말씀에 공감합니다. 다만, 역사적 맥락도 한번은 고려해볼 가치가 있다고 봅니다. 우리의 전통적 학문과 전통적 가치관들은 근대화를 만나면서 상당히 파괴, 왜곡 또는 변질되었지요. 우선, 우리는 근대화를 '물질 문명의 개선'으로 받아들였습니다. 당연히 '공리주의'가 일상생활에 스며들었구요. 물질 문명의 개선과 공리주의 사이에 인간의 교양을 쌓기 위한 사색思索이 들어설 여지는 거의 없었습니다. 그러니 철학 책을 읽고 앉아 있겠습니까?

두 번째로는 전통의 단절로 인해 일반인들이 접할 수 있는 가독성 높은 책이 거의 없었습니다. 철학 하는 사람들은 학문의 영역에서만 활동했습니다. 한국인의 정서를 읽어내고 한국인의 문제에 천착해서 현실에 참여하는 철학이 부족했습니다. 공급 측면이라 하셨는데, 번역도 중요하지만 철학 하는 사람들이 아직도 일반 대중에게 어필할 만큼 우리 땅에서의 철학을 키워내지 못한 것은 아닐까 생각해봅니다. 민중의 아픔이나 문제와 함께하는 철학이 부재했다는 거지요.

과거엔 『명심보감』이나 『사서삼경』 등이 기본 교양 도서였고 동시에 유교적 도덕 교육의 지침서였으며 생활 윤리가 되었지요. 그런데 이 기능이 근대화로 인해 마비되었습니다. 그렇다고 근대화가 진행하는 과정에서 철학 하는 사람들이 새로운 철학을 모색하고 제시했는가 하면 그건 아니었거든요.

"지적知的 재생산 인력 턱없이 부족해" _ 손동현 교수

철학은 해묵은 물음에 대한 새로운 탐구
모두 맞는 말씀만 하셨네요. 저는 다른 측면을 좀 얘기하려고 합니다. 이 조사는 학문에 대해 우리 자신을 점검하게 만들었다는 점에서 큰 의의가 있다고 봅니다. 조사 결과 철학 책을 읽는 사람이 적다고 합니다. 근본적으로 동서양의 학문을 수용해 고등교육과정(대학)에서

소화해내고 그 자양분을 재생산할 수 있는 인구가 너무 적기 때문입니다. 읽을 만한 책이 나오려면 지식이 재생산돼야 하는데, 현재 우리나라에는 동서양의 지식을 재생산할 수 있는 인구가 턱없이 부족합니다. 번역도 바로 그 때문에 어려운 거죠. 물론 인문과학 분야를 말하는 겁니다. 자연과학 분야는 상대적으로 쉽지요.

거기에는 이유가 있습니다. 자연과학은 최첨단 분야만을 알고 그 전 단계를 몰라도 연구나 응용이 가능합니다. 1차원적으로 누적된 지식이기 때문에 그렇습니다. 무슨 말인가 하면, 자연과학의 경우 어느 단계에 가면 답이 나옵니다. 중력의 경우 이미 중력가속도가 초속 9.8m로 밝혀졌으니 자유낙하 하는 물체의 속도와 충격 정도를 쉽게 얻을 수 있습니다.

하지만 인문과학은 비누적적이고 다차원적이어서 전 단계를 이해하지 못하고서는 첨단 분야의 연구가 거의 불가능하지요. '인간은 어떤 존재냐' 하는 질문은 소크라테스도 물었지만, 오늘날의 철학자들도 여전히 묻고 있는 질문입니다. 그렇다면 오늘날의 질문에 대한 답을 모색하기 위해서는 소크라테스부터 플라톤을 거쳐 오늘에 이르도록 제시된 답들부터 먼저 챙겨봐야만 합니다. 누적이 되지 않아서 처음부터 다시 배워야 한다는 거죠. 칸트가 말했듯 '철학은 해묵은 물음에 대한 새로운 탐구' 입니다. 인간은 '대답할 수 없는 질문을 끝없이 던지는 존재' 이기도 합니다. 그래서 '인간 정신과 관련된' 학문인 인문과학을 재생산하려면 지적 성숙도가 요구되는 겁니다.

우리 학계를 돌아봅시다. 해방 후 각 대학에서 교육 받고 성장해 오늘날 스스로 지적 생산을 하는 학자들이 과연 얼마나 될까요? 자생적 학자들이 절대 부족한 상황입니다.

단적인 예로 국내 박사 출신과 외국 박사 출신에 대한 학계의 선호도를 들 수 있습니다. 우린 아직도 외국 박사를 선호합니다. 국내의 지적 재생산 구조가 열악하기 때문입니다. 우리와 달리 일본은 50여 년 전부터 국내 박사를 선호하기 시작했습니다. 예컨대 독일에서 5~6년을 공부하고 왔다 해서 교수직을 제공하지는 않습니다. 독일에서 공부한 것은 공부한 것이고, 일본에서 석·박사 과정을 다시 해보라고 요구합니다. 일본은 이미 지적 재생산 구조가 완결되었기에 가능한 일입니다.

그러니 철학 책을 몇 권 읽었나 물어보면 읽어볼 만한 책이 별로 없었다는 게 솔직한 대답이죠. 그래도 요즘은 조금 나아졌습니다. 대략 10년 전부터 니체의 전집이 번역되어 나오고 있으니까요. 우리가 대학 다니던 1960년대 초반엔 원서 구하기가 하늘에 별 따기였고, 겨우 일본어로 번역된 책을 접하거나 스승으로부터 배우면서 석·박사 학위를 따는 게 고작이었거든요. 좋은 책을 써낼 영양분을 제대로 공급 받지 못했으니 좋은 책이 나올 수가 없었지요.

앞서 다른 교수님들께서 철학도 학문적 지적 탐구의 성과가 있을 터이니 일반인들과 철학자들 사이에 중간 통로 기능이 필요하다고 말씀하셨습니다.

원칙적으로는 그 의견에 동의합니다만, 그 통로 기능이 반드시 건전하게 작동하리라는 보장은 없다는 점도 말씀 드리고 싶습니다. 제대로 알지도 못하면서 전문영역을 일반인들에게 소개하다 보면 혹세무민하는 경우가 생기지요. 요즘에는 철학 관련 서적들이 예전에 비해 많이 나옵니다. 그리고 일반인들이 이해하기 쉽게 쓰인 책들이 주종을 이룹니다. 하지만 내용이 의심스러운 책들 또한 많습니다.

한국인의
철학
04

동양 철학에 관심이 쏠린다

그럼, 철학 책을 읽어본 사람들은 과연 철학의 어떤 분야에 관심이 있을까. 조사 결과 한국인 10명 가운데 2명은 동양 철학에 가장 관심이 많다고 한다. 또 윤리학과 형이상학도 후한 관심을 얻었다. 반면 논리학, 형이상학과 함께 철학의 기초라 할 수 있는 인식론에 대한 관심은 미미했다. 그렇다면 한국인들이 동양 철학에 특히 관심을 많이 갖는 이유는 무엇일까. 전문가들은 한국인의 전통과 철학의 발달 과정에서 그 해답을 찾는다.

"한국인이 전통과 관련된 동양 철학에 관심 갖는 건 당연" _ 이태수 교수

논리학이 주목 받는 이유는 수능 시험 때문

동양 철학, 윤리학, 논리학이 관심을 끄는 이유는 무엇일까요.

우선 동양 철학은 우리 전통과 가깝다는 인식 때문일 겁니다. 특히 깊고 심오하다는 느낌을 주는 점도 주요한 원인이구요. 이런 이유로 우리나라의 많은 사람들이 동양 철학에 관심을 갖는 것은 자연스런 일이라 할 수 있습니다. 윤리학은 철학의 여러 분야 가운데 인간의 실제 삶과 가장 관련이 큰 분야입니다. 당연히 윤리학에 관심이 모아질 겁니다.

논리학의 경우, 요즘 수학능력 시험과 논술고사로 인해 대중에게 많이 알려진 덕분이라 볼 수 있겠지요. 반면 사회·정치 철학의 경우는 예전 같으면 1~2위가 되지 않았을까요. 이념 과잉 시대에 각광(?) 받았던 분야지만 시대가 지나면서 퇴조하고 있는 게 현실입니다. 사회·정치 철학은 다른 철학 이론보다 접근이 쉬우며 보다 실천적인 분야라 관심을 끌곤 했지요.

"한국인이 그만큼 현세적이란 뜻"_ 황경식 교수

동양 철학은 실천 윤리학

동양 철학은 윤리·사회·정치 철학을 모두 내포하고 있기에 실천 철학Practical Philosophy의 큰 그릇이라 할 수 있습니다.

이에 반해 논리학이나 인식론 등은 이론 철학Theoretical Philosophy에 포함되지요. 현실 생활과 밀접한 연관이 있는 윤리학은 실천 철학의 핵심이며, 형이상학적인 인식론은 이론 철학의 핵심입니다.

이런 점에서 볼 때 한국인은 역시 현세적이고 실제적인 데에 관심이 많다는 걸 재확인하는 셈입니다. 특히 일반 국민들의 의견이니 더 말할 나위가 없겠지요. 오늘날의 교육 제도는 모두 서구식이지만 조선조의 영향이 차단된 것은 불과 100년도 안 되었거든요. 그만큼 우리의 집단 무의식 속에 잠재한 전통 의식은 현세적이고 실제적이란 얘기와도 일치하는 결과라 보입니다.

"동양 철학이 관심만큼 발전하지 못해서 답답"

_ 송영배 교수

지성知性보다 덕성德性에 주안점을 둔 동양 철학

한국인에게 철학은 '인생론'입니다. 어떻게 살아야 하는가에 대한 해답이 철학에 있다고들 믿고 있으며, 그 해답이 동양 철학이며 윤리라고 인식하는 경향이 큽니다. 그럼에도 불구하고 동양 철학이 현대 한국인들을 위한 이론 개발이나 논리 개발에 있어 앞장서 나아가지는 못하고 있지요. 한국인의 관심만큼 동양 철학이 발전하지 못해서 답답합니다.

그 배경은 서양 철학을 철학으로만 알고 받아들인 시기와 관련이 있습니다. 철학哲學이란 단어는 아시아에서 맨 처음으로 서양 학문을 체계적으로 받아들였던 일본이 'Philosophy'를 한자어로 만들어 조합시킨 것이지 원래 그런 말이 있었던 것은 아니었거든요. 물론 우리가 지금 구분하는 '서양 철학' 그러니까 'Western Philosophy'란 말도 있었던 게 아니었지요. 그러니 근대화와 함께 시작된 우리나라의 철학 교육과 연구는 애당초 서양 철학만을 대상으로 했고 동양 철학은 철학이 아니었습니다. 제가 학교에 다녔던 1960년대 초만 해도 동양 철학을 철학으로 인정해주지도 않았지요.

● Gallup Korea Polls

철학 관심 분야	
동양 철학	21%
윤리학	20%
형이상학	11%
사회 · 정치 철학	10%
논리학	8%

철학 관심 분야 – 성별 (%)

	동양 철학	윤리학	형이 상학	사회 정치 철학	윤리학
남	17	19	11	13	9
여	26	21	17	7	8

지금도 충남대학교가 예외적으로 서양 철학과 동양 철학이 반반 정도로 배분되어 있지만, 서울대를 포함한 거의 모든 대학이 서양 철학 중심입니다. 21세기에 들어서면서 학문에 동·서양의 구분이 없어지고 있습니다. 개별적으로 동양만을 혹은 서양만을 들여다보기에는 한계가 있다는 거죠. 현대를 살아가는 사람들의 문제를 풀려면 서양 것도 알아야 하지만 우리의 문화적 맥락도 이해해야 가능합니다. 그런 의미에서 철학 하는 사람들의 동양 철학에 대한 관심은 더 커져야 할 겁니다. 그런데 현실적으로는 일반인들의 욕구는 커져가는데 전문가들의 공급 역량은 낮은 수준에 머물러 있다고 봐야 할 겁니다.

동양 철학은 이론보다 실천을 중시해온 특성이 있어서 지성知性보다 덕성德性에 주안점을 두었습니다. 반면 서양 철학은 이론적 핵심과 근거에 주안점을 두었지요. 어쨌든 학문적 영역에서 다루려면 어느 정도 이론화되어야 하는데, 서양 철학은 그게 쉽지만 동양 철학은 깊은 이론적 고찰이 더 필요합니다.

옳다, 그르다는 시비가 일었을 때 그 행위나 사고가 왜 옳은지 시비를 가려주어야 하는데, 동양 철학은 실천을 통해 타인에게 좋은 영향을 끼친 것이면 옳은 것으로 판단합니다. 동양 사상의 특성상 공동체를 떠난 개인은 거의 고려하지 않기 때문입니다. 오직 타인과의 관계 속에서 자기발전에 도움이 되는 길을 찾는 사람이 곧 대인이고 군자이며 선비인 것이지요. 심지어 그 관계가 나쁜 결과를 가져온 것일지라도 '타산지석他山之石'으로 삼아 넘기면 결국 자신의 발전으로 연결됩니다.

하지만 이런 알고리즘이 이론화되어 있질 않습니다. 현실적으로 어려움이 많아서인데, 가장 큰 어려움 가운데 하나가 한자漢字입니다. 한문 공부는 고등학교를 졸업할 때까지 거의 이루어지지 않다가 대학에 들어와서야 비로소 시작됩니다. 죽어라 한문 공부를 하다 보면 이번엔 쓸 만했던 영어 실력이 어느새 녹슬어버립니다. 절름발이가 되는 것이죠. 지금은 세계화 시대라 동·서양 가릴 것 없이 다 알아야 하는데, 더구나 동양 철학을 이론화시키는 과정은 동양 철학의 세계화 과정이랄 수도 있는데 그게 힘드네요.

"삶 속에 녹아 있어 접근하기 쉽기 때문"_ 손동현 교수

모든 학과목에 논술의 기술이 녹아 들어가야

동양 철학에 관심이 많은 건 우리의 일상생활 속에 녹아 있어 비교적 접근이 용이하다는 느낌을 주기 때문일 겁니다. 윤리학이 특히 그렇습니다. 물론 송대宋代의 성리학은 어렵습니다만, 공자나 노자는 서양 철학가들의 이론에 비해 쉽습니다. 동양 철학은 분석적이라기보다 성현의 깨우침을 물려받는 것이라 비교적 쉽다는 거죠. 이런 동양 철학서 가운데에서 일반인들의 손에 잡히는 책들은 매우 실천적인 내용들로 채워져 있습니다. 그렇지 않고 추상적이라면 일반인들이 그 책을 읽을 이유가 없지요. 지난 1960~1970년대의 김형석, 안병욱 선생들이 써낸 책들이 모두 실천과 연관된 책들이지 않았습니까. 송영배 교수님과 비슷한 결론인데, 동양 철학이 주로 실천 철학인 윤리학을 다루니 많은 사람들이 관심을 갖게 되는 것이라고 생각합니다.

논리학도 랭킹에 올랐는데, 아마도 수험 때문에 이런 결과가 나온 것일 겁니다. 지난 1997년부터 대입 시험에 논술 과목이 추가되었지요. 철학 하는 사람 입장에서는 사실 논술 시험이란 말 자체가 부끄럽습니다. 논리란 수학과 유사해서 고등학교 2학년 정도 되는 학생들에게 훈련만 시키면 되는 것이거든요. 문제는 논술을 별도 과목처럼 따로 가르치고 따로 시험을 치른다는 사실입니다. 제대로 하기 위해서는 모든 과목에 논술의 기술이 스며들어 있어야 하는 겁니다. 자녀들을 외국에 유학 보낸 학부모님들은 이미 다 알고 있을 겁니다. 선진국의 교육은 모든 과목의 기초가 논술이라는 사실을 말입니다. 예를 들어 사회를 가르치더라도 어떤 주제에 대해 직접 조사해서 보고서를 작성해오도록 요구합니다. 그러면 논술 교육은 저절로 됩니다. 우리는 입시 때만 허둥지둥 공부시키는 현실이 못내 부끄럽지만, 그나마 논술이 교육 과정에 포함되었다는 점만으로도 우선은 다행으로 생각해야죠.

한국인의
철학

05

배부른 돼지보다
배고픈 소크라테스가 나은 이유

15%의 한국인들은 철학이란 말에서 철학자들을 떠올린다. 가장 먼저 떠오르는 서양 철학자로 소크라테스가 41%로 1위에 올랐다. 소크라테스는 공자에 이어 '한국인이 가장 훌륭하다고 생각하는 철학자'에 뽑히기도 했다. 지구 반대편에 자리한 그리스가 우리나라와 교류를 시작한 지는 반세기가 겨우 넘었을 뿐이다. 그리스가 소크라테스를 직접 소개한 적도 없다. 그런데 왜 한국인들은 '철학자' 하면 소크라테스를 떠올리는 것일까. 소크라테스와 한국인의 관계는 무엇일까.

"일제가 전해준 기억" _ 이태수 교수

일본식 철학 교육의 부끄러운 흔적

소크라테스가 한국인의 뇌리에 깊이 새겨진 데에는 역사적 배경을 이해할 필요가 있습니다. 우리나라의 대학들은 일제시대에 설립되기 시작했는데, 당시 대학에서는 농업, 기술, 법학 등 실용적 과목을 중심으로 가르쳤고, 실용 외적 과목으로 가장 먼저 생겨난 학과 가운데 하나가 철학과였습니다.

따라서 한국인들은 서양 철학을 일본인들의 인식틀을 거쳐 '일본식 서양 철학'을 배우게 되었으며 해방 후에도 이러한 경향은 지속되어 1970년대까지도 한국의 철학 교육에 영향을 미치게 된 것이지요.

한국갤럽의 조사 결과는 우리나라 사람들의 뇌리 속에 소크라테스가 얼마나 깊이 각인되어 있는가를 보여주며 동시에 '일본식 서양 철학 교육'의 흔적을 보여주는 사례라 할 수 있을 겁니다.

그렇다면 소크라테스와 일본인들의 인식에는 어떤 관계가 있을까. 이러한 문제를 두고 최근 일본인 철학자가 발표한 내용에 따르면, 메이지 시대의 일본 지식인들이 서양 학문, 특히 서양 철학을 받아들이면서 소크라테스에 감명을 받았기 때문이라고 합니다. 한국인들 가운데 1960~1970년대까지 중등교육을 받은 사람들은 '예수, 석가, 공자, 소크라테스'를 '4대 성인聖人'으로 외운 기억이 있을 겁니다. 기실 예수, 석가, 공자의 경우 종교의 창시자라는 점에서 성인의 범주에 포함시켜도 아무런 반론의 여지가 없을 법하지만, 동양인에게 처음 소개되는 소크라테스는 종교의 창시자도 아닌데, 무슨 이유로 성인이 되었던 것일까요. 실제로도 서양인들은 고대 철학자 소크라테스를 성인으로까지 여기지는 않습니다. 직접 쓴 저서도 없을 뿐 아니라 내용도 그다지 풍부하게 전해진 바 없지요. 단지 플라톤이 쓴 책 이외에는 알려진 바가 없는 철학자입니다. 철학자로서는 '철학의 아버지'라 평가 받을 만하지만, 분명한 것은 적어도 성인聖人은 아니란 점입니다.

그런데도 일본 학자들에 의해 소크라테스가 성인으로 크게 부각되었고 이것이 우리에게 전파되었습니다. 최근에 서울대학교에서 이런 내용을 발표한 일본인 철학자는 그 이유를 소크라테스의 죽음에서 찾고 있었습니다.

소크라테스가 말년에 '악법도 법이다'라며, 독배毒盃를 마시고 죽음을 맞았다는 장면은 군벌軍閥로 이뤄진 막부幕府 시대를 마감하고 문치文治 시대의 서막을 여는 근대 일본사회에 신선한 충격으로 받아들여졌다고 합니다.

19세기 일본의 개화 과정을 두고 흔히 '사무라이들이 칼을 던지고 붓을 든 시대'로 표현하기도 하지요. '붓을 든 사무라이'란 바로 할복자살割腹自殺로 상징되는 무사武士(사무라이) 문화가 붓과 펜을 든 문사文士 문화로의 전환을 의미했고, 이는 일본의 개화요, 서구화였습니다. 이 과정에서 일본인들은 오랜 시간에 걸쳐 지속된 그들의 정체성

(사무라이 정신)이 단절되는 것을 두려워했는데 때마침 서양의 고대 철학자 가운데 소크라테스의 '가치를 위해 목숨을 버렸다' 는 사례를 발견하게 됩니다. 이는 '칼을 버리고 붓을 잡은 사무라이의 상징' 과 같았고, 일본인들은 소크라테스의 태도에 깊은 감명을 받았다는 겁니다.

결국 소크라테스는 일본인들의 감수성에 깊은 감동을 남기게 됨으로써 성인聖人의 반열에 오를 수 있었으며, 그 결과는 150여 년이 지난 오늘날 한국인들의 뇌리에도 영향을 미치고 있는 셈입니다.

● Gallup Korea Polls

'철학' 하면 무엇이 떠오르십니까?	
점과 관련된 용어	21%
어렵고 재미없다	20%
철학적 관념	16%
철학자	15%
인생의 본질	12%

가장 훌륭한 철학자

공자	소크라테스	아리스토텔레스	없다/무응답
20	18	3	45

(%)

"소크라테스, 성인聖人은 아닐지라도 철학의 아버지임은 분명" _ 황경식 교수

인류에게 철학 하는 방법을 선물한 천재

소크라테스의 경우 4대 성인에 속하지만 나머지 세 성인과는 범주가 아주 다릅니다. 소크라테스를 두고 '철학의 아버지'라고도 하는 데에 초점을 맞춰볼 필요가 있습니다. 왜 소크라테스만이 철학의 아버지일까요?

우선 4대 성인들의 공통점을 봅시다. 직접 쓴 책이 없습니다. 오직 대화를 중심으로 한 행적들이 제자들에 의해 기록으로 남겨져 있습니다. 이것이 공통점이라면 소크라테스와 나머지 세 성인들과의 차이도 있습니다. 다름 아닌 대화법에서의 차이입니다.

예수, 석가, 공자에게는 항상 제자나 일반인들이 질문을 했고, 그때마다 예수나 석가나 공자는 유권적有權的 해석을 내려주었지요. 예컨대, "스승님, 인仁이 무엇입니까?"라고 제자가 묻자 공자는 "극기복례克己復禮니라"라고 답해줍니다. 이들의 대답은 매우 권위가 있어 말 자체로도 사람의 마음을 움직였습니다. 그러다 보니 이들의 말은 모두 교리敎理가 되었고 이 말을 따르는 사람들이 신자信者가 되었습니다.

하지만 소크라테스는 대답하는 역할이 아니라 질문하는 역할을 했다는 점에서 이들 세 성인과 다릅니다. 소크라테스가 먼저 제자나 일

반인들에게 질문을 던지고, 그들의 대답을 유도했습니다. 그리고 그들의 답변에서 불완전한 면을 찾아내어 다시 질문을 합니다. 처음 대답을 한 사람은 자신의 답변이 불완전한 것을 깨닫고 방어를 위한 대답을 계속하지만 종래에는 "사실은 저도 잘 모르겠습니다"라는 '무지無知의 고백'을 하게 됩니다. 이 고백을 들은 소크라테스는 "나도 사실은 잘 모릅니다. 당신도 잘 모르니 우리 함께 대화를 통해 진리를 찾아가봅시다"라고 했지요. 결국 소크라테스는 어떤 질문에 대한 정답을 주는 대신 발상의 전환과 지적 자극을 통해 과제를 주는 행동을 한 겁니다. 바로 이것이 철학의 본질이거든요.

철학개론 첫 시간이면 어김없이 소개하는 말 가운데 칸트의 명언이 있습니다. "철학을 배우려 하지 말고, 철학 하는 방법을 배우라"고 말입니다. 고대 희랍의 소크라테스 시대에 활개쳤던 소피스트들은 철학자들이 아니라 '지식 상인'에 불과했습니다. 바로 그 시대에 소크라테스만이 달랐으며 그의 대화법이 바로 철학의 근간이었던 겁니다.

하지만 한국갤럽의 '철학 하면 떠오르는 것'이란 질문에 응답한 사람들이 정말 소크라테스가 이런 이유로 철학의 아버지였기에 응답한 것일까요? 모르긴 해도 이태수 교수님의 진단이 정확할 듯싶습니다.

"전통의 단절이 만들어낸 낯섦" _ 송영배 교수

소크라테스를 조선 철학자보다 더 많이 기억하는 이유

철학 하면 보통 서양 철학을 연관시켜 생각하곤 합니다. 하지만 실제로는 동양 사상도 포함되지요. 우리나라 사람들은 특히 철학을 어렵게 생각합니다. 거기에는 다 연유가 있습니다. 조선시대부터 철학은 사대부들의 이야기로 보통 서민들과는 거리가 멀었습니다. 게다가 근대화가 되면서 우리 전통 사상은 주변부로 밀려나버렸습니다. 물론 일본인들이 서양 철학을 유입하면서 일어난 일입니다.

그들이 우리에게 근대화를 전한 시기는 우리의 전통 철학이 파괴되면서 동시에 동양 사상은 진지성도 없고 미신이나 점술과 다를 바 없다는 '전통 천시 풍조'를 만연시켰던 시기이기도 하지요. 근대화 과정은 한국 전통 문화에 대한 열등 의식을 심어주었고, 역으로 전통 문화를 천시하면 그것이 곧 근대화인 것처럼 오인되었습니다.

이런 과정 속에서 우리 일반인들에게는 전통 철학 사상이 제대로 전해질 리 없었고, 일본인에 의해 소개된 서양 철학 역시 일반인들과 거리가 멀었지요. 우리나라 사람들이 소크라테스를 그토록 많이 기억한다는 것은 그만큼 우리가 일본 철학의 영향을 받았다는 겁니다.

"소크라테스는 서양 지식문명의 원천" _ 손동현 교수

근대 과학의 맹아는 소크라테스로부터 나온다

한국인이 소크라테스를 많이 떠올리는 이유에 대한 두 분의 의견에 공감합니다. 내용적으로 살펴보아도 의미는 많을 겁니다.

철학은 고대 희랍과 동아시아에서 출현했지만 두 갈래로 나뉘어 발전해왔습니다. 흔히 철학의 세계에서는 위대한 성인이 깨달음을 얻고 나면 그 후부터는 수많은 제자들이 그 깨달음을 전수 받고 후세에 전달하기만 합니다. 이때 선지자의 깨달음에 대한 의문은 절대 금기시 되지요. 하지만 소크라테스는 이러한 금기를 깨고 계속해서 캐묻습니다. 심지어 자신도 답이 없을 때에는 "우리 둘 다 모르니 술이나 마시자"고 한 적도 있습니다마는.

이와 같은 소크라테스의 철학적 태도는 사실 서양 지식 문명의 원천이라 할 수 있습니다. 근대 학문의 기원도, 근대 과학이 가능하게 된 지적 토양도 소크라테스로부터 출발했으니까요. 거기에 비하면 동아시아는 엄밀한 의미에서 근대적 의미의 학문은 없었습니다. 종이나 화약을 발명하거나 인쇄술을 개발하는 등 기술은 앞서 있었지만 이들을 체계화시켜 학문으로 재생시키는 구조는 없었던 거죠. 공자의 세계에는 근대 과학의 맹아가 없지만 소크라테스에게는 있지요. 이것은 양자 간의 세계관이 달라서 유발된 겁니다.

근대 이후 과학의 발전으로 인간이 이전보다 더 행복해졌는지는 모르겠습니다. 하지만 분명한 것은 과학이 힘이 있다는 것이죠. 그래서 서양이 동양을 점거하지 않았습니까? 이처럼 연원을 따져가면 동양 철학에서 공자나 노자를 말하듯 서양 철학에서는 소크라테스를 지적知的 원천으로 보고 소중하게 여깁니다. 일본인이 정했다는 4대 성인의 범주에 들어가는 것은 무리라 해도 소크라테스가 그에 못지않은 중량감이 있다는 얘깁니다.

> 한국인의
> 철학
> 06

한국인이 기억하는 철학자

한국인의 뇌리에 남아 있는 철학자들은 누구일까. 이 질문은 어떤 철학자가 한국인에게 영향을 끼쳤는지를 알아보는 것과 동시에 한국인이 그들로부터 어떤 식으로 영향을 받았는지를 알 수 있게 해준다.

1) TV 속의 철학자 – '도올 김용옥'

"오늘을 사는 철학자들의 부끄러운 성적표"_ 이태수 교수

철학계에 던져진 2가지 숙제

한국 철학자에 대한 응답 결과는 마치 오늘을 사는 한국 철학자들에게 국민들이 어떤 점수를 주고 있는지 보는 것 같아 얼굴이 심히 뜨

거워집니다. 우선 우리나라 사람들이 기억하는 철학자 5명을 추려보면 오늘날 현대 철학자들이 대중과 어느 만큼의 간극을 두고 사는가를 여실히 볼 수 있습니다.

상위권에 오른 퇴계 이황, 율곡 이이, 다산 정약용 선생은 조선시대에 이미 대중에게 알려진 분들입니다. 학문적 업적에서 퇴계 이황 선생이 율곡 이이 선생보다 앞서지만 율곡 선생의 10만 양병설과 신사임당의 아들이라는 점 등 인생이 드라마틱해서 한국 사람들 기억 더 많이 남았을 것입니다. 도올 김용옥 씨는 특유의 언변으로 대중에게 철학을 알린 업적이 있지만 학술적 업적은 아직 평가하기 이르다고 생각합니다. 우리나라 국민들의 관심 정도가 도올 김용옥 수준이라는 점도 주목할 만하지요.

5위까지 언급된 분들을 놓고 보면, 한국갤럽의 조사 결과는 우리의 철학이 조선시대 이후부터 대학이란 울타리 안에만 머물렀다는 점을 아프게 지적하고 있는 겁니다. 이 조사로 인해, 조선 후기 이후 우리나라 철학자들은 사회적 이슈에 등을 돌린 채 연구실과 책장 사이에서 숨어만 있었다는 책임을 피할 수 없게 됐습니다. 또한 이 조사는 오늘날 철학인들에게 무거운 숙제를 안겨주고 있습니다.

철학계의 숙제란, 전문 영역으로서 학문의 수준을 국제 수준으로 상향시키면서, 동시에 학원 밖에서도 철학을 제대로 알릴 수 있는 역량을 갖춰나가야 한다는 2가지 목표가 될 것입니다.

학계의 세계적인 추세는 학문이 더욱더 전문화, 세분화되어 학문 영역의 대스타가 외부에서도 대스타가 되는 기회가 점점 줄어드는 방향으로 흘러가고 있습니다. 생명공학과 같은 새로운 학문이 아닌 다음에야, 더구나 수천 년의 역사를 가진 기초 학문의 경우 더욱 그러합니다. 철학도 여기서 예외가 될 수 없겠지요.

"재능 있는 철학자들이 많이 나와야"_ 황경식 교수

도올, 약점 많은 천재
공감합니다. 우리는 학문의 울타리 속에서만 머물렀다는 책임을 피할 수 없습니다.

조사 결과를 전체적으로 보면 조선조의 이기론理氣論과 관련한 논변에 한국인들이 관심이 많은 것은 아닐까 하는 생각이 듭니다. 특히 고등학교 이상 나오신 분들은 윤리학 시간에 이황이나 이이 같은 분들의 이름을 들은 기억이 있을 것입니다. 더구나 이분들은 우리가 사용하는 지폐에도 등장하기 때문에 쉽게 잊혀지지 않지요.

한 가지 덧붙인다면, 도올 김용옥에 대한 평가에 대해 말씀 드리고 싶습니다. 조선조 이래 한국인들이 기억하는 유일한 철학자가 도올이기 때문에 그에 대한 평가는 특히 중요합니다. 개인적으로도 친분이 있는데, 그와 전 미국 하버드 대학에서 비슷한 시기에 공부를 했습니다.

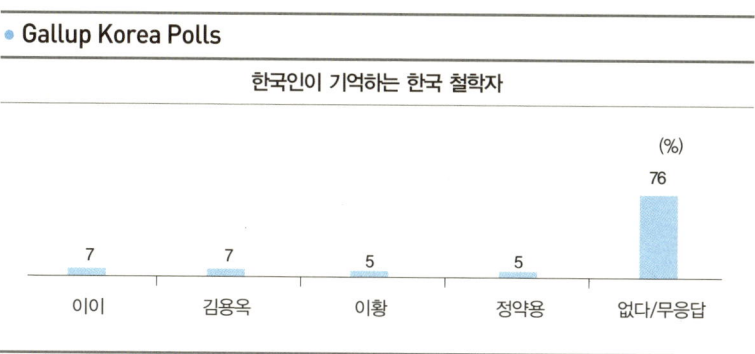

그 당시 도올은 학위 논문을 다 쓰고 서문을 남겨둔 채 고민에 빠지곤 했는데, 한 번은 교환 교수들을 모아놓고 노자의 『도덕경』을 강의한 적이 있습니다. 몇 년 전 텔레비전을 통해 방송된 것과 똑같은 모습이었지요. 가까이서 본 김용옥은 천재라는 표현이 가장 어울리는 이 시대의 학자임에 틀림없습니다. 그런 점에서 기존 학계가 그에 대해 비판적인 태도를 취하는 데는 조금 아쉬움이 남습니다. 물론 그가 완벽하다는 것은 아니고, 적어도 그를 비판하려면 그가 쓴 책 정도는 제대로 읽고 비판해야 하지 않나 하는 점이지요. 도올이 천재이긴 하지만 천재가 갖는 치명적인 약점 또한 있습니다.

모든 천재들에게는 아름다운 재능과 함께 자신에게도 치명적일 수 있는 독(毒)이 있는 법인데, 도올의 경우에는 대인 관계가 원만하지 못한 점이 그것입니다. 최측근의 사람조차도 인신 공격 이상의 상처를 입기가 쉬워 그의 근처에는 사람이 드뭅니다. 이런 점 때문에 그의 학문적 성과도 왜곡되는 경향이 크지요.

그럼에도 불구하고 도올 같은 철학자를 만나 일반인들이 철학에 관심을 가지게 된 것은 무시하지 못할 그의 공적이라고 생각합니다. 아무쪼록 우리 주위에도 도올 같은 분들이 많아야겠다는 생각이 듭니다.

"매스컴에 친숙한 학자도 배출되어야"_ 송영배 교수

모두 매스컴의 영향

두 분의 말씀에 전적으로 동감합니다. 특히 조선시대 이후 일반인들에게 다가선 철학자가 없었다는 말씀이 특히 가슴에 와닿습니다. 그렇다고 조선시대 철학자들이 일반인들과 가까웠다고 생각하기는 어렵습니다. 일반인들이 그분들을 많이 기억하는 건 중·고등학교 때 수업에서 많이 들었고, 지폐에서 늘 보아왔기 때문은 아닐까 합니다. 그분들의 이기이원론이나 이기호발(互發)설 등을 현실에 적용해서 기억하는 건 아닐 테니까요.

도올 김용옥 씨에 대해서는 다른 해석도 가능하리라 봅니다. 우리

시대에 아주 독특한 분임에 틀림없습니다만, 한국갤럽의 조사 결과를 보면 김용옥 씨뿐 아니라 다른 분들도 매스컴의 영향에 의해 기억되는 정도가 결정되는 게 아닌가 합니다. 이 말은 조사 결과에 등장하지 않은 철학자들은 매스컴과의 관계가 소원하다는 해석도 되지요. 그런데 매스컴과의 관계 소원이 철학자의 책임이냐 하면 그건 아니거든요.

학자에는 두 부류가 있다고 봅니다. 첫 번째 부류는 부흥사처럼 자기가 연구하는 분야를 일반인들에게 선전을 잘 해주는 학자들입니다. 두 번째 부류는 학문적 내용을 파고 드는 학자들이죠. 김용옥 씨는 첫 번째 부류에 드는 분 같습니다. 두 부류의 학자가 모두 필요하므로 이런 구분법에 가치가 개입되는 건 아닙니다. 다만, 아쉬운 점이 있다면 김용옥 씨의 경우, 동·서양을 넘나들고 다방면에 걸쳐 많은 참여를 해왔지만 고증이나 학자로서의 책임 등에 있어서는 문제가 있다고 봅니다.

아무튼 매스컴과 친숙한 학자들이 필요한 것 또한 오늘날의 사회현상 가운데 하나이므로 우리 사회에서도 좀 더 내용이 있고 학자로서 책임 있는 분들이 많이 나왔으면 하는 바람입니다.

퇴계와 율곡, 그리고 다산 선생들에 대한 한국인의 응답률이 이처럼 높은 것은 박정희 대통령 시절부터 시작된 정부 주도의 국학 장려

운동에서 비롯된 결과로 보입니다. 식민시대를 거치면서 지리멸렬된 전통 사상과 학문을 권위주의 시절 국학이라 이름 지으며 정부가 주도해서 발굴과 연구를 지원했지요. 덕분에 교과서를 통해 이분들이 소개되었고 그것이 오늘날까지 기억 속에 남아 있는 것으로 보입니다. 그게 아니라면 율곡이나 퇴계, 그리고 다산의 철학적 내용이 무슨 의미를 갖고 있는지 일반인들이 알고 있어야 하는데 그렇지는 않을 겁니다. 문제는 정부가 주도하던 시절이 지났는데도 아직 이분들의 철학이 현대를 살아가는 우리들에게 어떤 의미를 갖고 있는지 충분히 연구되지 못했다는 점입니다. 우리 철학인들의 반성이 요구되는 대목입니다.

눈에 띄는 분 가운데에는 김형석 씨도 보이는군요. 1970년대에 수필 형식의 철학 에세이를 단편집처럼 엮어 많이 발표했는데, 좋은 인생 이야기를 개인주의적 차원에서 많이 다루었지요. 참으로 소박했다고 기억합니다. 그 시절은 유신체제라서 지식인들로서는 글쓰기가 아주 어려웠는데, 특히 철학의 경우 개인의 안위를 넘어 실천 차원에서 글을 쓴다는 건 구속을 각오하지 않으면 거의 불가능한 일이었습니다. 사회 철학이나 역사 철학은 그래서 제대로 쓰여진 글이나 책이 거의 없었지요. 그런 시절에 김형석 씨의 글은 조금 형이상학적이나 소박한 삶의 문제를 다루어 많은 사람들에게 읽혔습니다. 지금 보면 대단한 책인가 싶지만 오직 교과서를 통해서만 국민 윤리를 외우던 시절에 삶의 태도나 죽음의 의미를 우리 글로 된 철학 강좌를 통해 읽을 수 있었다는 건 그 시대의 행운이 아니었나 싶습니다.

"매스컴의 영향력을 보는 듯" _ 손동현 교수

저널리즘을 선도하는 아카데미즘이 요구된다

1960~1970년대에 활약하셨던 안병욱 선생이나 김형석 선생에 대한 기억이 예상 외로 적군요. 안병욱 선생은 그후 활동을 전혀 하지 않으셨고, 김형석 선생은 그후에도 기독교계에서 줄곧 활동해오셨기에 조사 결과가 이렇게 나오지 않았나 싶습니다.

이 조사 결과는 우리 사회의 문화적 지형地形에 매스컴이 얼마나 절대적으로 영향을 미치고 있는지를 보여주는 징표라고 할 수 있습니다. 만약 김용옥 씨가 KBS에서 노자 강의를 하지 않았더라면 이런 결과가 나올 수 있었을까요? 저는 조선시대 이후 철학자들이 한국인들의 뇌리에 남아 있지 못한 점이 철학자들의 책임이라기보다는 역량의 문제라고 생각합니다.

자기가 공부한 것을 대중들이 쉽게 접할 수 있도록 기재나 방법을 동원하는 역량이 부족하다는 거지요. 우선 철학자들이 스스로 매스컴에 다가서려 하질 않습니다. 매스컴에 찾아 다니면서 철학을 한다는 것 자체가 좀 언밸런스 하지요.

매스컴은 문화적 지형을 만들어가는 주체들입니다. 방송기획자PD나 신문 편집자가 과연 이 점을 얼마나 인식하고 있는지 묻고 싶습니다. 흔히들 시청률과 부수 경쟁에만 관심을 쏟고 있다는 평가를 받지요. 그분들은 우리의 문화 풍토가 어디로 향하는지에 대해 심각하게 생각하질 않는 것 같아요.

한 번은 일군의 철학자들이 '동서양 문화의 접목'이란 기획을 엉성하게나마 작성해 신문사 고참기자를 만나 보여줬는데, "다 좋은데 철학이 딱딱해서 누가 읽겠습니까, 채택되기 힘들겠어요"라며 거절하더군요. 만약 그 기자에게 대입 예상 문제를 제시했다면 그 반응도 같았을까 하고 반문해봅니다. 딱딱하긴 대입 예상 문제가 훨씬 더 딱딱하지요.

독일이나 프랑스의 방송들은 철학적 내용을 담아 시리즈로 방영하곤 합니다. 시청률이 높을 수가 없다고 여겨지는 데도 꾸준히 제작해서 방영하고 있어요. 이게 누적되면 국민의 역량은 결코 무시할 수 없는 수준이 되는 거죠.

문화 풍토는 일반 대중이 만들어가지 못합니다. 분명 그 사회의 엘리트가 주관합니다. 저널리즘은 대중 속에 있고 아카데미즘은 엘리트 속에 있습니다. 현재 우리는 저널이 원하는 걸 아카데미가 봉사하는 구조입니다. 이게 바뀌어 아카데미즘이 요구하는 걸 저널리즘이 봉사해야 합니다. 저널리즘이 아카데미즘을 끌고 가는 문화적 지형 속에서는 수준 높은 콘텐츠가 공급될 수 없고, 그럴수록 엘리트들은 저널리즘을 피하려 할 겁니다.

김용옥 씨는 무척 박학다식하고 연구력도 대단하며 쇼맨십도 갖추고 있습니다. 그래서 문화계몽가로서는 괜찮으나 학자로서는 불성실한 부분이 있다는 게 단점이지요. 김용옥 씨와 방송사와의 만남은 아카데미즘과 저널리즘의 조우이긴 한데, 과연 어느 쪽이 어느 쪽을 선도하고 있는지 잘 봐야 할 겁니다.

그 밖에 황필호 교수는 텔레비전을 통해 인생 상담도 하는 등 매스미디어를 통해 활동한 만큼 조사 결과도 그렇게 나온 듯싶은데, 김동길 교수나 함석헌 씨가 철학자로 기억에 남아 있다는 건 조금 뜻밖입니다. 아무래도 일반인들을 대상으로 조사를 하다 보니 '철학'이라는 개념 이해가 불분명, 부정확해졌고 그래서 사상가 범주에 들 수 있는 사람들까지 철학자로 여기고 응답하지 않았나 봅니다.

이렇게 놓고 보면 응답 결과는 의외로 조선조의 철학자 세 분 이외에는 없는 셈입니다. 이게 다 교육의 문제를 보여주는 것 같습니다.

2) 유교와 도가의 거물들 – '공자, 맹자, 노자, 순자'

"석가를 철학자로 보지 않다니" _ 황경식 교수

한국인의 의식 구조에 불교도 많은 영향 끼쳐
석가에 대한 응답률이 0.3%밖에 안 된다는 점은 별도의 해석이 필요한 부분이 아닐까 합니다. 물론 우리나라에서 석가는 불교의 창시자요, 종교적 의미로 많이 해석되는 경향이 있습니다. 그 때문에 응답자들이 석가를 철학자의 범주에서 제외함에 따라 이러한 결과가 나타난 게 아닐까 짐작해봅니다.

사실, 불교는 한국인의 의식 구조에 매우 큰 영향을 끼쳤습니다. 종교 이전에 하나의 철학으로 말입니다. 예를 들어, 불가佛家의 핵심 사상을 대변하는 용어인 '인연因緣'을 한 번 봅시다. 이 단어는 이미 한국인의 무의식 깊숙이 뿌리내려져 있습니다. '인연'은 인생살이에서 매우 중요한 용어인데 영어권에서는 쉽게 이해되지 않는 말이기도 합니다. 그만큼 우리는 석가의 철학에도 많은 영향을 받았거든요. 그러나 불가 사상에 종교적으로만 접근했기 때문에 석가는 종교인으로 간주하고, 유교의 창시자는 철학자로 간주한 것으로 보입니다.

공자와 맹자에 대한 응답이 많은 것은 우리가 조선조 500년 동안 유교국이었다는 점에 비춰볼 때 어쩌면 당연한 결과가 아닐까 싶습니다. 중국에서는 유가儒家는 주류요, 도가道家는 비주류로 두 철학 모두가 서로 호흡하며 상생하는 관계였습니다. 그러니 유가의 그림자가 도가인 것처럼 따로 떼어놓고 생각할 수 없는 관계이죠. 이것이 바로 노자가 한국인들이 기억하는 철학자 3위에 오른 이유가 될 것입니다.

"유교, 도가, 불교 사상이 혼재된 민중의 가치관"

_ 송영배 교수

불교, '자기 자율 신앙'이라는 점에서 기독교와 매우 달라

유교 사상은 더 많이 배운 사람, 그래서 덕성 또한 남보다 뛰어난 군자가 일반 백성들에게 어떤 지도와 감독, 보호를 해줘야 하는지 말해주는 생활 철학입니다. 이 같은 생활 철학으로는 유교 사상 외에 도가 사상이 있습니다. 과거에는 유교에서 말하는 생활 철학을 교육하고 전파하기 위하여 고안된 여러 가지 예제禮制나 규범, 사회제도 등이 때로 일부 사람들에 의해 독단적으로 남용되면서, 다수의 사람들이 경직된 이념과 제도로 인해 인간다운 삶을 제대로 누리지 못하고 생명적 자유조차 희생당하는 경우도 존재했습니다.

극단적인 예로, 미망인의 경우를 들 수 있습니다. 유교의 가부장적 가치체제에서는 정혼한 여자의 남편이 망인亡人이 되면, 그녀는 망인을 위해 일생을 수절하며 살아야 합니다. 그 여인은 분명히 살아 있는 사람이지만, 유교적 관습 체제에서는 '살아 있는 떳떳한 독립적 인격체'라기보다 죽은 망인에 순명 하는 미망인未亡人으로 치부됩니다. 즉, '아직 망인이 되지 못한 이'로서 자기 삶을 비하하며 살아가도록 요구하는 도덕적 억압에서 자유로울 수가 없습니다.

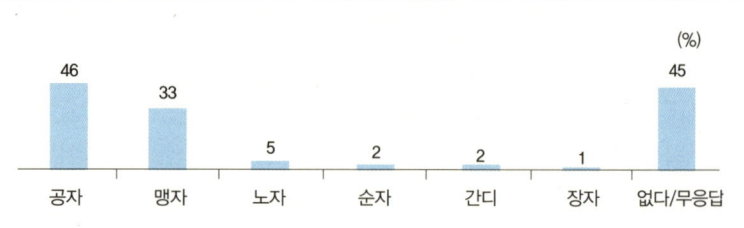

  도가 사상은 사회를 이끌어가는 이 같은 문명적, 제도적 폭력성을 고발하면서 사회제도나 이념보다 더 소중한 개인의 생명존중과 자유를 말하는 사상입니다.

  동양의 대표적인 사상으로는 유가나 도가 사상 이외에 인도로부터 전해진 불교 사상이 있습니다. 불교에서는 인간의 사회적 갈등과 고통의 근원이 마음의 집착과 욕심에서 기인한다고 봅니다. 따라서 마음의 평화와 행복은 자기의 욕심과 탐욕에서 스스로를 해방할 수 있을 때 비로소 얻어질 수 있다고 말합니다. 이런 유교 사상, 도가 사상, 불교 사상이 모두 동양 사상의 중요한 큰 줄기라고 생각합니다.

  그러나 관료를 중심으로 사회 발전이 이루어지는 중앙집권 국가가 수립되면서 관료를 임용하는 국가 시험, 즉 과거제가 등장하게 되었습니다. 그 결과, 사회적 신분 상승의 기준을 유가적 지식인들이 독점하게 되었습니다. 이것이 10세기 송宋나라 이후, 중국의 사회 상황이라면, 15세기 이후의 조선 사회 또한 이런 유교적 국가 이데올로기에 의해 지배를 받았습니다. 이 단계에 이르자 유교는 그저 단순한 생활 철학 이상이 되어, 불교와 도교 세력에 비해 절대적인 우위를 점하게 되었습니다. 그러나 일반 민중의 생활 속에는 유교, 불교, 도교의 가르침이 모두 혼재해 있었다고 생각합니다.

부처의 가르침은 인간의 심리 구조를 다루고 있기 때문에 매우 정교한 이론을 발달시켰습니다. 인도에서는 철리哲理의 터득을 통해 부처가 되고자 하는 교학敎學의 전통이 불교의 큰 줄기를 이루었습니다. 그러나 이런 교학 중심의 불교는 중국에 들어온 후 많은 대중들에게 쉽게 다가가기 위하여, 이론보다는 수행에 의지하는 선학禪學으로 크게 변모하여 확산되었습니다. 마음의 집착에서 해방되기 위해 마음을 새롭게 수련하는 공부가 선학으로 정착되면서 동아시아에서는 선학의 교세가 종래의 교학의 전통을 대체하기에 이르렀던 것입니다.

불교는 기독교에서처럼, 만물의 창조주, 즉 구세주라는 하나의 절대 신에 귀의하여 그의 자비와 사랑에 의해 구원 받아야 한다고 말하지 않습니다. 대신 일찍이 석가모니가 일체의 욕심과 번뇌에서 벗어나, 더 이상 외적인 현상에 이끌리지 않고 항상 마음의 평화를 누렸듯이, 누구나 자기의 욕심을 극복하면 해탈할 수 있다고 말합니다. 이처럼 불교는 자기 자율 신앙이라는 점에서 기독교와는 매우 성질이 다른 종교라고 볼 수 있습니다. 그러나 마음의 해방은 중생들이 그렇게 쉽게 이룰 수 있는 것이 아닙니다. 그래서 불교에서도 중생들의 마음의 고통을 어루만져주고 이끌어주는 많은 부처와 보살에 대한 신앙이 함께 설법되고 있습니다. 또 윤회를 통한 끊임없는 자기 정진과 해탈을 말하기도 합니다. 인간의 욕심을 끊어내기가 그리 쉽지 않기 때문입니다. 이렇듯 불교의 핵심적 메시지는 자기 마음을 비우고 남을 용서하고 받아들이며, 이웃에게 자비를 베풀 때 비로소 마음의 평화를 얻는다는 것입니다.

"아직도 동양 철학은 구색 갖추기 수준" _ 손동현 교수

지금은 동서 융합의 철학적 사고가 절실한 시대

중·고등학교 철학 교과서는 대학의 철학개론서를 압축해 쉬운 말로 풀어 썼다는데 솔직히 그게 더 어렵습니다. 우리나라 철학계 전반의 문제이긴 하지만, 특히 동양 철학은 구색만 갖춰놓은 모양새입니다. 주제를 활용하지 못하고 별도로 소개하는 경향은 예나 지금이나 다를 바 없지요. 주제적으로 접근한다는 건 예를 들면, '참된 지식이란 무엇인가'에 대해 "플라톤은 ……라고 말했다", "공자는 ……라고 말했다" 식인데, 서양 철학 분야는 인식론이나 존재론 등으로 주제를 나누어 구성할 수 있고 또 그렇게 저술됩니다만, 동양 철학은 이렇게 분류되지 않습니다. 아직도 우리 학계는 전통적 동양 철학의 지식을 가르친다고 하지만 철학적 문제에 동양 철학을 녹여내는 작업은 아주 미약한 것이 사실이지요.

이렇게 된 배경은 송영배 교수님이 이미 다 설명하셨는데, 동양 철학, 특히 유교에 대한 부정적 시각이 큰 이유로 작용했습니다. 흔히 조선은 통치 이념인 유교 이데올로기 때문에 국력이 쇠약해져 결국 나라를 **빼앗겼다는** 인식이 만연해 있었지요. 그 영향이 매우 큽니다.

물론 동양 철학은 분석적이거나 탐구적인 측면이 약합니다. 반면 성현의 가르침으로 전수되다 보니 사람들에게 정서적으로 친숙합니다. 정감적이고 온정적인 동양적 전통이 한국인들에게도 체질화된 것이죠.

문제는 체질은 동양이나 교육은 서양식을 취하며 생활도 서양식 합리주의라는 데 있습니다. 동양 사람으로 서양에 사는 셈이니 새로운 문화 양식을 속(동양 철학)에서부터 키워내는 게 숙제인데 이것은 한두 세대에 걸쳐서 이루어지는 일이 아니거든요. 인도 불교가 중국에 토착화된 과정도 여러 세대에 걸쳐 이루어진 겁니다.

서양의 합리주의적 전통은 서구 사회의 근대화와 산업화를 주도한 원동력이었습니다. 이것이 우리나라에 들어와 한국 사회를 근대화, 산업화시켰지만 그렇다고 삶 전체에 서구 합리주의 사상이 다 녹아들었냐 하면 그건 아니거든요.

앎은 구체적인 실천현장에서의 앎과 추상적인 이론현장에서의 앎으로 구별됩니다. 이 2개의 앎이 유기적으로 연결될 때 이론 분야의 학자들과 실천 분야의 일반인들 사이에서 질문과 응답처럼 커뮤니케이션이 되고 인문학은 발전하게 됩니다. 그런데 사회는 서구식으로 변모했지만 우리의 내면은 철저히 동양인이거든요. 이 괴리를 극복하기 위해 동양 철학에서 서양식 물음에 대한 유용한 지식을 제공해야 하는데 그게 제대로 안 된 겁니다. 그러니 조선조의 철학자 이외에 아직 우리에게는 이렇다 할 철학자들이 보이지 않는다고들 말하는 겁니다. 동서 융합의 철학적 지혜가 절실한 사회라는 걸 이 자료가 보여준다고 할 수 있겠습니다.

3) 교과서와 철학의 조우 – '소크라테스, 아리스토텔레스'

"교과서에서 언급된 정도와 비례" _ 이태수 교수

아리스토텔레스는 거의 모든 교과서에서 가장 많이 언급된 철학자
소크라테스가 가장 많이 언급되는 이유는 앞서 밝힌 바 있지만 아리스토텔레스가 그 다음으로 언급되었다는 사실은 철학자로서 매우 뜻밖의 일로 생각됩니다. 하지만 곰곰이 짚어보면 그에 합당하는 이유가 있음 직하네요.

아리스토텔레스는 소크라테스와 마찬가지로 직접 저술한 책도 없고, 전해지는 것은 그의 강의 노트가 전부입니다. 그럼에도 아리스토텔레스가 오늘날에도 많이 회자되는 이유는 생전에 철학뿐 아니라 자연과학, 심지어 예술에 이르기까지 다양한 분야를 섭렵하면서 언급한 내용들이 현대의 전문 서적 곳곳에 많이 소개되기 때문일 겁니

다. 달리 말하면 과학사나 윤리학 등이 아리스토텔레스에게 많이 신세를 졌기 때문이지요. 아리스토텔레스는 거의 모든 교과서에서 가장 많이 언급되는 철학자거든요.

"논술 시험의 영향을 많이 받은 결과인 듯" _ 황경식 교수

독일 관념 철학의 영향권에 머물다

소크라테스는 철학사에서 분명 중요한 위치에 자리한 인물입니다. 철학의 시조기에 철학 하는 방법을 보여준 '철학의 아버지'란 점에서 사람들의 기억 속에 많이 남아 있다고 생각됩니다.

아리스토텔레스는 연역 논리의 완성자로 철학사에 자리잡고 있습니다. 그에 반해 귀납 논리는 프랜시스 베이컨(1561~1626) 시대에 와서야 겨우 완성되었지요. 이태수 교수의 말처럼 아리스토텔레스는 매우 다양한 분야에서 선구자적 역할을 했습니다. 그 덕에 오늘날 많은 학문의 시발점에서 아리스토텔레스를 만나게 됩니다. 아마도 이런 점이 아리스토텔레스를 한국인의 뇌리에 각인시켰을 겁니다.

조사 결과를 전체적으로 보면 우리나라에 영향을 끼친 서양 철학은 언어 분석 등 논리학 중심의 영미 철학이 아니라 윤리학을 중심으로 한 독일 철학임이 분명합니다. 그런 면에서 볼 때 한 때 대학가에서 유행했던 '데칸쇼(데카르트, 칸트, 쇼펜하우어)' 가운데 쇼펜하우어를 기억하는 사람이 유독 적다는 점이 눈에 띄네요. 이러한 결과가 나온 데에는 최근 수능 논술 시험과 관련하여 출판된 철학 서적들의 영향이 크다는 걸 알 수 있습니다.

"일본 서양 철학의 영향을 받았다는 증거" _ 송영배 교수

우리의 서양 철학은 없다

일제 시대부터 우리나라에 서양 철학이 유입되었으니 당연히 소크라테스와 아리스토텔레스가 언급되는 것이겠죠. 일본이 독일의 관념 철학을 수입했으므로 칸트가 살아남아 우리에게까지 영향을 끼친 것이겠구요.

　반면 헤겔이나 마르크스는 순위에서 빠져 있는 걸 보면 우리가 얼마나 일본의 서양 철학에서 많은 영향을 받아왔는지 한눈에 알 수 있습니다. 그만큼 우리의 서양 철학이 없다는 얘기도 되니 씁쓸하네요.

• Gallup Korea Polls

한국인이 기억하는 서양 철학자

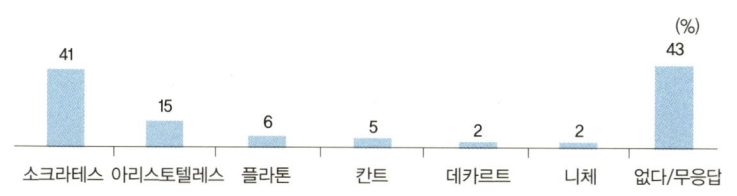

소크라테스	아리스토텔레스	플라톤	칸트	데카르트	니체	없다/무응답 (%)
41	15	6	5	2	2	43

"다시 실존 철학의 바람이 부는지" _ 손동현 교수

니체는 서적에서, 칸트와 플라톤은 학교 교육에서 영향 받아

소크라테스와 아리스토텔레스를 다들 말씀하셨으니 저는 그 외의 철학자들에 관해 이야기하겠습니다.

먼저 니체가 언급된 이유는 니체의 철학 사상을 알아서라기보다는 그의 저술들이 문학으로도 많이 소개된 데서 그 원인을 찾아야 하리라 봅니다.

칸트는 실제로 서양 지성사의 거인입니다. 대학을 다니면서 교양 철학이라도 수강한 사람이면 누구나 다 한 번씩은 들어봤을 만큼 친숙한 철학자죠. 그는 '계몽 철학의 완성자'라고도 불립니다. 그 시대부터 서양 사회는 근대로 접어들면서 중세의 신神 중심적 세계관에서 탈피해 혼란을 겪기 시작했습니다. 기독교 세계관과 자연과학적 세계관의 대충돌이 일어났는데, 칸트는 이를 잘 정리한 인물이지요. 서구 문물을 받아들인 일본인들에게도 칸트는 역시 중요했을 겁니다. 그후 우리나라에도 소개된 거구요. 칸트는 개인의 삶에서도 도덕적 전형을 보여주었습니다. 시간을 잘 지키고, 경건하고, 근면했으며 학문에도 열정적이어서 삶 자체가 자신의 철학과 합치되었지요. 그래서 우리나라 중·고등학교 학생들에게 마음 놓고 소개해도 좋은 인물로 교사들에게 알려져 있습니다.

한편 서양 철학에서 제기되는 모든 문제들은 플라톤이 쓴 『대화편』으로 모두 수렴됩니다. 그래서 플라톤을 읽지 않고는 철학에 발을 들여놓을 수가 없는 겁니다. 플라톤은 서양 철학에서 언제나 거론되는 인물입니다. 최근에 어느 연구 모임에서 철학 번역서와 관련해 조사를 실시했는데, 가장 많이 번역된 책이 플라톤의 『대화편』이었다는 결과가 나왔습니다. 이 책에는 '사랑에 관하여', '연애에 관하여'에서부터 '소크라테스의 변명'까지 포함돼 있어 거의 문학 작품과 비슷하게 소개되기도 합니다. 이 작품들이 교육 현장에서도 자주 언급되기 때문에 일반인들이 기억하지 않나 싶습니다.

해방 이후 1950년대까지 우리나라 학문의 저변에는 일제시대의 대학풍토가 상당히 많이 남아 있었습니다. 1950년대 중반 이후에야 비로소 실존주의가 국내에 들어왔는데, 그때 데카르트와 칸트, 쇼펜하우어가 함께 소개되었지요. 데카르트는 근대 철학의 시작을 알리는 역할을 했는데 중세적 세계관에 대한 최초의 반란자였던 셈입니다. 칸트는 지적 혼란을 수습하는 역할을 했고, 쇼펜하우어는 그러한 칸트와 대립하며 인과율적 인식론을 염세적으로 비판해 합리적 근대 사상에 도전장을 냈지요. 니체는 쇼펜하우어의 의지意志 철학을 계승 발전시킨 철학자로 실존 철학을 열어갔지요. 요즘 출판계에 니체와 관련된 책들이 많이 나오는 걸 보면 실존 철학에 대한 관심이 싹트는 건 아닌지 모르겠습니다.

한국인의 철학 07
철학과 윤리의식

한국인들은 대개 초등학교 시절 도덕 교과목에서 '철학'이라는 단어를 가장 먼저 접하게 된다. 윤리와 철학 공부, 언뜻 보기에도 밀접해 보이는 이 두 단어에 대해 한국인들은 어떻게 생각하고 있을까, 또 한국 사회의 도덕성을 어떻게 평가하며, 그 평가에 대한 이유는 무엇일까.

1) '윤리 철학' 위주의 철학 개념

한국인 10명 가운데 7명은 철학 공부와 윤리의식은 관련이 있다고 생각한다. 한국인들이 유독 철학과 윤리를 관련 짓는 이유는 무엇일까.

"한국인의 의식 구조가 실천 철학, 윤리 철학적임을 증명" _ 황경식 교수

대륙 철학의 영향 받은 탓

한국인의 의식 구조가 실천 철학적이고 윤리 철학적임을 확인하는 자료가 될 겁니다 인식론이나 논리학 등 영미 철학에서 주로 다루는 이론 철학과 달리 한국인들은 무척 현세주의적이라 실생활에 쉽고 빠르게 적용할 수 있는 철학 쪽으로 기울어 있는 셈이지요. 이런 측면에서 한국인의 철학적 인식은 독일을 중심으로 발전한 대륙 철학의 영향을 받았다고 할 수 있습니다.

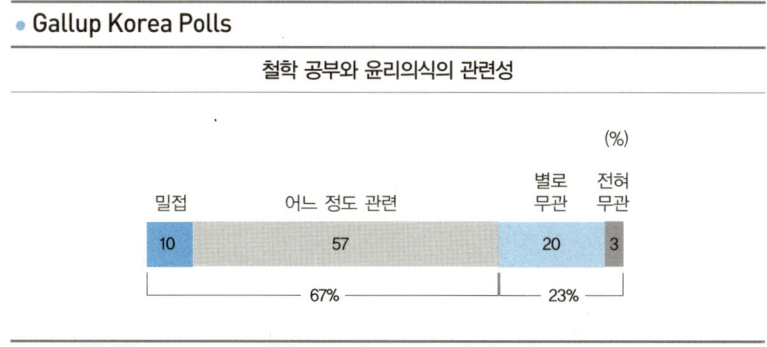

● Gallup Korea Polls

철학 공부와 윤리의식의 관련성

"철학 교육만큼은 성숙한 교육적 노하우 필요"

_ 손동현 교수

우리나라 청소년 철학 교육의 딜레마

분명 한국인들은 윤리의식에 예민합니다. 그러나 교육 제도를 보면 이러한 요건을 충족시키지 못하고 있습니다. 이 자리를 빌려 우리나라 철학 교육의 현주소를 이야기해볼까 합니다.

우리나라 고등학교 교육 과정에서는 철학을 학교장의 재량에 의해 선택해서 가르칠 수 있습니다. 현재 일부 학교가 철학을 가르치고 있습니다만, 실상은 논술 중심의 교육이 대부분입니다. 철학 교사 자격증은 도덕이나 윤리 교사 자격증과 별개로 제정되어 있지만, 대부분의 철학 교사가 학교에서 도덕이나 윤리 과목을 가르칩니다. 물론 철학 교사가 도덕이나 윤리를 가르치면 더 효과적일 겁니다. 문제는 가장 감수성이 예민하고 인생에 대한 고민이나 불안이 많은 나이인 학생들에게 우리 사회는 인생의 진로를 묻습니다. 인문계로 혹은 이공계로, 취업으로 아니면 대학으로……. 이 글을 읽는 많은 분들이 이미 이런 과정을 거쳤을 겁니다. 세상에 대해 아는 바가 별로 없음에도 학생들은 그저 시험 점수로 인문계와 이공계로 나뉩니다. 이 결정은 대부분 사람들의 일생을 좌우하게 됩니다.

적어도 세계와 인간에 대해 어느 정도라도 학생들에게 알게 한 뒤 무엇을 할 것이냐고 물어야 하지 않을까요. 철학적 성찰도 나와 공동체의 삶과 연결고리가 있어야지, 그게 없다면 무의미할 뿐입니다.

전국의 도덕, 윤리 교사들은 약 6천여 명입니다. 이분들 가운데에는 도덕과 윤리를 철학적 접근을 통해 진지하게 교육시키는 분들도 있지만 대부분 드물지요. 교과 내용 또한 사회과학 중심의 국가주의적 내용들입니다. 도덕이나 윤리가 철학을 모母 학문으로 해야 함에도 불구하고 실제로는 현실 정치를 지향하고 있어 안타깝습니다. 고교 철학을 반대하는 분들은 '철학을 가르쳐 무얼 하자는 말이냐' 고 하지요. 그러나 적어도 학생들이 자아정체성을 찾도록 철학적 문제와 철학적 성찰의 샘플을 보여주고, '나는 누구냐' 하는 생각을 하게는 해주어야 합니다. 철학적 성찰이 가미되지 않은 윤리 수업은 그래서 한계가 있다는 겁니다. 딜레마죠.

현재 철학 과목은 일반 선택 과목이 아니어서 성적과 무관합니다. 수능 과목도 아니어서 내신 성적에도 포함되질 않습니다. 그럼에도 이 학과목을 유지하는 학교도 있습니다. 하지만 수능에 전력하려는 학생들은 철학 과목이 오히려 낭비라고 여겨 그 시간에 다른 책을 보려 합니다. 그렇다고 철학 과목을 성적과 연계시켜버리면 단순 지식 교육으로 전락하죠. 결국은 교육 현장인 교단에서 학생들을 휘어잡는 교사들의 역량에 좌우되는 셈입니다. 이 말은 철학 교육만큼은 성숙한 교육적 노하우가 필요하다는 뜻도 됩니다.

동시에 윤리, 도덕 시간에도 철학적 성찰이 가능하도록 하는 내용이 삽입되어야겠지요. 특히 청소년기에는 윤리와 철학을 떼어놓지 않고 결합된 형태로 교육해야 합니다.

2) 한국 사회의 낮은 도덕성: 연고주의와 개인주의의 충돌

한국인들 10명 가운데 7명은 한국 사회의 도덕성을 낮다고 평가하며 그 주 원인으로 '국민의 이기주의'와 '지도자들의 부정부패'를 꼽는다.

> "이기심을 더욱 합리적이고 세련되게 발전시켜야"
>
> _ 황경식 교수

서구 사회가 이룬 내면內面의 근대화를 참고해야

다른 것은 제쳐두고 국민의 이기주의가 문제라는 부분에 대해 말씀드리고 싶습니다. 한국인이 이기적으로 변모한 게 반드시 부정적인 것만은 아니라고 봐야 한다는 겁니다. 기실 우리는 전통적으로 '나我'라는 개념이 거의 발달하지 못했습니다. 서양도 중세 이후에 '개인'이 출현했습니다. 이기심의 본질인 'Self-interest(사익私益)'의 개념도 그때 등장했습니다. 당시 애덤 스미스가 이기심에 정당한 자리를 마련해주었지요. 서구 사회는 이런 과정을 거치면서 '내면內面의 근대화'를 해나갔습니다.

서구 근대화의 역사를 되짚어보면 서구 사회는 합리적 이기주의자들의 등장으로 계약의 중요성이 부각되면서 약속 이행, 신뢰나 신용을 근거로 한 사회로 진화해갑니다. 오늘날 서구 선진 국가의 저변엔

신용이 기반으로 깔려 있지만, 기실 신용보다 더 아래에 합리적 과정을 거친 개인의 이기심이 존재합니다. 무조건 이기심을 부인하지는 않는다는 거지요.

흔히 우리는 서구 선진 국가의 국민 의식을 부러워하고 그 나라의 지도층들이 보이는 애국적인 행동에 경외심을 가지면서 '노블레스 오블리주Noblesse oblige'를 떠올립니다만, 그 이면에는 바로 합리화 과정을 거친 세련된 이기심이 존재합니다. 지도층들이 명분에 집착해서 도덕적 의무를 수행하는 데 솔선수범하는 게 아니라, 그렇게 해야 자신들의 기득권을 유지할 수 있다는 합리적 판단 하에 행동하는 것이죠.

우리나라도 현재 서구의 근대화 과정을 겪는 중이라고 생각합니다. 앞으로는 이기주의라고 해서 무조건 배척할 것이 아니라 보다 세련되고 합리적인 형태로 발전시켜가야 합니다. 그동안 우리는 너무 가난하게 살아온 탓에 물질만을 추구하며 정신없이 달려왔습니다. 하지만 이제 물질도 어느 정도 풍족해졌고, 따라서 원초적인 이기심도 서서히 삭아들기 시작했습니다. 국민소득이 더 높아지면 천민 자본주의 하는 말들도 사라질 겁니다. 그 과정에서 우리의 이기심도 더욱 세련되고 합리적인 형태로 발전하리라 믿습니다.

"전통과 근대의 단절로 인한 이중 구조를 정리해야"

_ 손동현 교수

합리주의·개인주의 對 연고주의·공동체주의, 공개념 對 사개념 간 충돌
황 교수님 말씀에 일리가 있습니다. 한 국민의 윤리의식이란 도덕의식, 사회윤리의식, 공공윤리의식 등이 모두 결합된 것인데, 우리에겐 이들 각 각의 영역들이 '전통'과 '근대'라는 단절된 범주로 인해 묘하게 불일치하는 면들이 많습니다. 그래서 '2가지의 이중 구조'가 생깁니다.

첫 번째 이중 구조는 '공동체주의와 연고주의' 대 對 '개인주의와 합리주의' 간에 형성된 이중 구조입니다.

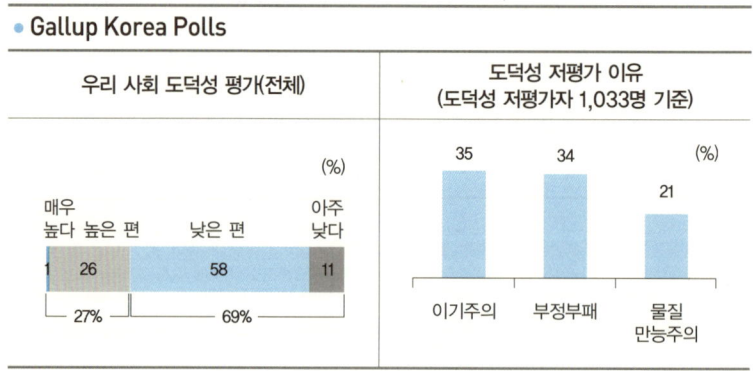

우리 민족성 내부에 흐르는 도덕적 정서는 '온정주의에 기초한 연

고주의'입니다. 이는 '집단적 가족주의' 혹은 '지연地緣주의', '혈연血緣주의'라고도 하는 공동체주의입니다. 전통적으로 우리는 개인주의보다 가족주의가 강합니다. 문중, 학연, 지연, 혈연 등 아직도 한국인을 움직이는 힘의 원천은 이처럼 전통적 성향입니다. 그런데 우리는 지난 반세기 동안 근대화, 산업화의 물결을 탔습니다. 여기서 근대화의 원리는 가족주의나 집단주의가 아닌 개인주의입니다. 여기서는 온정주의적 패턴이 허용되지 않습니다. 오직 냉정한 계산적 합리화, 즉 합리주의만 허용되지요.

오늘날 우리 내부에는 이 2가지가 서로 충돌하고 있는 겁니다. 양자 간 정리가 되어야 함에도 불구하고 이게 잘 안 되는 거지요. 우리나라의 도덕적 비리 사건들을 내면적으로 고찰해보면 대다수 사건들이 전통적 도덕 관념으로는 용납될 만한 일들입니다. 고향 친구가 어렵게 살면서 부탁하거나, 가족이 어려워 도와주면서 현대적 법규를 위반한 사건 등이 대부분입니다. 이런 사건들은 '나'보다 '우리'를 중시하고 있다는 점이 특징입니다.

우리나라 사람들의 저변 의식에는 '우리 의식'이 강하게 자리하고 있습니다만 그것에 지독하게 젖어 있지는 않았기에 지난 반세기 동안 산업화에 성공한 겁니다. 산업화는 개인 중심을 지향합니다. 그러면서도 전통적 '우리' 의식과 서구식 개인주의가 우리 사회에서 아직도 충돌하고 있는 겁니다.

또 다른 이중 구조는 '공적公的 개념' 대對 '사적私的 개념' 간에 형성된 이중 구조입니다.

　서구화 이전의 동아시아권에서는 시민 사회가 존재한 적이 없었습니다. 동아시아권이 바로 유교 문화권인데, 유교의 대표적인 행동 규범 가운데 하나가 '수신제가치국평천하修身齊家治國平天下'입니다. 여기서 '수신修身'은 자신을 수양하며 갈고 닦는다는 의미지요. '제가齊家'란 대가족을 잘 이루어 살라는 말이며 치국治國은 국가를 다스리는 임금의 마음을 헤아리고 그 뜻을 이어받아 임금에 보탬이 되는 사람이 되라는 의미입니다. '평천하平天下'란 중원中原=世上을 일컫습니다. 이 규범에서 보여지는 세계관은 나와 내 가족, 그리고 국가와 세상으로 구성되어 있습니다. 거기에는 서로 다른, 혹은 서로 모르는 사람들과 만나 어떻게 조화를 이루고 살아야 하는지에 대한 부분은 없습니다. 이처럼 유교의 행동 규범은 길에서건, 어떤 모임에서건 '낯선 사람'을 만나 적용할 수 있는 적절한 행동 모델은 제공하지 않습니다. 즉, 우리의 유교 윤리는 '아는 사람들끼리만의 윤리'라서 낯선 사람들을 만났을 때 적용할 도덕적 자세에 대해서는 거의 언급하지 않는다는 겁니다. 동아시아에는 자발적인 근대화의 시기가 없었기 때문입니다.

　익명성을 띤, 서로 모르는 다수가 모여 협력하며 공존하려는 시도가 있을 때 비로소 '시민적 질서'가 생겨납니다. 은행에 가서 창구에 예금 인출서 한 장을 들이밀면 평생 한 번도 만난 적이 없는 창구 직원이 청구서 한 장만 읽고 현금을 내줍니다. 이것이 시민적 질서의 표본입니다. 그러나 동아시아, 특히 우리는 이런 과정을 지난 19세기 이전까지 겪어본 적이 없어 시민 사회에 대한 경험이 일천합니다. 그것은 '공공의식公共意識'이 매우 약하게 형성되었다는 말이며 '공사구별公私區別'이 잘 안 된다는 것을 의미합니다.

내면적으로는 '온정주의에 기초한 연고주의'가 도사리고 있으며, 다른 한편으로는 합리적인 계산에 의해 행동해야 하는 개인주의 · 이기주의가 도사리고 있지요. 이 둘이 충돌하는데 그 맞은편에서는 가족과 친구와 선후배를 고려하는 '사私생활'과 낯선 자와 협력해서 일을 하는 '공公생활'이 충돌하고 있는 겁니다. 자발적으로 근대화를 하지 못해서 우리는 이 충돌을 피할 수가 없는 것이지요. 그 과정에서 발생하는 각종 스트레스가 바로 부족한 경험에 대한 대가인 셈입니다.

| 그림 1 |

〈그림1〉과 같은 2개의 이중 구조 속에서 가장 스트레스가 작고 합리적인 방향을 찾아보면 사적인 일에 대해서는 연고주의로 대응하고, 공적인 일에서는 합리주의로 대응하는 것입니다〈그림2〉. 그렇게 하면 갈등이 발생하지 않습니다.

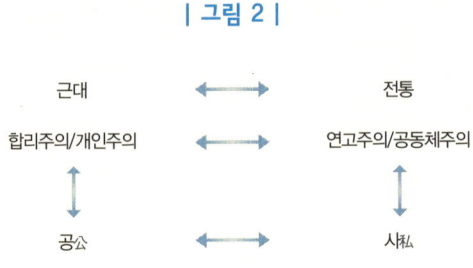

그러나 우리 사회의 도덕적 사건들은 사적인 일과 합리주의가 만나거나 공적인 일과 연고주의가 만나서 발생합니다〈그림3〉.

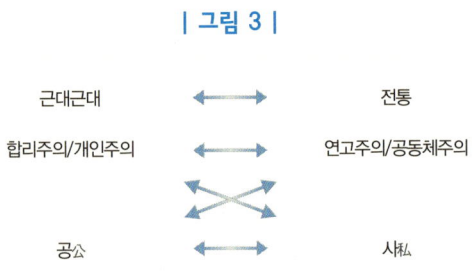

이처럼 이중 구조의 악순환에서 빠져나오지 못하기에 수십 년 동안 우리 사회의 도덕적 사건들은 동일한 구조를 갖고 있는 것이죠. 바로 이것이 한국의 도덕성의 수준이며 선진화로 가는 길목의 장애물이기도 합니다. 우리가 이 장애물을 제거하는 노력을 기울여야 비로소 국가 경쟁력도 선진국에 비견될 만한 수준으로 성장한다고 봅니다. 국가의 도덕성이 바로 그 국가 경쟁력의 핵심이니까요.

한국인의 철학

08

철학과 사회 발전

한국갤럽의 조사 결과를 보면 많은 사람들이 철학의 학문적 가치를 인정하고 있음을 알 수 있다. 그렇다면 철학이 지니는 사회적 가치, 교육적 효과에 대해서는 어떻게 평가하고 있을까. 철학이 사회와 동떨어진 상아탑 속의 학문이 되지 않기 위해 앞으로 어떻게 변화·발전해야 할지 전문가들의 의견을 들어본다.

1) 철학, 논리적 사고를 위한 필수 과목

한국인의 절반 이상은 철학의 교육적 효과에 대해 긍정한다. 학자들은 철학이 교육적 효과를 제대로 발휘하려면 교과 과정의 필수 과목으로 다루어야 한다고 항변한다. 철학이 모든 학문의 기초일 뿐 아니라 논리적 사고의 배양과 인격 성숙에 도움이 되기 때문이다.

"철학을 글쓰기, 책 읽기, 사고 능력으로 발전시켜야"
_ 황경식 교수

교육 과정에 필수적이지만 수험 제도화해서는 안 되는 과목
철학은 반드시 중·고등학교 교과 과정의 필수 과목이 되어야 합니다. 우선 철학은 인격 성숙에 많은 도움을 줍니다. 또한 논리 논술에 압도적으로 필요한 학문이기도 합니다. 나아가 진학 후 대학에서 학문을 배울 때에도 매우 긴요합니다. 철학은 모든 학문의 기초 학문으로 자리하고 있기 때문입니다.

앞으로 계속 철학을 논리·논술의 형태로 교과 과정에 접목시켜야 합니다. 철학 공부야말로 논리적 생각을 하게 만드는 교육입니다. 그러나 철학을 4지선다식 정답을 요구하는 수험제도에 같이 묶어버리면 그때는 철학이 죽습니다. 과거 국민윤리가 4지선다식 과목으로 변형되면서 결국 종말을 고했지 않습니까. 그러면 절대 안 됩니다. 철학을 글쓰기 능력, 생각하는 능력, 책 읽는 능력으로 발전시켜야 합니다.

"모든 과목에 논술 평가 들어가야 철학이 제자리 찾아"

_ 손동현 교수

'논술'이란 배운 것을 언어로 표현하는 능력

현재와 같이 논술과 접목된 철학 수업의 형태는 한시적으로 필요한 것이라 생각합니다. 10년 혹은 그보다 더 오래 걸릴지도 모르겠지만 모든 교과목에서 논술 평가를 하게 되면 지금처럼 논술을 별개의 교과목으로 다룰 일은 없어질 겁니다. 물론 논술과 연계시켜 철학을 교육하는 게 현재로서는 별 효과가 없을지 몰라도 이것이 원안(原案)은 아니거든요.

논술이란 쉽게 말해 배운 것을 언어로 표현하는 능력입니다. 그렇다면 모든 과목에 적용해야 마땅한 겁니다. 모든 교과를 철학적 관점에서 생각하고 논술할 수 있는 능력을 키우는 것이 바른 교육입니다. 그러자면 중·고등학교의 모든 과목 담당 교사들을 논술 연수 과정을 밟게 하여 논술 교육을 해야 합니다.

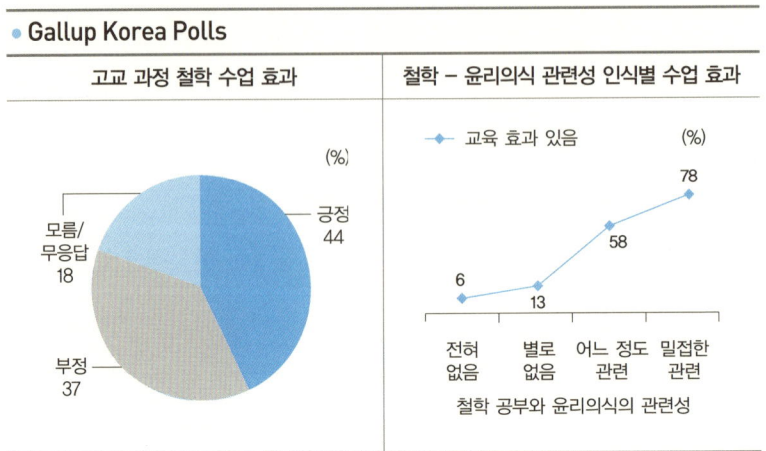

2) 철학적 성찰은 국가 발전의 근본 요소

철학이 국가 발전에 도움이 된다는 의견은 57%로 전체 국민의 과반수 이상이 철학의 효용과 사회적 가치에 대해 긍정하는 것으로 나타났다. 그렇다면 빠르게 변화하는 현대 사회에서 철학은 국가 발전에 어떤 식으로 영향을 미치고 있을까.

"글로벌 시대 보편적 소통 수단은 논리" _ 황경식 교수

철학은 세계화에 적응하기 위한 필수 도구
국가가 발전해야 개인이 발전할 수 있다는 믿음이 팽배했던 시절도

있었고, 반대로 개인이 발전해야 국가도 발전해야 한다는 믿음이 퍼지던 시절도 있었습니다. 지금은 어느 시대인가 하면, 국가 대 국가의 시대가 아닌 글로벌한 지구촌 국가의·시대가 되었습니다. 따라서 우리는 어떤 민족의 일원인 동시에 글로벌한 지구촌의 성원이기도 합니다. 그런 상황에서 철학은 더욱 소중한 학문입니다.

지구촌의 모든 사람들과 혹은 모든 국가들과 상대할 기회가 있다는 것은 '무국적'인 지구촌에서 보편적으로 통하는 그 무엇을 갖고 있어야 한다는 겁니다. 그 '보편적 소통'은 다름 아닌 '논리'입니다. 영어로 말하건 일본어로 말하건 중국어나 스페인어로 말하건 간에 '논리'가 바르게 서야 의사소통은 물론 의견 개진이 가능하고 설득과 찬동을 이끌어낼 수 있습니다. 민족과 언어는 달라도 인간이 생각하는 방식은 논리에서 벗어나지 않기 때문입니다.

이렇게 볼 때 한국인은 감성적이고 정서적입니다. 따라서 '끼리끼리'의 특성이 강합니다. 여기에 '논리적' 특성을 가미해야 합니다. 그래야만 세계 시민적 특성을 가질 수 있습니다. 결국 철학은 세계화Globalization에 적응하기 위한 필수적인 도구라고 할 수 있지요. 이것이야말로 철학이 국가의 발전과 관계 있는 학문이라고 말하지 않을 수 없는 이유입니다.

"철학적 성찰이 없는 국가 발전은 불가능해"

_ 손동현 교수

철학적 성찰 훈련이 훌륭한 인재를 육성해 국가를 발전시킨다

철학이 국가 발전에 도움이 된다고 생각하는 분들이 57%라는 것은 그동안 철학의 이름으로 활동하던 사람들의 역할이 별 볼 일 없었다는 얘기며, 그 죗값의 표현이 아닌가 합니다. 원래 철학은 국가 발전에 지대한 공헌을 해야 옳습니다. 하지만 그동안 우리 철학자들이 해놓은 게 별로 없다는 사실을 이 조사 결과가 보여주는 것이죠. 그나마 57%나 되는 분들이 도움이 된다고 말씀하신 건 오히려 철학자들을 많이 봐주신 거라고 느껴집니다. 대부분은 철학을 쓸데없는 논쟁만 유발시키는 학문으로 인식하는 정도일 테니까요.

'철학이 국가 발전에 영향을 어떤 식으로 미치느냐'는 물음이 있을 수 있는데요, 간단히 말해, 철학적 성찰이 도덕적 성찰로 이어지도록 교육하면 이것이 국가 발전으로 연결되는 겁니다. 훌륭한 공직자, 존경스러운 정치가, 귀감이 되는 군인, 성실의 모범이 되는 학자 등 사회를 이끌어가는 분들은 모두 철학을 갖고 있지요. 한 국가에 이런 분들이 많다는 것은 그만큼 그 나라의 도덕성이 높다는 말이며, 그 도덕성이란 결국 성찰의 힘, 바로 철학 교육의 열매로서 나타나는 결과거든요. 앞서 말씀 드렸지만 도덕성이 바로 국가의 경쟁력입니다. 부도덕한 집단이 모인 국가는 경쟁력이 줄줄 새버리지요. 후진국을 여행해보십시오. 그 나라의 공직자나 지도층이 우리보다 분명 더

비도덕적입니다. 그래서 후진국이 되어 있는 겁니다. 우리보다 선진국에 가보십시오. 분명 우리보다 더 도덕적입니다. 그래서 선진국이 된 겁니다. 그 차이의 이면에는 철학적 성찰이 발전의 토대로 버티고 있는 겁니다. 그 토대가 강하면 강한 대로, 빈약하면 빈약한 대로 말입니다. 국가 경쟁력을 높이기 위해서는 철학적 성찰, 철학 교육은 반드시 필요합니다.

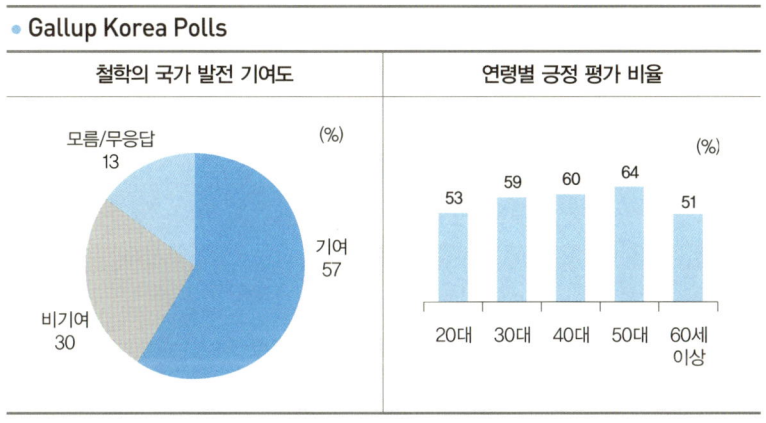

한국인의
철학
09

네 멋대로 해라!
– **철학 전공**에 대한 **학부모**들의 태도

한때 배고픈 학문의 대명사로 여겨졌던 철학. 자식이 전공하길 꺼리는 대표적인 학문 가운데 하나였지만 이번 한국갤럽의 조사 결과는 철학 전공에 대한 부모들의 태도가 상당히 달라졌음을 보여준다. '본인이 알아서 할 일'이라는 응답이 53%로 가장 많은 가운데 '반대(33%)', '적극 지원(10%)'이 그 뒤를 잇고 있는 것. 이러한 결과는 분명 사회적 가치의 변화를 반영한다. 한 세대 전 부모들의 만류와 배고픔을 무릅쓰고 철학을 선택해 공부했던 학자들은 이러한 결과에 대해 어떻게 반응할지 궁금하다.

"확실히 우리 사회가 변하고 있다는 것 실감"

_ 이태수 교수

한국 사회 건실하게 성장 중!

이 결과는 확실히 세대가 달라졌음을 보여주고 있습니다. 우리(60대)와 다르지요. 과거에는 대학 진학에 대해 부모의 간섭이 90% 이상이었습니다. 입학하려는 학생들 역시 학과 선택은 부모의 일이라고 생각하는 걸 당연하게 여겼지요. 하지만 이 지표를 보면 철학과는 절대 인기학과가 아님에도 불구하고 '적극 지원하겠다(10%)'와 '본인이 알아서 할 일(53%)'이라 응답한 사람들이 60%에 달합니다. 연령별로 보아도 영향력을 행사할 부모의 연령층조차 말리겠다는 의향은 줄어들고 있어요.

확실히 우리 사회가 변하고 있다는 걸 실감합니다. 이것이 우리 사회의 변화라면 무척 건강한 변화라고 봅니다. 또한 아직도 우리의 철학에 희망이 있음을 본 셈이기도 하구요. 부모가 자식에게 희망을 강요한다면 대다수의 사람들이 의대나 법대로 몰릴 것입니다.

그래서 본인이 알아서 할 일이라는 숫자는 분명 희망적입니다. 선진국 역시 이런 경향이 90% 이상임을 염두에 둔다면 우리 사회도 현재 건강하게 성장 중이란 얘기일 겁니다.

"우리 땐 배고픈 학문이어서 모두 기피했던……"

_ 황경식 교수

"가난한 학과 나와서 우리 딸 먹여 살릴 수 있겠나"

우리가 자랄 때엔 철학이란 학문은 말 그대로 '배고픈 학문'이었습니다. 맞선 볼 때마다 "철학과를 나왔습니다"라고 하면 상대방 어르신들은 "굉장히 가난한 과를 나왔구나. 그래 가지고 우리 딸 먹여 살릴 수나 있겠나" 하곤 했지요. 그 시절에 비하면 요즘은 참 세상 많이 달라졌습니다. 특히 부모가 자식에게 자신의 전공 선택을 일임하는 모습은 우리가 그만큼 발전적으로 변해왔음을 확인하는 계기가 될 듯싶습니다.

"부모의 의사결정을 무시하면 가문 망친다고……"

_ 송영배 교수

매우 놀라운 결과

63%가 자녀의 학과 선택을 자녀의 의견에 따른다는 결과는 매우 놀랍습니다. 우리 때만 해도 부모님의 의견을 무시하는 진로 결정은 "가문 망칠 일 있나"라는 정도의 말을 들어야 했지요. 그런데 시대가 변하고 민주화가 되면서 가정적 권위주의가 사라지는 현상을 이 결과가 보여주는 것이라 생각합니다. 부모들은 이제 아이들의 삶을 인

정하는 것이죠.

저만 해도 서울대학교 철학과에 입학했더니 어머니께서 근심스런 표정으로 "앞으로 어떻게 살래?"라고 하셨으니까요. 이 조사 결과는 시대 변화를 보여주는 대표적 사례가 될 것 같습니다.

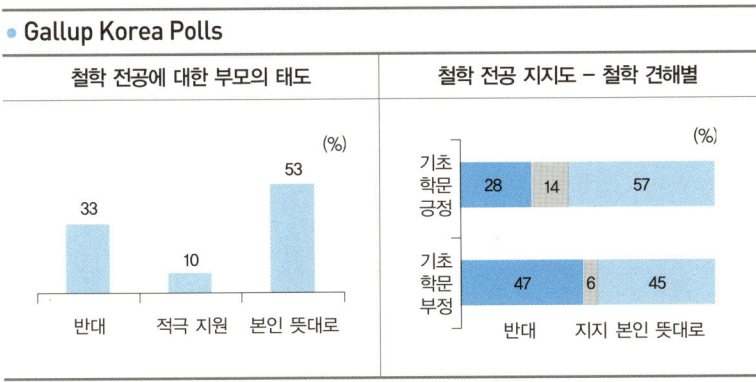

"세상의 변화를 보여주는 놀라운 자료"_ 손동현 교수

50% 이상의 부모가 자녀의 학과 선택에 관여하지 않는다니!
우리 사회에서 인류 문명사의 변화를 가장 많이 실감하는 집단은 기업가들입니다. CEO들이 진행하는 특강에 참석해보면 이들의 전공은 경영학 혹은 이공학입니다. 그런데 이분들은 한결같이 '전공보다 더 중요한 것이 교양'이라고 말합니다. 왜 그럴까요? 지금 삼성

전자는 휴대폰을 한 해 2억 대 이상 생산합니다. 우리나라 인구보다 많으니 대부분 물량은 국외에서 판매되고 있는 것이지요. 싸움터는 해외라는 얘기죠. 다른 나라에서 다른 민족들과 경쟁하기 위한 가장 기본적인 무기가 바로 교양이라고 CEO들이 입을 모아 말합니다. 그러면서 저 같은 교수들에게 제발 교양 교육 좀 잘 해달라고 부탁합니다.

60% 이상의 학부모들이 자녀의 철학 전공에 반대하지 않는다는 조사 결과는 우리 사회의 미래가 밝다는 걸 암시하고 있습니다. 상당히 고무적이지요. 분명한 것은 이 질문은 자녀의 '철학' 전공에 관한 것이지만 부모들은 반드시 철학이란 학과목에 한정해서 대답하지 않았을 것이란 점입니다. 학부모 세대의 60% 이상은 대학생이 어떻게 공부해야 하는지 이미 알고 있다는 얘기도 되지요. 전공 과목에만 치중해서 공부하고 그 길로만 가야 되는 세상이 아니라는 걸 말입니다.

이 자료를 다시 한 번 확인하고픈 심정이 되는 이유는 세상이 이렇게 변했나 싶은, 앞서 말씀하신 교수님들과 같은 느낌이 들어서입니다. 저도 철학과에 지원할 때 부모님께는 경제학과에 지원한다고 속이고 시험을 치렀습니다. 그때나 지금이나 다수의 관심사는 졸업 후 안정된 취업이니까요. 학문의 길을 걷겠다는 지적 모험주의자들은 어느 시대나 소수죠.

● Gallup Korea Polls

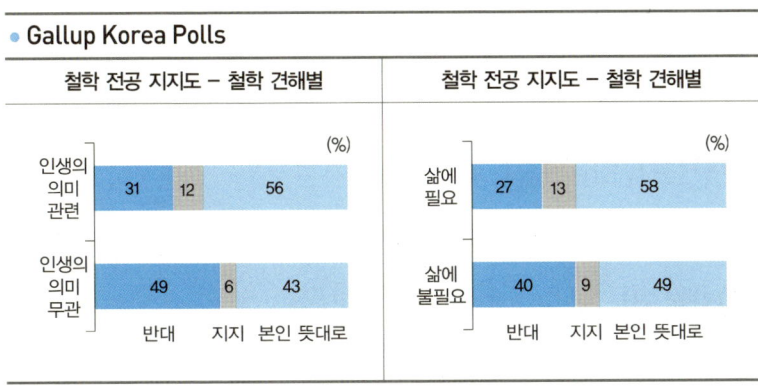

한국인의
철학

10

고민의 대전환:
'먹고사는' 문제에서
'어떻게 사느냐'의 문제로

한국인의 12%는 철학 하면 인생의 본질과 관련된 단어를 떠올리며 68%는 '철학은 인생의 의미와 가치를 탐구하는 학문'이라는 데 동의한다. 이런 결과로 볼 때 한국인은 인생론 차원에서 철학을 이해한다고 할 수 있다. 그렇다면 오늘을 사는 한국인들은 자신의 인생에 어느 정도의 의미를 부여하며 살아가고 있을까? 한국갤럽의 조사 결과는 한국인의 대다수(90%)가 인생의 의미를 긍정하며, 51%는 이따금 인생의 무의미함을 느끼고 있음을 보여준다.

"한국인의 현재 위치를 보여주는 매우 흥미로운 질문"

_ 이태수 교수

앞으로 학자들의 역할과 책임 무거워

인생의 의미에 대한 질문들은 철학을 어떻게 이해하는가와 관련될 겁니다. '인생이 무의미하다는 생각을 거의 하지 않는다'는 사람들(48%)의 인생에 대한 태도는 '난 이렇게 이것저것 따지지 않고 살겠다'는 것에 가깝겠지요. '인생이 무의미하다는 생각을 자주 또는 가끔이라도 한다'는 사람들이 절반가량 된다는 사실은 그만큼 많은 사람들이 건강하게 살고 있다는 증거로 생각할 수 있을 겁니다.

여성들이 남성들보다 인생의 무의미함을 더 많이 느낀다는 결과는 한국 여성의 내면적 입장을 간접적으로나마 드러낸 것이라고 생각합니다. 조사 대상이 된 30대 이상의 여성들 대다수가 기혼자임을 감안하면, 한국 사회에서 여성의 결혼은 여성이 자기 삶의 주인공 역할을 더 이상 하기 어렵게 된다는 것을 의미합니다. 특히 자녀들이 출가한 60대 이상의 여성들은 자신의 삶을 뒤돌아보면서 '할 수 있는 일이 너무나 제한적'이었던 시절을 재확인하게 됩니다. 선택의 여지가 제한적이었던 한국 여성들에게 깊숙이 내면화된 고정관념은 '여자란 시집만 잘 가면 된다' 내지는 '여자는 남자만 잘 만나면 된다' 정도였을 거구요.

한국 가정에서 여성의 역할은 대단했습니다. 이들은 가정에서 자녀를 양육하고 남편을 내조하면서 힘든 삶에 보람을 느꼈지요. 그러다 아이들이 대학을 졸업하고 독립하면 갑자기 여성의 주체적 역할이 감소하게 됩니다. 생리적으로는 갱년기 우울증에 도달하는 시점이고요. 삶의 이 대목에서 여성들은 지나온 세월에 대한 심리적인 보상을 몹시 바라게 됩니다. 이런 삶을 살았던 여성들에게 자신의 삶을 찾는다거나 삶의 주역이 되는 일이 그리 즐거운 일만은 아니었을 겁니다. 전통 질서와의 잦은 충돌과 그로 인한 마음고생은 무엇보다 기혼 여성들을 세월이 갈수록 체념하게 만들었을 겁니다. 체념하는 사람들은 삶이 의미가 있다고 생각하기 힘듭니다. 그래서 인생이 무의미하다고 생각하는 빈도가 남성보다 많은 겁니다.

이와 반대로 기혼 남성들은 결혼하면 가족을 위해 바쁘게 살기 시작합니다. 그러다 중년이 되면 비로소 주변을 둘러보는 여유를 갖게 됩니다. 나이가 들수록 인생의 무의미함을 생각하는 빈도가 높아지지만 전체적으로 여성보다 높을 리는 없지요.

문제는, 오늘을 사는 20대 여성들이 40년 뒤 60대가 되었을 때, 이들의 삶도 오늘의 60대와 같을 것인가에 있다고 봅니다. 변화가 있긴 하되 얼마나, 어떻게 변화해갈까. 제가 40년 뒤에도 살아 있을 수 있다면 그 모습을 꼭 한 번 보고 싶습니다.

우리는 전쟁 후 폐허 속에서 출발해 50년도 채 안 되는 짧은 기간 동안 전 세계 200여 국가 가운데 상위 10위권에 속하는 무역대국이 되었습니다. 그만큼 한국인은 세계 어느 나라 국민들보다 해놓은 일이 많다는 얘기죠. 그 과정에서 의미 부여를 통한 심리적 확신이 없었더라면 아마도 이만한 성취는 해내지 못했을 겁니다. 아마도 해내기 싫어도 해내야 했던 사람들이 더 많았겠지만요. 이렇게 살아온 한국인들에게 삶의 의미란 경제적 성취일 것이고 이는 사회적으로도 인정해줄 만한 가치였을 것입니다. 그렇게 치열하게 살다 보니 삶의 의미를 좀 더 심각하게 생각할 겨를도 없었을 겁니다.

- **Gallup Korea Polls**

'철학' 하면 무엇이 떠오르십니까?	
점과 관련된 용어	21%
어렵고 재미없다	20%
철학적 관념	16%
철학자	15%
인생의 본질	12%

철학은 인생의 의미와 가치를 탐구하는 학문

	(%)
그렇다	68
아니다	17

실제로 50대 이상의 연배들이 동창회나 친목회 등에서 모이면 모두가 지난 시절을 회상하며 다들 한 가닥씩 했다고 자부하듯 말하곤 합니다. 이렇듯 한국인이 인생에 두는 의미는 좀 더 철학적이거나 심오한 그 무엇은 아니었을 거란 겁니다. 그저 자식을 굶겨 죽이지 않고 잘 키워냈고, 자신들은 배우지 못했지만 자식들은 모두 대학을 나오게 했으며, 늘어서 집 한 칸 마련했다는 정도에 그치는 것입니다.

어쨌든 영점零點에서 시작해 50년 동안 소원성취를 해낸 셈이니까요. 모두들 '그만하면 됐지'라며 자족하기도 합니다.

문제는 지금부터입니다.
자신의 인생을 자각하고 즐기고 싶어하며, 삶의 의미가 진정 무엇인지 깨달을 수 있는 지금부터가 사실은 문제입니다. 인생의 의미를 재는 잣대도, 소비 패턴도 복잡한 시대가 되었습니다. 스웨덴 등 풍요로운 사회에서는 자살자가 상대적으로 많습니다. 우리도 그 전철을 밟을 단계에 들어선 겁니다. 그래서 문제는 지금부터란 말입니다.
우리의 기적 같은 경제 발전도 따지고 보면 마음고생을 많이 한 덕분입니다. 입시, 낙방, 불행 등 어릴 때부터 느끼기 시작한 공포와 불안은 대학 입시, 학원, 직장 생활을 거치면서 쭉 지속됩니다. 어느 집단에 속하든 만만치 않은 경쟁에 휩쓸리게 됩니다. 스트레스가 실로 엄청납니다. 하지만 이 모든 것을 모아놓고 보면 바로 이것이 국가 경쟁력이자 국력이었던 겁니다. 허나, 이미 가버린 인생은 다시는 회복되지 못합니다. 그래서 인생의 무의미함을 느끼는 빈도에 대한 질문은 한국인의 현재 위치를 보여주는 매우 흥미로운 질문이기도 합니다. 우리 사회가 비로소 인생의 의미를 찾으면서 복잡하게 생각하기 시작했음을 알려주는 지표라고 할 수 있습니다.

● Gallup Korea Polls

인생의 의미를 느끼는 정도			인생의 무의미함 생각 정도			
매우 의미	어느 정도 의미	의미 없다 (%)	자주 생각	가끔 생각	거의 생각 안 함	전혀 생각 안 함 (%)
28	62	9	4	47	35	13
90%			51%		48%	

    이 질문은 결국 '철학적인 생각을 가져보았는가'를 묻는 것인데, 앞선(인생의 의미를 느끼는가) 질문에서 반수 이상의 사람들이 '우리의 삶은 의미가 있는 삶'이라고 말하면서도 동시에 인생의 의미에 '회의'를 느낀 적이 있으며 '이렇게 사는 것이 다는 아니다'라는 생각도 하고 있다는 겁니다. 비로소 우리 사회도 서구처럼 복잡하고 심화된 그리고 세련된 인생의 의미를 추구하기 시작했다는 사실을 알려주고 있는 것이죠.
    앞으로 철학자뿐 아니라 우리 사회의 인문, 사회학자들의 역할과 책임이 매우 크다는 것을 느끼게 하는 항목입니다.

"한국인의 에너지는 남성에서 여성으로 이동 중"

_ 황경식 교수

한국인은 능동적, 긍정적인 반면 덜 철학적

이 조사 결과를 보면 아직도 한국인들은 긍정적이고 능동적인 사고를 하고 있음을 알 수 있습니다. 즉, 한국인 대다수는 아직 삶에 대한 회의나 허무주의에 깊이 빠져 있지 않다는 뜻이기도 합니다. 물론 인생의 고비가 찾아올 때마다 가끔씩 회의감이 들 수도 있습니다. 그러나 본질적으로 한국인들은 니힐리즘(허무주의)과 거리가 멀다고 봅니다.

이런 측면은 이웃나라 일본과 비교할 때 한국인들이 매우 적극적 사고 방식을 갖고 있는 민족이라는 것을 보여줍니다. 비근한 예로 2002년 월드컵 당시를 떠올려보면 될 겁니다. 세계 어느 나라 국민도 그렇게 흥을 한 곳으로 표출한 적은 없습니다. 하나의 계기가 주어지면 함께 일어나는 특성은 한국인을 잘 표현하는 단초가 될 겁니다. 그러나 이런 점이 마냥 좋은 것만은 아닙니다. 함께 유사한 반응을 한다는 것은 그만큼 네트워킹이 밀접하게 되어 있다는 것이고, 이 말은 우리가 아직도 혈연이나 지연 혹은 학연 등을 우선시하는 연고적(緣故的) 특성을 갖고 있다는 말도 됩니다. 연고를 중시하는 나라일수록 친지나 친구가 많습니다. 따라서 생을 바라보는 태도가 회의적이거나 허무주의적이기 어렵습니다. 반면, 연고주의가 발달하지 않은 나라, 예를 들면 미국 같은 경우를 보면 쉽게 허무에 빠지고 그래서 알

코올 중독도 많은 편입니다.

　우리는 연고주의에 기반한 긍정적이고 능동적인 사고 방식을 바탕으로 해방 이후 불과 50년 만에 세계 어느 나라도 보여주지 못한 경이로운 발전을 이루었습니다. 바로 이 점이 한국의 자산입니다. 반면, 덜 철학적이고, 고민이 심각하지 않다는 점을 단점으로 들 수도 있습니다. 지나친 즉흥성이 정치뿐 아니라 사회 전반에 걸쳐 흘러 넘치는 것도 그 때문입니다.

　우리나라 여성들의 삶은 억압의 굴레 속에서 성장해 나이가 들면서 비로소 억압이 풀리는 형태를 띱니다. 오늘날의 60세 이상 여성들이 바로 이 세대에 속합니다. 남녀칠세부동석男女七歲不同席, 남녀유별男女有別의 유교적 문화에서 교육 받고 자랐지만, 자식들을 키우는 과정에서 서구화가 진행되었고 이제 젊은 여성들은 자신들의 젊은 시절과는 비교도 안 될 권리를 누리는 삶을 살아갑니다. 이런 시점에서 자신의 삶을 뒤돌아보면 왠지 인생을 낭비한 것처럼 느껴져 절망감이 발 밑에서부터 차오릅니다. 현재 60세 이상 여성들의 생에 대한 회의감은 분명 어느 세대보다 높을 겁니다.

　이태수 교수는 40년쯤 지나면 어떻게 될지 궁금하다 하셨는데 제 생각입니다만, 앞으로 한국인의 에너지는 여성들에게 옮겨붙을 것이라 봅니다. 전반적으로 유교 문화의 영향력이 약화되면서 한국 남성들의 원동력도 약해지는 중입니다. 반면, 민주화와 서구화가 진행되면서 여성들의 혁명은 무르익어가고 있습니다. 따라서 한국인의 에너지는 여성들에 의해 불붙고, 그들에 의해 가능성을 열어갈 것으로 보입니다.

"40%는 우리 사회의 개인화의 척도로 볼 수 있을 것"

_ 송영배 교수

여성들은 공격적으로, 남성들은 여성적으로 변하는 중

저는 좀 다르게 보고 싶은데, 이 수치는 오히려 사람들이 삶이나 현실에 만족보다 불만을 많이 느낀다는 것을 나타내는 게 아닐까 싶습니다. 현재의 삶에 최고 점수는 줄 수 없다는 것이죠. 거기에 비해 '인생이 무의미하다는 생각을 전혀 혹은 별로 하지 않는다'는 50%의 사람들은 맹목적인 삶을 살고 있다고 말할 수 있지 않을까요? 이른바 사회의 자정 능력을 상실한 사람들이 여기에 속할 텐데, 이 수치는 결코 작지 않지요. 이들은 선거 같은 데에는 관심이 없는 사람들입니다. 우리 사회가 나아갈 방향을 결정하는 데 약 절반이 '포기' 혹은 '기권'을 택하는 태도를 갖고 있다고 생각해보십시오. 심각한 문제를 보여주는 지표인지도 모릅니다.

자료를 보면 약 50%의 사람들이 종종 인생의 허무함을 느낀다고 나와 있습니다. 이것을 철학적 견지에서 해석하는 건 어쩌면 사실을 '철학'이란 가치관을 중심으로 왜곡되게 해석하는 것인지도 모릅니다. 오히려 이 사람들을 우리 사회가 불안정하고 문제가 있다고 생각하는 사람들로 보아야 맞지 않을까요. 물론 나머지가 문제를 못 느끼는 사람들이냐 하면 꼭 그렇게 볼 수만은 없겠죠. 선거에 무관심하고, 타인의 삶에 거리를 두고 사는 사람들은 폐쇄된 개인주의적인 사고를 갖고 작은 차원의 편안함과 즐거움만을 추구하는 경향성을 보입니다.

이 조사에 등장하는 50%라는 수치는 그런 의미에서 우리 사회의 개인화의 척도라고 보아도 무방하리라 생각됩니다. 경제력이 높을수록, 소득 수준이 높을수록 이들은 타인에 대한 배려가 줄어드는 대신 자신과 가족만 생각하는 경향이 강합니다. 데이터를 확인해보시고, 그렇게 나와 있다면 제 추측이 크게 잘못되지 않았다는 걸 입증하는 셈이 될 겁니다.

한국인은 삶에 다소 어려움을 겪기는 하지만 노래와 술 등을 통해 난관을 쉽게 극복해가는 민족성을 갖고 있습니다. 그런데 이런 민족성을 가진 사람들이 나이를 먹다 보니 노인층이 증가하고 그럴수록 자본주의에서의 생존력이라 할 수 있는 수입이나 소비력은 점점 줄어듭니다. 그러니 나이가 들수록 남성이나 여성이나 인생이 허망하다는 생각을 더 많이 하게 되지요. 특히 50대 이상의 여성들에게서는 그 전에 보지 못했던 '이상異狀 에너지'가 발산됩니다. 황 교수께서는 여성들에게로 사회의 중심 축이 이동한다고 하셨는데, 다른 관점에서 보면 이는 '이상 에너지' 같습니다. 여성들이 훨씬 공격적으로 변하는 데 반해, 남성들은 여성화되고 있거든요. 그 결과 예전에는 없던 '황혼 이혼' 같은 현상들이 나타나고 있구요.

저는 이런 현상들이 과연 바람직한 것인지를 놓고 고민해봐야 한다고 생각합니다. 과거의 여성들은 남성과 자식에 대한 책임감을 갖고 삶의 압박에도 불구하고 가정을 탄력 있게 지탱해왔습니다. 이제 그런 압박들이 사라지고 해제됐는데도 이 같은 현상들이 생겨나는 게 과연 긍정적인 결과만을 우리에게 가져다 줄지 우려되기 때문입니다. 그렇다고 과거로 돌아가자는 건 아닙니다. 다만 여성들이 이전부터 가지고 있던 본질적인 미덕美德조차 다 버리고 남성화되어가는 현상이 문제로 보일 뿐입니다.

● Gallup Korea Polls

인생의 의미와 허무감

(%)

구분		매우 의미 있다	어느 정도 의미 있다	별로 의미 없다	전혀 의미 없다
전체		28	62	8	0
허무감 느끼는 빈도	자주 생각	21	38	36	5
	가끔 생각	20	70	9	–
	거의 생각 안 함	29	65	6	–
	전혀 생각 안 함	61	34	4	–

한국인의
철학
11

죽음을 망각한 한국인:
한국인의 현세주의적 철학관

삶의 의미와 죽음에 대한 생각은 밀접한 관련이 있는 것처럼 보인다. 죽음이 있기에 삶에 대해서도 자각할 수 있기 때문이다. 어쩌면 태초의 철학은 이 죽음에 대한 관심에서 싹튼 것일지도 모른다. 그렇기에 죽음을 생각하는 빈도를 알아보는 것은 한국인의 인생관과 철학관을 살펴보는 데 매우 유용하다. 조사 결과, 한국인의 56%는 '평소 죽음에 대해 자주 또는 가끔 생각' 하는 것으로 나타났다. 반면, '거의 또는 전혀 생각하지 않는다'는 응답도 43%나 되었다. 전문가들은 이러한 결과가 한국인의 현세주의적 철학관에서 유래한 것이라고 해석한다.

"한국인들의 죽음을 망각하는 태도" _ 황경식 교수

사후 세계에 대한 논의가 전무한 유교의 특징

죽음에 대해 별로 혹은 전혀 생각하지 않는 40%에 초점을 맞춰야 할 것 같습니다. 세계 평균은 정확히 모르지만 이 수치는 분명 많은 편이라고 확신합니다. 만 20세 이상 남녀들이 죽음에 대해 이처럼 무심無心한 경우는 우리나라를 제외하고는 찾기 힘듭니다. 이것은 한국인들의 현세적 특징과 관계가 깊다고 봅니다.

우리의 전통은 유교적 배경이 매우 강합니다. 유교의 특징 가운데 하나가 사후 세계에 대한 논의가 전무하다는 것인데, 그 영향으로 말미암아 우리는 애써 죽음을 혹은 사후 세계의 존재 여부를 외면하려는 경향이 강합니다. 아예 생각을 않거나 잊어버리려 하는 것이지요.
 그래서 현실 세계에 대한 집착이 강합니다. 이런 얘기도 있잖습니까. '개똥밭에 굴러도 저승보다 이승이 낫다'는. 이 속담이야말로 한국인들의 죽음에 대한 입장을 설명하는 단초라고 봅니다. 얼마나 한국인들이 현세적이고, 인간 중심적인가 하는 것은 건국 신화를 봐도 알 수 있습니다. 신이었던 환웅桓雄도 인간으로 내려옵니다. 심지어 동물도 인간이 되고 싶어 동굴 속에서 고행을 합니다. 그렇게 해서 우리 조상이 시작됐다는 거지요. 우리 민족만큼 생에 집착하는 민족은 드물 겁니다.
 이런 특징은 때때로 우리의 사고진화思考進化에 걸림돌이 되곤 합니다. 특히 죽음에 임박해 죽음을 준비하는 태도에 문제가 많습니다. 예컨대 안락사安樂死에 대해 우리 사회는 아직도 공적公的인 담론조차 형성되질 않습니다. 이유는 효孝 이데올로기와 충돌하기 때문입니다. 이때 효란 죽음을 앞둔 사람의 입장을 고려 않은, 살아남은 자식들의 입장만을 생각하는 사고 방식입니다. 의사들이 이미 소생 가망이 없는 환자로 판명해도 유가족들은 "마지막 가시는 길인데 최선을 다해 치료해주십시오"라고 간청합니다. 입원해서 사망한 환자를 대상으로 의료비를 조사한 결과가 있는데 50%가 죽기 한두 달 전에 사용한 의료비입니다. 이는 한국인의 망사성忘死性(죽음을 망각하는 태도)을 보여주는 대표적인 사례가 될 겁니다.

독일의 실존주의 철학자 하이데거(1889~1976)는 "인간은 죽음에 이르는 존재Sein Zum Tode"라고 했습니다. 죽음을 알아야 비로소 자신의 실존實存을 찾는 존재가 바로 인간이란 얘깁니다. 그런데 죽음을 애써 회피하면 할수록 사람은 잡담이나 유행, 호기심에 몰입하게 됩니다. 그렇게 살아선 안 된다는 걸, 하이데거는 지적한 겁니다. 그는 죽음을 미리 체험해야 제대로 산다고 한 겁니다. 자신의 죽음을 미리 체험함으로써 진정한 삶을 살게 된다고 주장한 하이데거는 그런 면에서 죽음에의 선구적先驅的 결단을 강조한 철학자이지요.

어느 외국 종교학자는 "한국인은 내세가 없는 사람처럼 산다. 그래서 아등바등거리며 사소한 일조차 목숨을 걸 듯한다"고 평했습니다.

제 생각도 크게 다르지 않습니다. 한국인은 죽음에 대한 성찰이 매우 부족한 상태입니다. 그러나 요즘은 종교에서조차 죽음을 회피하는 경향이 있는 것 같습니다. 기복종교적祈福宗教的 특징이 더 강화되어 그런지 종교가 사후 세계를 준비하도록 도와주기보다는 자본주의 상업화되는 경향이 더 큰 듯합니다. 우리 사회 전체가 반성해야 할 부분입니다.

● Gallup Korea Polls

죽음에 대해 생각하는 빈도 (%)

자주 생각	가끔 생각	거의 생각 안 함	전혀 생각 안 함
7	49	30	13
56%		43%	

죽음 생각 빈도 – 허무감 빈도별 (%)

죽음에 대한 생각		자주 한다	가끔 한다	별로 안 함	전혀 안 함
전체		7	49	30	13
허무감 빈도	자주	34	44	11	9
	가끔	6	66	22	6
	별로	4	35	47	13
	전혀	8	31	21	40

"유교적 입장에서는 잘 사는 것이 잘 죽는 것"

_ 송영배 교수

한국인에겐 영혼 문제가 뚜렷하지 않은 것이 서양인과의 차별점

독일에서만 10년을 살다 왔는데, 기독교인들이 상당히 많습니다. 특히 사회복지가 잘 되어 있어 안정적이지요. 주말에 교회를 가보면 젊은이는 거의 없고 죄다 노인들입니다. 그 이유는 교회가 노인 복지 센터의 역할을 하고 있기 때문입니다. 특히 '삶을 마감하는 사람들을 위한 준비'라는 느낌이 강했습니다. 현세의 고통에 대한 배려와 내세에 대한 준비라는 측면에서 그러했지요.

유교적 입장에서는 잘 죽는 것은 잘 사는 것입니다. 잘 사는 것은 큰 사람 즉, 대인大人, 덕德 있는 사람으로 살라는 것이지요. 덕 있는 사람이란 생활에서 힘에 부치는 사람이 있으면 함께 끌고 가는 사람을 말합니다. 이처럼 대인은 개인적 이기주의자가 아닌 타인을 배려하는 사람을 말합니다. 현실과 생명을 긍정적으로 본다는 대덕주의大德主義죠. 이렇게 살다 가는 것이 유교인의 삶이자 죽음입니다.

하지만 한국인들에게 있어 영혼 문제는 서양인들에서처럼 뚜렷하지 않습니다. 이 점이 그들과 다른 점입니다. 유교의 영향인데, 유교에서는 공자조차 사후에 대해 언급하지 않았습니다. 현세 중심적 사고가 강한 점도 유교의 특징이지요. 오직 살아 있는 세계에 관해서만 관심을 기울입니다. 그래서 신神도 이 세계에 있다고 생각합니다. 동양 사상에서 신神은 만물을 창조하고 주관하는 주재자主宰者가 아니라 개개인의 내면에 존재하는 양심입니다. 모든 것은 자연의 변화에 따른다는 것이지요. 따라서 생명 사상도 서양과 다릅니다. 생명은 기氣의 모임체이고, 죽음은 기의 해체라고 봅니다. 이때 자기는 생명의 중간 담지자擔持者일 뿐이고, 조상으로부터 기를 받아 가꾸어 자손에게 물려주는 것이 인생이라고 보는 것이죠.

이것을 두고 삶을 죽음보다 낫게 생각하는 것으로 잘못 해석하는 경향이 있는데 그건 아닙니다. 공자처럼, 어차피 죽음 이후의 세계를 모르니 살아 있을 때 덕을 많이 베풀고 그로 인해 타인으로부터 인정을 받는다면 그의 죽음 역시 좋은 죽음일 것이라고 보는 겁니다.

한국인의 40%가 죽음을 전혀 또는 별로 생각하지 않는다는 조사 결과는 우리가 심각하게 생각하지 않고 현세적으로 살아간다는 이야기이기도 합니다.

한국인의
철학

12

서민들의 생활 철학, '점'

한국인의 21%는 '철학' 하면 '점'을 떠올린다. 궁합, 사주, 운세 등을 봐주는 '동양 철학관' 간판이 우리 생활 주변에 널려 있기 때문일까. 직접 돈을 내고 점을 본 사람도 국민 10명 가운데 4명에 이른다. '점' 하면 철학을 떠올리는 사회. 의외로 전문가들은 철학과 점 사이에 상당한 공통점이 있다고 하는데……

"불안정한 우리 사회의 특징" _ 이태수 교수

서양과 다른 동양의 점술

서양에서는 철학을 'philosophy'라 하는데, 그리스어로 두 단어를 합성한 것이죠. '필로philo'는 '좋아하다, 사랑하다'는 뜻의 접두사이고, '소피sophy'는 학문을 의미하여 철학을 '애지愛知의 학문'이라 했습니다. 그러나 점술은 'divination'으로 표기하며 철학과 점술 사이의 상관 관계가 전혀 없음을 언어를 통해서도 발견할 수 있습니다. 그런데 우리의 경우 점술가들이 '동양 철학관'을 운운합니다. 동양의 점술은 동양 철학과 전혀 무관할까요? 점술과 철학과의 관계는 서양 철학과 동양 철학의 차이를 엿보는 계기가 되기도 합니다.

우리나라에 서양 철학이 유래한 배경에는 일본인들의 힘이 컸습니다. 그들은 먼저 서양 철학을 번역한 뒤, 동양 사상 가운데에서 서양 철학에 가까운 것들을 찾아 양대 학문 간의 연관관계를 유추하며 유사 개념들을 찾는 논의를 자연스럽게 했습니다. 그러면서 "동양에도 서양 철학과 유사한 것들이 있다"는 말이 등장하기 시작했고 급기야 '동양 철학'이란 말도 생겨났던 겁니다. 즉, 원래 존재한 동양 사상에 대해 서양 철학적 관점으로 조망한 것이 이른바 '동양 철학'인 셈입니다. 이 과정에서 경계가 모호한 단어나 어원이 확실치 않은 말들이 많이 생겨날 수밖에 없었지요. 특히 『주역周易』이 그러합니다. 『주역』은 대자연 속의 천지만물이 끊임없이 변화하는 원리를 설명하고 풀이한 주周나라 시대의 책으로 유교의 3대 경전 가운데 하나에 속할 만큼 동양 사상의 핵심적 위치에 있습니다. 동시에 『주역』은 점술의 관점에서도 해석이 가능합니다. 바로 이 같은 특징이 일반인들 사이에서 동양 철학의 한 부분이 점술인 것처럼 인식되어온 겁니다.

반면 서양의 경우 철학이 시작된 고대 희랍 시대에서부터 오늘날에 이르기까지 철학과 점술과의 만남은 거의 없었습니다. 다만 철학자들 사이에서 '믿을 수 있나 없나'를 두고 한 시절 논의한 적은 있지만, 점 자체의 유용성보다는 미래에 관한 문장이 현재에도 '참'일 수 있는지, 없는지에 관한 논의에 머물렀습니다. 즉, '지금 이 시점에서 확정된 미래의 진리가 있을 수 있는가, 혹은 있을 수 없는가'에 관한 논리적 쟁점에 그쳤을 뿐입니다. 이처럼 점이 갖는 사회적 기능이 서양에서는 일찍이 공적公的 영역에서 제외된 채 사적私的이고 비주류 영역에 머물렀고 주류 철학에서는 거론조차 되지 않았습니다. 반면, 동양에서는 오랫동안 점술의 존재가 공적 영역에서도 인정되곤 했지요. 이러한 흔적들이 현대 한국에서도 동양 철학의 한 모습으로 남아 있지만, 주류 철학에 영향을 미치지는 못합니다.

　한국갤럽의 조사 결과를 보면 점에 관한 경험치가 응답자들의 교육 수준, 직업, 소득 수준과 거의 무관함을 알 수 있습니다. 이것은 우리 사회가 갖는 특징으로 해석할 수 있을 겁니다. 우리가 서구식 학문으로 교육을 하고 있지만 우리의 내면은 아직도 서구식 학문 체계에 완전히 장악된 것은 아니며, 많이 배웠든, 적게 배웠든 우리의 신념 체계가 바뀌지 않았음을 보여주는 자료라 할 수 있겠지요. 그렇다면 우리를 둘러싼 환경에 눈을 돌려볼 필요가 있습니다. 서양의 경우 대다수 사회가 답답하리만치 안정되어 있습니다. 사람들은 안정될수록 미래에 대한 관심이 적어집니다. 안정된 사회일수록 미래에 대한 예측력이 높아지기 때문이지요. 그에 비해 우리 사회의 안정성은 상대적으로 낮은 편에 속한 것은 아닐까요. 미래에 대한 관심도가 높아질수록 점에 대한 의존도 역시 높아지기 마련입니다. 여자의 경우 신데렐라의 꿈을 좇고 남자들은 단 한 방에 인생역전을 시도하려는 경향이 농후하다면 이는 그만큼 우리 사회가 변화가 많고 안정성이 낮다는 것을 의미합니다.

저명한 일본의 여류 경제학자는 한국 사회를 두고 '너무 재미있는 사회'라고 평한 적이 있었습니다. 일본의 경제는 교수가 살피건 기자가 살피건 너무 평이해서 특별한 이슈 거리가 나올 수 없다고 합니다. 반면, 한국은 어느 날 갑자기 IMF 사태에 빠지더니 금 모으기 운동을 시작했고 얼마 지나지 않아 IMF에서 탈출하는 등 지구상에서 가장 다이내믹한 사회라고 평했습니다. 찬찬히 들어보면 그만큼 우리가 사는 사회가 '재미있는 사회'라고도 할 수 있을 겁니다.

● Gallup Korea Polls

'철학' 하면 무엇이 떠오르십니까?

점과 관련된 용어	21%
어렵고 재미없다	20%
철학적 관념	16%
철학자	15%
인생의 본질	12%

운명은 '타고난다' vs '만들어진다'

- 타고난다: 24 (%)
- 만들어진다: 62 (%)

"다양한 선택의 길을 제시했던 옛 생활의 지혜"

_ 황경식 교수

우리의 점술은 선택 제시형

우리나라에서 '철학'이 가시화(可視化)된 예로는 '철학관' 뿐이라고 생각합니다. 미아리 고개에 몰려 있는 점집들 대개가, 그리고 전국에 산재한 점집들 대부분이 '무슨 무슨 철학관'이란 간판을 내걸어 '철학'을 시각화했습니다. 이로 인해 일반인들에게 철학에 대한 오해가 생겨났다고 할 수 있습니다.

하지만 긍정적으로 볼 만한 측면도 있습니다. 과거 우리 사회의 민도(民度)가 아주 낮았을 때 점집 혹은 점술가들은 일반인들의 삶에 가이드라인을 제시해주고 일종의 카운슬러 역할도 했습니다.

특히 우리나라의 점술은 다른 나라처럼 '결정론적 발상'을 멀리하고 '주체의 결단'을 열어두고 있었다는 측면에 주목할 필요가 있습니다. '결정론적 발상'의 점이란 미래가 이미 확정되어 있어 주체자에게는 선택의 여지가 없는 예측이지요. 반면 우리나라의 점은 '이러저러할 것인데, 당신이 어떻게 하면 결과는 어떻게 될 것이며……' 식으로 선택의 다양한 가능성을 제공해 주체자의 결단을 되묻고 있습니다. 그러다 보니 생활의 지혜와도 어떤 측면에서는 일맥상통하기도 했지요. 서양에서는 어려우면 주로 철인(哲人)을 만나 조언을 얻듯, 우리는 무당 같은 점술가들을 만나곤 했습니다. 이런 측면에서 반드시 부정적으로 해석할 부분은 아닌 듯합니다.

물론 과학이나 인지가 덜 발달한 시대에 사회적 역할을 했다는 뜻이지 요즘 같은 세상에서도 많이 의존한다면 문제겠지요. 하여간 우리의 점은 발상 자체가 결정론이 아닌 지침에 가까웠다는 겁니다.

"유교를 대신한 일반 서민의 생활 철학" _ 송영배 교수

유교는 엘리트만의 철학, 서민에겐 전통적 점술이 함께했다

점에 관해서는 다른 측면도 살펴볼 필요가 있을 겁니다. 동양 철학에서 점을 말한다면, 그 기원이 『주역』과 깊은 관련이 있다는 것은 누구나 다 아는 사실입니다. 그런데 이 『주역』이 최초로 형성된 연대는 거의 신석기 시대의 고대 사회로 거슬러 올라갑니다. 이태수 교수님은 고대 희랍에서 '철학'이 '애지'로서 '공적'인 문제를 다루는 것인 데 반해, 점divination은 순전히 '사적'인 흥미거리로 치부되었다고 말했는데, 이 말의 뜻을 상당한 인지가 축적된 이후의 문명 단계에서 '필로소피아'가 생겨났다는 말로 이해할 수 있을 것입니다. 그런데 중국 고대 사회에서는, 이런 문명 진화 단계의 맨 처음인 신석기 단계에서 '점서'로서 『주역』이 형성되기 시작한 것입니다. 말하자면, 신석기 시대 씨족 집단이 치러내야 할 씨족 공동체의 공적 사업, 즉, 전쟁, 농사, 제사 등을 성공적으로 수행하기 위한 객관적 상황 파악의 필요가 바로 『주역』 탄생의 시원입니다. 이렇게 점을 통해 파악한 객관 상

황은 대개 네 부류: 길吉(아주 좋음), 흉凶(아주 나쁨), 회悔(약간 나쁨), 인吝(상당히 나쁨)으로 구분됩니다. 그런데 어떤 점괘, 즉 어떤 상황도 그 자체로 행위자의 운세를 그것대로 규제할 능력이 없다는 점입니다. 왜냐하면 흉凶, 즉 객관 상황이 '아주 나쁜 경우'라도, 행위자가 극도로 주의하고 경계하면, 염려했던 나쁜 결과는 얼마든지 피할 수 있다는 말입니다. 반면, 길吉, 즉 현재 상황이 '아주 좋다'는 점괘를 보고 행위자가 방심하고 나태해진다면 그는 사태를 제대로 파악하지 못하기 때문에 나중에는 실패, 즉 화를 입을 수 있다는 말입니다. 따라서 점괘가 '길'하다고 무조건 좋은 것도 아니고, 점괘가 '흉'하다고 무조건 나쁜 것도 아닙니다.

이렇게 모든 행위는 점괘와 관계없이 행위자가 얼마나 조심하고 경계하며 일을 추진하느냐는 행위자 자신의 주체적 판단과 노력이 첫째이고, 점괘는 그저 참고 사항에 해당될 뿐입니다. 그래서 『주역』 공부를 많이 한 학자일수록 점 자체에는 별 의미를 부과하지 않습니다. 그에게 중요한 것은, 혹시 점괘를 얻는다면 그것을 통하여 행위자의 각성과 경계심을 높여서 일의 성공률을 높이려는 교육적 배려입니다. 이런 점에서 바로 『주역』이 단순히 점서가 아니고, 그것이 철학서가 되는 명백한 이유가 있는 것입니다. 그러나 교활한 점술사가 『주역』을 오용하여 우매한 민중들을 혹세무민하는 데에서 그 폐단이 따르는 것입니다. 적어도 한국에서 철학 하는 사람이라면, 『주역』의 이런 본래의 철학적 의미와 오용을 구분할 수 있어야 할 것입니다.

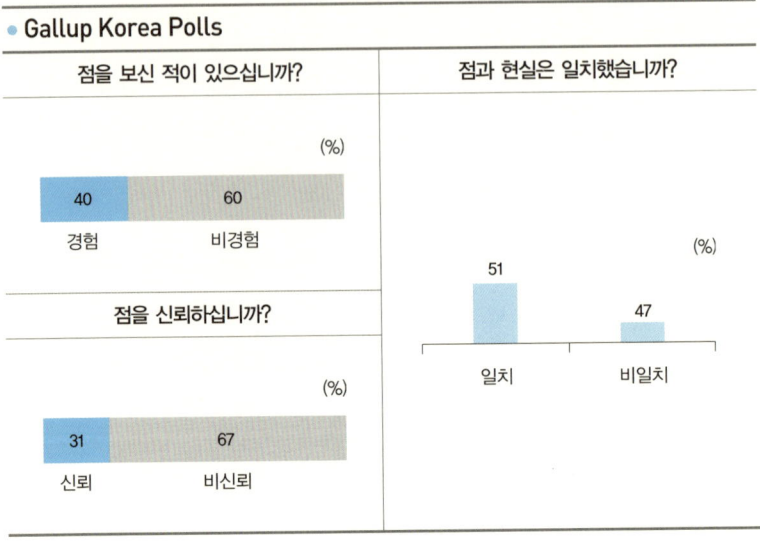

 우리 전통 사회는 유교 문화를 중심으로 하는데, 문제는 유교가 일반 서민들이 아닌 지식인들의 생활 철학이었다는 점에 주목할 필요가 있습니다. 특히 유교를 이데올로기로 삼은 조선은 초기에 불교를 매우 억제했거든요. 그러니 지식 계층의 철학인 유교가 일반 서민들의 고통을 제대로 수습할 수 없었습니다. 우리처럼 유교를 통치 이념으로 삼았던 중국의 경우는 불교와 도교가 서민들을 수습했지요. 이러다 보니 조선시대의 일반 서민들은 상대적으로 정화수를 떠놓고 비는 등 전통적 자연 종교인 미신에 의존하는 경향이 컸습니다. 그렇다고 해서 기복신앙이 주류를 이룬 것은 아니었지요.
 기복신앙이 한국인에게 깊숙이 침투한 시기는 20세기에 들어와서부터입니다. 식민지 시절 시작된 서민들의 고초는 뒤이어 벌어진 한

국 전쟁을 통해서도 계속되었습니다. 이 과정에서 종래의 자연 종교 사상관이 기복적으로 변질된 것으로 봅니다. 그리고 거의 동시에 기독교가 유입되면서 무력한 민초들의 기복신앙심과 맞아 떨어지지 않았나 생각하는 거죠.

동양은 전통적 자연 종교 사상관이 있었고 그것이 불교나 도교와 융합되면서 민간 신앙으로 면면히 내려왔습니다. 조선 후기의 우리 사회도 크게 다르지 않았지요. 그러나 식민 시대와 한국 전쟁을 거치면서 생존 경쟁이 격화되자 본래적 특성을 잃어버리고 기복화되었다고 봅니다. 그럼에도 불구하고 한국인의 기복신앙적 특성은 다른 나라에 비해 심각한 수준은 아닙니다. 대만이나 중국 상인들은 매우 미신적인데, 이들은 심지어 푸줏간 옆에도 도교 사원을 세우고 운을 빕니다. 우리는 그런 장소엔 부정 탈 곳이라 멀리해도 그들은 신경 쓰지 않습니다. 푸줏간 옆이라도 향불을 피우고 죽은 후의 내세를 위해서가 아니라 오직 살아 있는 현재를 위한 복과 무병無病을 기원합니다. 대단히 현세적인 기복신앙이 아닐 수 없지요.

"지적 갈증을 해갈하려는 동기는 철학과 동일"

_ 손동현 교수

철학과 점술의 공통점

언젠가 KBS TV와 전화 인터뷰를 하게 된 적이 있었는데, 우리 사회의 점 시장 규모가 수조 원이라는 뉴스에 대한 저의 의견을 구하는 것이었습니다. 방송사 측에서는 우려된다는 식의 의견을 듣고 싶어 했는데, 제가 대뜸 "점은 철학과 공통점이 있습니다"라고 하니 당시 박찬숙 앵커가 몹시 당황하던 표정이 기억납니다.

점과 철학의 공통점은 출발선 상에만 있는데, 이 세계를 총체적으로 이해하고 그 토대 속에서 '나와 내가 포함된 공동체가 앞으로 어떤 준비를 해야 하는가' 라는 지적 구조의 공통점입니다. 인간과 세계를 총체적으로 알고 싶은 지적 갈증을 충족시키려는 기본 동기 면에서만 같은 거죠.

하지만 요즘의 점은 그런 면에서 볼 때 개인 위주로 타락한 점이랄 수 있습니다. 과거에는 당대의 모든 지식을 동원하고도 별다른 방도가 보이지 않을 때 의사 결정을 위해 점에 의지했지요. 거북 등껍질이나 동물 뼈들로 혹은 별자리로 점을 치는 행위는 당대 사람들이 어떤 세계관을 갖고 있는지 보여줍니다. 이처럼 점과 철학은 탐구의 속성이 같다고 할 수 있지요.

그러나 인류 문명이 발전해 이제는 과학적 지식에 의존하는 환경이 되었지요. 많은 일들이 사회과학이나 자연과학의 범주에서 탐구되고 제시되며 대부분 여기서 선택을 합니다. 이제는 더 이상 점에 신뢰를 갖는 시대가 아닌 거죠.

철학에 대한 인식

인생의 의미와 가치관

가정과 가족관

윤리관, 운명관, 종교관

국가관과 사회관, 정치의식

한국인의 철학
제3부

자료
_교차 집계표

" 이 조사는 2009년 12월 15일부터 2010년 1월 5일까지 제주도를 제외한 전국의 만 19세 이상 남녀 1,503명을 개별면접하여 자료를 수집했다. 조사대상자는 최신 행정구역과 주민등록인구통계자료를 바탕으로 층화대표구를 추출한 후 해당 지역에서 선정했으며, 최대허용표본오차한계는 ±2.5%포인트다. 조사에 협조해주신 1,503명 중에는 남성이 749명, 여성은 754명이었고, 연령별로는 만 19~29세 316명, 30대 340명, 40대 348명, 50대 247명, 그리고 60세 이상 252명이 포함되어 있다. 거주 지역별로는 서울 319명, 인천/경기 422명, 강원 48명, 대전/충청 153명, 광주/전라 155명, 대구/경북 164명, 부산/울산/경남 242명이다. "

응 답 자 특 성

	사례수	%
■ 전 체 ■	(1503)	100.0
■ 성 별 ■		
남 자	(749)	49.8
여 자	(754)	50.2
■ 연 령 별 ■		
20 대	(316)	21.0
30 대	(340)	22.6
40 대	(348)	23.2
50 대	(247)	16.4
60세 이상	(252)	16.8
■ 성 / 연령별 ■		
남자 20 대	(163)	10.8
30 대	(173)	11.5
40 대	(177)	11.8
50 대	(124)	8.3
60세이상	(112)	7.5
여자 20 대	(153)	10.2
30 대	(167)	11.1
40 대	(171)	11.4
50 대	(123)	8.2
60세이상	(140)	9.3
■ 지 역 별 ■		
서 울	(319)	21.2
인천 / 경기	(422)	28.1
강 원	(48)	3.2
대전 / 충청	(153)	10.2
광주 / 전라	(155)	10.3
대구 / 경북	(164)	10.9
부산 / 울산 / 경남	(242)	16.1
■ 지역크기별 ■		
대 도 시	(709)	47.2
중소 도시	(654)	43.5
읍 / 면	(140)	9.3
■ 종교별 ■		
불 교	(333)	22.2
개 신 교	(373)	24.8
천 주 교	(117)	7.8
기 타	(13)	.9
종교 없음	(667)	44.4

1. 철학에 대한 인식

표 1-1-1. 철학 자유 연상(카테고리)

문) 귀하께서는 '철학'하면 무엇이 떠오르십니까?
그 다음으로는 무엇이 떠오르십니까? 어떤 내용이라도 좋으니,
생각나시는 대로 오른쪽 답란에 두 개까지 적어주십시오.

	사례수	점(占)과 관련된 말	어렵고 따분하다	철학적 관념	철학자 (가)	인생에 대한 말	철학과 관련된 이론/책/명언	학문(배움)과 연관된 말
		%	%	%	%	%	%	%
■ 전체 ■	(1503)	20.6	19.6	15.9	14.6	11.8	9.4	4.8
■ 성별 ■								
남자	(749)	16.4	18.9	19.2	16.2	12.1	9.1	4.3
여자	(754)	24.7	20.3	12.5	13.0	11.5	9.7	5.3
■ 연령별 ■								
20대	(316)	13.3	23.8	19.1	21.7	7.6	11.4	8.0
30대	(340)	20.0	17.5	20.7	19.7	12.1	14.4	5.6
40대	(348)	20.6	21.9	16.3	13.6	17.5	8.4	3.3
50대	(247)	26.8	20.4	14.2	9.1	10.5	7.1	3.0
60세 이상	(252)	24.1	13.3	6.3	5.6	9.9	3.8	3.6
■ 성/연령별 ■								
남자 20대	(163)	12.3	21.4	20.3	18.2	7.5	8.6	5.9
30대	(173)	13.7	16.3	28.1	22.2	11.8	13.7	5.9
40대	(177)	17.4	23.5	17.4	14.1	18.8	7.4	4.0
50대	(124)	21.1	17.1	19.5	12.2	11.4	9.8	1.6
60세이상	(112)	19.5	14.1	6.3	11.7	9.4	4.7	3.1
여자 20대	(153)	14.4	26.3	17.8	25.4	7.6	14.4	10.2
30대	(167)	26.6	18.8	13.0	17.2	12.5	15.1	5.2
40대	(171)	24.0	20.3	15.1	13.0	16.1	9.4	2.6
50대	(123)	32.6	23.7	8.9	5.9	9.6	4.4	4.4
60세이상	(140)	27.8	12.7	6.3	.8	10.3	3.2	4.0
■ 지역별 ■								
서울	(319)	26.3	18.9	14.7	12.5	9.0	2.9	5.8
인천/경기	(422)	12.9	16.1	14.9	17.6	12.3	9.4	3.1
강원	(48)	26.3	13.1	18.3	23.5	8.4	4.2	9.3
대전/충청	(153)	15.6	23.1	18.8	13.2	12.3	7.2	1.6
광주/전라	(155)	8.1	18.0	17.3	12.1	5.2	13.8	3.7
대구/경북	(164)	32.3	18.2	26.8	10.5	11.6	19.4	13.4
부산/울산/경남	(242)	28.5	27.8	8.3	15.7	19.1	10.7	2.5
■ 지역크기별 ■								
대도시	(709)	22.7	22.2	13.7	12.9	11.7	8.4	4.7
중소도시	(654)	18.3	18.0	17.4	16.8	12.6	11.1	5.0
읍/면	(140)	20.1	14.0	19.4	13.1	8.6	6.3	4.4
■ 종교별 ■								
불교	(333)	27.4	21.0	16.8	12.4	13.0	9.4	5.7
개신교	(373)	19.6	20.6	15.4	13.1	9.8	9.4	3.7
천주교	(117)	19.8	22.1	16.6	20.3	17.5	6.7	3.7
기타	(13)	60.3	8.7	26.5	10.1	7.0	14.8	10.1
종교없음	(667)	17.1	18.2	15.3	15.7	11.3	9.8	5.1

(continued)

표 1-1-1. 철학 자유 연상(카테고리)

문) 귀하께서는 '철학'하면 무엇이 떠오르십니까?
   그 다음으로는 무엇이 떠오르십니까? 어떤 내용이라도 좋으니,
   생각나시는 대로 오른쪽 답란에 두 개까지 적어주십시오.

	현실과의 거리감	종교와 연관된 말	심오하고 깊이 있다	가난하고 배고프다	기타	없다/모름/무응답
	%	%	%	%	%	%
■ 전　　　체 ■	2.8	2.4	2.3	.9	6.5	22.9
■ 성　별 ■						
남　　　자	3.3	2.0	2.3	.9	7.1	22.5
여　　　자	2.2	2.7	2.4	.9	5.9	23.2
■ 연　령　별 ■						
20　　　대	3.0	2.3	2.3	.0	8.4	18.3
30　　　대	1.6	2.9	3.5	2.6	5.9	16.3
40　　　대	3.7	2.4	2.3	.5	5.8	19.1
50　　　대	4.0	2.0	1.5	1.2	7.1	23.9
60세 이상	1.5	2.1	1.7	.0	5.2	41.6
■ 성 / 연령별 ■						
남자20　대	2.7	.5	3.7	.0	7.5	23.5
30　대	.7	3.3	3.3	2.6	6.5	17.0
40　대	4.7	2.7	2.0	.0	5.4	17.4
50　대	6.5	2.4	.8	1.6	8.9	21.1
60세이상	2.3	.8	.8	.0	7.8	39.1
여자20　대	3.4	4.2	.8	.0	9.3	12.7
30　대	2.6	2.6	3.6	2.6	5.2	15.6
40　대	2.6	2.1	2.6	1.0	6.3	20.8
50　대	1.5	1.5	2.2	.7	5.2	26.7
60세이상	.8	3.2	2.4	.0	3.2	43.7
■ 지　역　별 ■						
서　　　울	1.2	2.8	2.8	.3	4.7	21.8
인천 / 경기	1.5	1.7	1.6	1.2	6.2	28.4
강　　　원	4.3	5.1	.0	.0	8.1	24.8
대전 / 충청	3.2	1.7	1.3	1.2	11.0	26.7
광주 / 전라	2.1	2.1	3.1	.0	8.5	35.3
대구 / 경북	3.6	3.9	2.9	1.8	10.1	5.6
부산 / 울산 / 경남	6.3	2.0	3.4	1.2	2.4	15.6
■ 지역크기별 ■						
대　도　시	3.1	2.2	2.9	.9	4.8	20.6
중소　도시	2.4	2.8	2.1	1.1	7.0	23.6
읍 / 면	2.5	1.7	.6	.0	12.3	30.6
■ 종교별 ■						
불　　　교	2.7	2.4	2.4	.5	4.5	20.4
개　신　교	2.6	3.2	2.5	.5	8.2	23.6
천　주　교	.0	2.8	2.2	.0	6.8	15.9
기　타	.0	.0	8.7	.0	14.8	15.5
종교 없음	3.4	1.9	2.1	1.5	6.3	25.1

표 1-1-2-1. 철학에 대한 견해 - 공부하기 어려운 학문

문) 귀하께서는 다음 제시된 각 항목에 대해 '그렇다'고 생각하십니까,
    '아니다'라고 생각하십니까? 각각 응답해주십시오.
    - 철학은 공부하기 어려운 학문이다

	사례수	그렇다	아니다	모름/무응답	계
		%	%	%	%
■ 전 체 ■	(1503)	77.4	12.8	9.9	100.0
■ 성 별 ■					
남자	(749)	78.2	13.6	8.2	100.0
여자	(754)	76.6	11.9	11.5	100.0
■ 연 령 별 ■					
20대	(316)	76.5	14.6	8.9	100.0
30대	(340)	80.2	13.7	6.1	100.0
40대	(348)	75.7	15.7	8.6	100.0
50대	(247)	80.2	10.9	8.9	100.0
60세 이상	(252)	74.3	7.0	18.7	100.0
■ 성/연령별 ■					
남자20대	(163)	75.9	17.1	7.0	100.0
30대	(173)	81.7	11.8	6.5	100.0
40대	(177)	75.8	16.8	7.4	100.0
50대	(124)	78.9	12.2	8.9	100.0
60세이상	(112)	78.9	7.8	13.3	100.0
여자20대	(153)	77.1	11.9	11.0	100.0
30대	(167)	78.6	15.6	5.7	100.0
40대	(171)	75.5	14.6	9.9	100.0
50대	(123)	81.5	9.6	8.9	100.0
60세이상	(140)	70.6	6.3	23.0	100.0
■ 지 역 별 ■					
서울	(319)	70.2	17.0	12.8	100.0
인천/경기	(422)	77.5	13.3	9.2	100.0
강원	(48)	75.5	8.5	15.9	100.0
대전/충청	(153)	72.8	18.5	8.8	100.0
광주/전라	(155)	72.8	13.5	13.7	100.0
대구/경북	(164)	84.2	6.1	9.7	100.0
부산/울산/경남	(242)	88.1	7.5	4.3	100.0
■ 지역크기별 ■					
대도시	(709)	77.7	11.6	10.7	100.0
중소 도시	(654)	77.6	14.4	8.0	100.0
읍 면	(140)	74.5	11.0	14.5	100.0
■ 종 교 별 ■					
불교	(333)	81.9	9.9	8.2	100.0
개신교	(373)	72.1	15.3	12.6	100.0
천주교	(117)	77.9	16.4	5.8	100.0
기타	(13)	60.3	31.8	7.9	100.0
종교 없음	(667)	78.4	11.7	9.9	100.0
■모든학문의기초					
그렇다	(815)	86.3	11.7	2.0	100.0
아니다	(422)	75.4	21.6	3.0	100.0
모름/무응답	(266)	53.3	2.0	44.7	100.0
■인생의의미와가치					
그렇다	(1015)	84.1	13.1	2.8	100.0
아니다	(253)	76.8	20.4	2.8	100.0
모름/무응답	(235)	49.3	2.9	47.8	100.0
■내삶에필요학문					
그렇다	(565)	82.9	14.2	3.0	100.0
아니다	(700)	81.3	14.6	4.1	100.0
모름/무응답	(238)	52.8	4.0	43.1	100.0

표 1-1-2-2. 철학에 대한 견해 - 모든 학문의 기초

문) 귀하께서는 다음 제시된 각 항목에 대해 '그렇다'고 생각하십니까,
   '아니다'라고 생각하십니까? 각각 응답해주십시오.
   - 철학은 모든 학문의 기초가 되는 학문이다

	사례수	그렇다	아니다	모름/ 무응답	계
		%	%	%	%
■ 전　　　체 ■	(1503)	54.2	28.1	17.7	100.0
■ 성　　별 ■					
남　　자	(749)	56.3	30.4	13.3	100.0
여　　자	(754)	52.2	25.8	22.0	100.0
■ 연　령　별 ■					
20　　대	(316)	47.0	36.7	16.3	100.0
30　　대	(340)	57.7	29.3	13.1	100.0
40　　대	(348)	61.3	25.6	13.1	100.0
50　　대	(247)	54.8	24.7	20.5	100.0
60세 이상	(252)	48.4	22.4	29.2	100.0
■ 성 / 연령별 ■					
남자20　　대	(163)	46.5	40.1	13.4	100.0
30　　대	(173)	57.5	31.4	11.1	100.0
40　　대	(177)	61.1	26.2	12.8	100.0
50　　대	(124)	57.7	29.3	13.0	100.0
60세이상	(112)	59.4	22.7	18.0	100.0
여자20　　대	(153)	47.5	33.1	19.5	100.0
30　　대	(167)	57.8	27.1	15.1	100.0
40　　대	(171)	61.5	25.0	13.5	100.0
50　　대	(123)	51.9	20.0	28.1	100.0
60세이상	(140)	39.7	22.2	38.1	100.0
■ 지　역　별 ■					
서　　울	(319)	49.4	35.1	15.5	100.0
인천 / 경기	(422)	57.3	29.0	13.7	100.0
강　　원	(48)	44.0	23.3	32.7	100.0
대전 / 충청	(153)	54.5	27.9	17.6	100.0
광주 / 전라	(155)	44.3	30.0	25.6	100.0
대구 / 경북	(164)	55.2	19.4	25.4	100.0
부산 / 울산 / 경남	(242)	62.8	22.9	14.3	100.0
■ 지역크기별 ■					
대　도　시	(709)	56.4	26.7	16.8	100.0
중소　도시	(654)	53.5	28.6	17.9	100.0
읍 / 면	(140)	46.5	32.2	21.3	100.0
■ 종　교　별 ■					
불　　교	(333)	61.1	23.4	15.5	100.0
개　신　교	(373)	50.2	32.2	17.6	100.0
천　주　교	(117)	54.8	31.3	13.9	100.0
기　　타	(13)	15.7	49.0	35.4	100.0
종교 없음	(667)	53.7	27.1	19.2	100.0
■공부어려운학문					
그　렇　다	(1163)	60.5	27.4	12.2	100.0
아　니　다	(192)	49.8	47.4	2.7	100.0
모름 / 무응답	(148)	11.0	8.7	80.3	100.0
■인생의미와가치					
그　렇　다	(1015)	71.7	21.3	7.0	100.0
아　니　다	(253)	25.6	69.1	5.3	100.0
모름 / 무응답	(235)	9.5	13.3	77.1	100.0
■내삶에필요학문					
그　렇　다	(565)	83.3	12.1	4.5	100.0
아　니　다	(700)	42.0	47.1	11.0	100.0
모름 / 무응답	(238)	21.1	10.1	68.8	100.0

표 1-1-2-3. 철학에 대한 견해 - 인생의 의미와 가치 탐구

문) 귀하께서는 다음 제시된 각 항목에 대해 '그렇다'고 생각하십니까,
    '아니다'라고 생각하십니까? 각각 응답해주십시오.
    - 철학은 인생의 의미와 가치를 탐구하는 학문이다

	사례수	그렇다	아니다	모름/무응답	계
		%	%	%	%
■ 전체 ■	(1503)	67.5	16.8	15.6	100.0
■ 성별 ■					
남자	(749)	69.6	17.8	12.6	100.0
여자	(754)	65.4	15.9	18.7	100.0
■ 연령별 ■					
20대	(316)	69.1	17.5	13.4	100.0
30대	(340)	67.4	18.5	14.0	100.0
40대	(348)	72.7	15.2	12.1	100.0
50대	(247)	65.8	17.1	17.1	100.0
60세 이상	(252)	60.4	15.7	24.0	100.0
■ 성/연령별 ■					
남자20대	(163)	66.3	23.5	10.2	100.0
30대	(173)	68.6	16.3	15.0	100.0
40대	(177)	72.5	14.8	12.8	100.0
50대	(124)	70.7	17.9	11.4	100.0
60세이상	(112)	70.3	16.4	13.3	100.0
여자20대	(153)	72.0	11.0	16.9	100.0
30대	(167)	66.1	20.8	13.0	100.0
40대	(171)	72.9	15.6	11.5	100.0
50대	(123)	60.7	16.3	23.0	100.0
60세이상	(140)	52.4	15.1	32.5	100.0
■ 지역별 ■					
서울	(319)	69.9	15.6	14.5	100.0
인천/경기	(422)	70.3	17.0	12.7	100.0
강원	(48)	52.6	19.0	28.4	100.0
대전/충청	(153)	65.0	16.6	18.3	100.0
광주/전라	(155)	57.2	19.9	22.9	100.0
대구/경북	(164)	64.5	15.4	20.1	100.0
부산/울산/경남	(242)	72.9	16.7	10.4	100.0
■ 지역크기별 ■					
대도시	(709)	69.7	15.4	14.9	100.0
중소도시	(654)	66.8	19.3	14.0	100.0
읍/면	(140)	60.1	12.3	27.6	100.0
■ 종교별 ■					
불교	(333)	71.7	13.8	14.5	100.0
개신교	(373)	65.0	19.7	15.3	100.0
천주교	(117)	71.1	18.4	10.5	100.0
기타	(13)	53.1	21.7	25.3	100.0
종교 없음	(667)	66.5	16.4	17.1	100.0
■공부어려운학문					
그렇다	(1163)	73.3	16.7	10.0	100.0
아니다	(192)	69.5	26.9	3.6	100.0
모름/무응답	(148)	19.3	4.8	75.9	100.0
■모든학문의기초					
그렇다	(815)	89.3	7.9	2.8	100.0
아니다	(422)	51.2	41.4	7.4	100.0
모름/무응답	(266)	26.8	5.0	68.2	100.0
■내삶에필요학문					
그렇다	(565)	93.7	4.6	1.8	100.0
아니다	(700)	58.7	32.0	9.3	100.0
모름/무응답	(238)	31.3	1.4	67.3	100.0

표 1-1-2-4. 철학에 대한 견해 - 내 삶에 필요한 학문

문) 귀하께서는 다음 제시된 각 항목에 대해 '그렇다'고 생각하십니까, '아니다'라고 생각하십니까? 각각 응답해주십시오.
 - 철학은 내 삶에 필요한 학문이다

	사례수	그렇다 %	아니다 %	모름/무응답 %	계 %
■ 전체 ■	(1503)	37.6	46.6	15.8	100.0
■ 성별 ■					
남자	(749)	38.2	48.2	13.6	100.0
여자	(754)	37.0	45.0	18.0	100.0
■ 연령별 ■					
20대	(316)	33.6	50.3	16.1	100.0
30대	(340)	41.9	45.5	12.6	100.0
40대	(348)	41.8	45.6	12.6	100.0
50대	(247)	33.9	49.8	16.3	100.0
60세 이상	(252)	34.6	41.5	23.9	100.0
■ 성/연령별 ■					
남자20대	(163)	27.8	59.4	12.8	100.0
30대	(173)	43.1	45.8	11.1	100.0
40대	(177)	40.9	44.3	14.8	100.0
50대	(124)	37.4	46.3	16.3	100.0
60세이상	(112)	42.2	43.8	14.1	100.0
여자20대	(153)	39.8	40.7	19.5	100.0
30대	(167)	40.6	45.3	14.1	100.0
40대	(171)	42.7	46.9	10.4	100.0
50대	(123)	30.4	53.3	16.3	100.0
60세이상	(140)	28.6	39.7	31.7	100.0
■ 지역별 ■					
서울	(319)	36.9	48.3	14.8	100.0
인천/경기	(422)	33.4	53.5	13.1	100.0
강원	(48)	34.4	43.7	21.9	100.0
대전/충청	(153)	35.7	43.3	21.0	100.0
광주/전라	(155)	42.0	38.5	19.5	100.0
대구/경북	(164)	45.7	33.5	20.8	100.0
부산/울산/경남	(242)	39.3	49.0	11.7	100.0
■ 지역크기별 ■					
대도시	(709)	40.2	45.3	14.5	100.0
중소도시	(654)	35.8	48.5	15.6	100.0
읍/면	(140)	32.6	43.7	23.7	100.0
■ 종교별 ■					
불교	(333)	43.2	43.3	13.5	100.0
개신교	(373)	37.8	45.1	17.1	100.0
천주교	(117)	31.8	57.7	10.4	100.0
기타	(13)	33.6	41.1	25.3	100.0
종교 없음	(667)	35.8	47.1	17.1	100.0
■ 공부어려운학문					
그렇다	(1163)	40.3	48.9	10.8	100.0
아니다	(192)	41.7	53.3	5.0	100.0
모름/무응답	(148)	11.4	19.4	69.2	100.0
■ 모든학문의기초					
그렇다	(815)	57.8	36.1	6.2	100.0
아니다	(422)	16.2	78.1	5.7	100.0
모름/무응답	(266)	9.6	28.8	61.5	100.0
■ 인생의미와가치					
그렇다	(1015)	52.2	40.5	7.3	100.0
아니다	(253)	10.2	88.5	1.3	100.0
모름/무응답	(235)	4.3	27.6	68.1	100.0

표 1-2-1. 철학 관련 독서량

문) 귀하께서는 지금까지 살아오시면서 철학과 관련된 책을 몇 권 정도 읽어보셨습니까? 숫자로 적어주십시오.

	사례수	철학과 관련된 책을 읽은 적이 없음	1~2권	3~4권	5~9권	10권 이상	모름/ 무응답	계	(평균)
		%	%	%	%	%	%	%	권
■ 전　체 ■	(1503)	74.0	11.0	5.6	3.2	6.1	.1	100.0	(2.14)
■ 성　별 ■									
남　자	(749)	72.0	10.3	5.2	4.1	8.3	.0	100.0	(2.80)
여　자	(754)	76.0	11.6	6.0	2.4	3.9	.1	100.0	(1.48)
■ 연　령　별 ■									
20　대	(316)	74.5	11.9	5.2	4.5	3.8	.0	100.0	(1.09)
30　대	(340)	70.3	11.7	6.4	2.6	9.0	.0	100.0	(2.53)
40　대	(348)	66.7	11.3	8.3	5.5	7.9	.3	100.0	(3.41)
50　대	(247)	77.9	10.5	5.1	.8	5.6	.0	100.0	(1.79)
60세 이상	(252)	84.6	8.7	2.0	1.7	2.9	.0	100.0	(1.52)
■ 성/연령별 ■									
남자 20 대	(163)	79.1	8.0	3.7	4.8	4.3	.0	100.0	(1.09)
30 대	(173)	71.2	10.5	4.6	2.6	11.1	.0	100.0	(2.97)
40 대	(177)	63.8	10.7	8.7	6.7	10.1	.0	100.0	(4.36)
50 대	(124)	70.7	11.4	6.5	1.6	9.8	.0	100.0	(3.12)
60세이상	(112)	77.3	11.7	1.6	3.9	5.5	.0	100.0	(2.21)
여자 20 대	(153)	69.5	16.1	6.8	4.2	3.4	.0	100.0	(1.08)
30 대	(167)	69.3	13.0	8.3	2.6	6.8	.0	100.0	(2.07)
40 대	(171)	69.8	12.0	7.8	4.2	5.7	.5	100.0	(2.42)
50 대	(123)	85.2	9.6	3.7	.0	1.5	.0	100.0	(.44)
60세이상	(140)	90.5	6.3	2.4	.0	.8	.0	100.0	(.97)
■ 지　역　별 ■									
서울	(319)	74.0	12.2	4.3	3.2	6.0	.3	100.0	(1.79)
인천 / 경기	(422)	68.1	11.1	6.2	5.4	9.2	.0	100.0	(2.90)
강원	(48)	82.0	6.1	.0	.0	12.0	.0	100.0	(4.61)
대전 / 충청	(153)	71.1	11.8	7.7	2.7	6.6	.0	100.0	(4.01)
광주 / 전라	(155)	74.1	10.2	9.2	2.1	4.4	.0	100.0	(1.70)
대구 / 경북	(164)	78.1	11.1	6.6	1.6	2.5	.0	100.0	(.77)
부산 / 울산 / 경남	(242)	81.6	10.1	3.4	2.4	2.6	.0	100.0	(.80)
■ 지역크기별 ■									
대　도　시	(709)	74.3	12.0	6.1	3.1	4.4	.1	100.0	(1.83)
중소　도시	(654)	71.8	10.3	5.4	3.8	8.8	.0	100.0	(2.64)
읍면　지역	(140)	82.5	9.3	4.4	1.5	2.2	.0	100.0	(1.33)
■ 종　교　별 ■									
불　교	(333)	74.5	8.9	7.4	2.9	6.2	.0	100.0	(1.84)
개신교	(373)	71.4	13.2	4.7	3.5	7.0	.2	100.0	(2.35)
천주교	(117)	76.7	7.9	5.2	2.5	7.7	.0	100.0	(3.68)
기　타	(13)	74.1	25.9	.0	.0	.0	.0	100.0	(.35)
종교 없음	(667)	74.7	11.0	5.4	3.5	5.4	.0	100.0	(1.93)

표 1-2-2. 관심 있는 철학 분야

문) 귀하께서는 다음 중 어떤 철학 분야에 가장 관심이 많으십니까?
한 가지만 선택해주십시오.

	사례수	동양철학	윤리학	논리학	형이상학	사회정치철학	인식론	기타	관심 있는 철학 분야가 없다	모름/무응답
		%	%	%	%	%	%	%	%	%
■ 전체 ■	(1503)	11.2	9.8	4.3	4.0	3.6	.9	.4	53.1	12.6
■ 성별 ■										
남자	(749)	10.9	9.6	4.7	4.4	5.1	1.0	.5	54.2	9.6
여자	(754)	11.5	10.1	3.9	3.5	2.2	.9	.3	52.1	15.6
■ 연령별 ■										
20대	(316)	10.8	10.0	6.0	3.8	5.5	.6	.7	49.9	12.6
30대	(340)	11.9	11.0	6.5	4.8	2.3	1.8	.3	49.7	11.9
40대	(348)	13.8	11.2	4.4	5.5	3.9	.9	.6	52.4	7.4
50대	(247)	9.4	9.9	2.0	3.5	4.0	.4	.0	57.6	13.2
60세 이상	(252)	8.8	6.2	1.1	1.5	2.3	.8	.3	58.6	20.4
■ 성/연령별 ■										
남자20대	(163)	7.5	7.5	5.3	4.3	7.5	1.1	.5	54.5	11.8
30대	(173)	11.8	8.5	7.2	5.9	2.0	2.0	.7	50.3	11.8
40대	(177)	12.1	9.4	4.0	4.7	6.7	.7	.7	53.7	8.1
50대	(124)	12.2	13.0	4.1	4.1	5.7	.0	.0	55.3	5.7
60세이상	(112)	10.9	10.9	1.6	2.3	3.1	.8	.8	59.4	10.2
여자20대	(153)	14.4	12.7	6.8	3.4	3.4	.0	.8	44.9	13.6
30대	(167)	12.0	13.5	5.7	3.6	2.6	1.6	.0	49.0	12.0
40대	(171)	15.6	13.0	4.7	6.3	1.0	1.0	.5	51.0	6.8
50대	(123)	6.7	6.7	.0	3.0	2.2	.7	.0	60.0	20.7
60세이상	(140)	7.1	2.4	.8	.8	1.6	.8	.0	57.9	28.6
■ 지역별 ■										
서울	(319)	8.1	5.6	4.5	2.1	5.4	.7	.7	57.8	15.1
인천/경기	(422)	9.3	13.3	4.3	4.2	2.0	1.2	.0	53.9	11.8
강원	(48)	15.8	10.0	4.2	2.3	2.5	.0	.0	46.3	18.7
대전/충청	(153)	9.5	7.8	5.8	4.8	7.4	1.2	.0	48.3	15.4
광주/전라	(155)	20.2	10.5	2.1	2.3	4.2	1.1	2.1	44.6	12.9
대구/경북	(164)	11.8	7.6	5.3	10.9	1.1	.5	.5	39.5	22.8
부산/울산/경남	(242)	12.5	11.8	3.6	2.3	3.2	.9	.0	64.8	1.0
■ 지역크기별 ■										
대도시	(709)	10.2	8.3	3.4	2.6	4.5	.4	.4	58.4	11.7
중소도시	(654)	12.2	12.4	5.1	4.7	2.7	1.5	.5	48.8	12.2
읍면	(140)	11.1	5.7	5.1	7.6	3.5	.6	.0	46.8	19.6
■ 종교별 ■										
불교	(333)	17.0	10.3	3.5	2.1	3.5	1.0	.3	52.0	10.3
개신교	(373)	9.6	10.8	3.9	6.1	2.7	1.0	.6	52.4	13.2
천주교	(117)	9.7	8.0	4.7	3.5	5.0	1.0	.0	54.8	13.4
기타	(13)	14.8	18.0	.0	6.8	.0	7.0	.0	44.7	8.7
종교없음	(667)	9.4	9.3	4.9	3.8	4.0	.7	.4	54.1	13.4
■ 철학관심층 ■										
철학책 0권	(1113)	7.6	6.3	2.8	1.6	1.4	.3	.2	64.5	15.4
철학책 1권이상	(390)	21.4	19.9	8.5	10.9	10.0	2.6	1.2	20.7	4.8

표 1-3-1-1. 생각나는 우리나라 철학자

문) '우리나라 철학자'로는 어떤 철학자가 가장 먼저 생각나십니까?
그 다음으로는 어떤 분이 생각나십니까? 돌아가신 분과 현존하는 분을
모두 포함하여 오른쪽 답란에 두 명까지 적어주십시오.

	사례수	%
■ 전 체 ■	1503	100.0
율곡 이이	109	7.3
도올 김용옥	99	6.6
퇴계 이황	81	5.4
정약용	67	4.5
김구	8	.6
함석헌	6	.4
안병욱	6	.4
정몽주	5	.4
원효	5	.3
이정우	4	.3
안호상	4	.2
고형곤	4	.2
이익	3	.2
김태길	3	.2
성철 스님	3	.2
탁석산	3	.2
백운산	3	.2
이외수	3	.2
유형원	3	.2
백운학	3	.2
최치원	2	.1
박제가	2	.1
장영실	2	.1
정도전	2	.1
토정 이지함	2	.1
이순신	2	.1
이어령	2	.1
이영희	2	.1
기타	46	3.0
없다/ 모름/ 무응답	1146	76.2

표 1-3-1-2. 생각나는 동양 철학자

문) 그럼, '동양의 철학자' 중에서 생각나는 철학자를 두 명까지 적어주십시오.

	사례수	%
■ 전 체 ■	1503	100.0
공자	696	46.3
맹자	492	32.8
노자	81	5.4
순자	35	2.3
간디	23	1.5
장자	14	.9
율곡 이이	13	.8
퇴계 이황	7	.5
김구	6	.4
석가모니	5	.3
도올 김용옥	4	.3
주자	3	.2
정약용	3	.2
백운산	2	.2
부처	2	.1
달라이 라마	2	.1
기타	19	1.2
없다/ 모름/ 무응답	682	45.4

표 1-3-1-3. 생각나는 서양 철학자

문) 이번에는 '서양의 철학자' 중에서 생각나는 철학자를 두 명까지 적어주십시오.

	사례수	%
■ 전　　체 ■	1503	100.0
소크라테스	613	40.8
아리스토텔레스	220	14.6
플라톤	95	6.3
칸트	78	5.2
데카르트	29	2.0
니체	26	1.7
괴테	25	1.7
루소	25	1.6
스피노자	14	.9
파스칼	8	.5
뉴턴	8	.5
톨스토이	7	.5
갈릴레오	5	.3
헤겔	5	.3
아인슈타인	5	.3
노스트라다무스	5	.3
프랜시스 베이컨	5	.3
지그문트 프로이트	5	.3
피타고라스	4	.3
히포크라테스	4	.3
홉스	3	.2
예수	3	.2
하이데거	3	.2
칼 융	2	.1
짐 론	2	.1
키르케고르	2	.1
토마스 아퀴나스	2	.1
존 듀이	2	.1
기타	20	1.3
없다/ 모름/ 무응답	648	43.1

표 1-3-2. 가장 훌륭한 철학자

문) 귀하께서는 동서양을 통틀어 가장 훌륭한 철학자가 누구라고 생각하십니까? 돌아가신 분과 현존하는 분을 모두 포함하여 가장 훌륭한 철학자를 한 명만 적어주십시오.

	사례수	%
■ 전 체 ■	1503	100.0
공자	294	19.5
소크라테스	273	18.2
아리스토텔레스	42	2.8
맹자	39	2.6
칸트	21	1.4
율곡 이이	13	.9
정약용	12	.8
간디	12	.8
플라톤	10	.6
니체	9	.6
도올 김용옥	9	.6
노자	8	.5
데카르트	7	.5
루소	6	.4
예수	6	.4
석가모니	4	.3
장자	4	.3
아인슈타인	4	.3
괴테	4	.3
퇴계 이황	4	.2
백운산	2	.2
지그문트 프로이트	2	.2
스피노자	2	.1
부처	2	.1
원효	2	.1
김구	2	.1
이외수	2	.1
기타	37	2.4
없다/ 모름/ 무응답	673	44.8

표 1-4-1. 철학 공부와 윤리의식 관련성

문) 귀하께서는 철학 공부와 윤리의식이 얼마나 관련이 있다고 생각하십니까, 아니면 관련이 없다고 생각하십니까?

	사례수	① 매우 밀접한 관련이 있다	② 어느 정도 관련이 있다	①+②	③ 별로 관련이 없다	④ 전혀 관련이 없다	③+④	모름/ 무응답	계
		%	%	%	%	%	%	%	%
■ 전체 ■	(1503)	9.9	56.7	66.6	20.1	3.4	23.4	9.9	100.0
■ 성별 ■									
남자	(749)	11.2	54.7	65.9	22.6	3.4	26.0	8.2	100.0
여자	(754)	8.6	58.7	67.4	17.6	3.3	20.9	11.7	100.0
■ 연령별 ■									
20대	(316)	8.5	51.9	60.4	25.7	3.4	29.1	10.4	100.0
30대	(340)	10.7	55.4	66.2	23.8	2.6	26.5	7.4	100.0
40대	(348)	10.0	61.5	71.5	17.0	4.4	21.3	7.2	100.0
50대	(247)	11.4	63.0	74.4	13.8	3.9	17.7	7.9	100.0
60세 이상	(252)	9.0	51.7	60.7	18.3	2.5	20.7	18.5	100.0
■ 성/연령별 ■									
남자20대	(163)	8.6	51.3	59.9	26.7	4.3	31.0	9.1	100.0
30대	(173)	13.1	47.1	60.1	28.8	2.6	31.4	8.5	100.0
40대	(177)	8.1	63.1	71.1	16.8	4.0	20.8	8.1	100.0
50대	(124)	14.6	58.5	73.2	18.7	4.1	22.8	4.1	100.0
60세이상	(112)	13.3	53.9	67.2	20.3	1.6	21.9	10.9	100.0
여자20대	(153)	8.5	52.5	61.0	24.6	2.5	27.1	11.9	100.0
30대	(167)	8.3	64.1	72.4	18.8	2.6	21.4	6.3	100.0
40대	(171)	12.0	59.9	71.9	17.2	4.7	21.9	6.3	100.0
50대	(123)	8.1	67.4	75.6	8.9	3.7	12.6	11.9	100.0
60세이상	(140)	5.6	50.0	55.6	16.7	3.2	19.8	24.6	100.0
■ 지역별 ■									
서울	(319)	6.1	65.6	71.7	16.8	2.8	19.6	8.7	100.0
인천/경기	(422)	9.6	54.6	64.2	23.0	2.3	25.2	10.5	100.0
강원	(48)	3.9	44.3	48.2	21.1	10.9	32.0	19.9	100.0
대전/충청	(153)	18.0	51.4	69.4	21.7	1.7	23.4	7.1	100.0
광주/전라	(155)	13.6	48.4	62.0	14.8	7.4	22.2	15.8	100.0
대구/경북	(164)	16.7	49.1	65.8	17.3	3.0	20.3	13.9	100.0
부산/울산/경남	(242)	4.6	65.0	69.6	23.4	3.2	26.6	3.8	100.0
■ 지역크기별 ■									
대도시	(709)	9.6	61.2	70.8	18.1	3.4	21.5	7.7	100.0
중소도시	(654)	10.3	54.0	64.3	22.0	3.4	25.4	10.3	100.0
읍/면	(140)	9.6	46.7	56.3	20.9	3.3	24.2	19.4	100.0
■ 종교별 ■									
불교	(333)	10.5	58.2	68.8	18.3	2.3	20.6	10.7	100.0
개신교	(373)	10.3	53.4	63.8	20.5	4.6	25.1	11.2	100.0
천주교	(117)	12.3	58.2	70.4	21.1	1.7	22.8	6.7	100.0
기타	(13)	.0	65.5	65.5	17.2	8.7	25.9	8.7	100.0
종교 없음	(667)	9.2	57.4	66.5	20.6	3.4	24.0	9.5	100.0
■ 교육적효과 ■									
효과 있음	(663)	17.6	75.1	92.6	5.9	.5	6.4	1.0	100.0
효과 없음	(559)	5.1	44.4	49.5	40.3	7.4	47.7	2.8	100.0
모름/무응답	(280)	1.4	37.9	39.3	13.2	2.2	15.3	45.4	100.0

표 1-4-2. 고등학교 철학 수업의 교육적 효과

문) 현재 철학은 고등학교에서부터 정규 과목으로 개설되어 있습니다.
귀하께서는 고등학교에서의 철학 수업이 교육적 효과가 있다고 생각하십니까,
없다고 생각하십니까?

	사례수	효과가 있다 %	효과가 없다 %	모름/ 무응답 %	계 %
■ 전체 ■	(1503)	44.1	37.2	18.6	100.0
■ 성별 ■					
남자	(749)	42.5	41.4	16.2	100.0
여자	(754)	45.8	33.1	21.1	100.0
■ 연령별 ■					
20대	(316)	38.7	46.5	14.8	100.0
30대	(340)	43.9	42.0	14.0	100.0
40대	(348)	45.1	39.4	15.4	100.0
50대	(247)	48.4	30.6	21.0	100.0
60세 이상	(252)	45.7	22.6	31.7	100.0
■ 성/연령별 ■					
남자20대	(163)	35.3	53.5	11.2	100.0
30대	(173)	38.6	46.4	15.0	100.0
40대	(177)	43.0	40.3	16.8	100.0
50대	(124)	47.2	38.2	14.6	100.0
60세이상	(112)	53.1	21.1	25.8	100.0
여자20대	(153)	42.4	39.0	18.6	100.0
30대	(167)	49.5	37.5	13.0	100.0
40대	(171)	47.4	38.5	14.1	100.0
50대	(123)	49.6	23.0	27.4	100.0
60세이상	(140)	39.7	23.8	36.5	100.0
■ 지역별 ■					
서울	(319)	46.5	36.5	17.1	100.0
인천/경기	(422)	41.2	40.0	18.7	100.0
강원	(48)	40.9	34.5	24.6	100.0
대전/충청	(153)	48.3	36.9	14.8	100.0
광주/전라	(155)	45.4	30.9	23.7	100.0
대구/경북	(164)	55.6	21.2	23.2	100.0
부산/울산/경남	(242)	35.5	49.0	15.5	100.0
■ 지역크기별 ■					
대도시	(709)	45.5	38.9	15.6	100.0
중소도시	(654)	44.4	36.7	18.9	100.0
읍/면	(140)	36.3	31.1	32.5	100.0
■ 종교별 ■					
불교	(333)	46.9	32.6	20.4	100.0
개신교	(373)	45.7	35.3	19.0	100.0
천주교	(117)	40.2	41.2	18.5	100.0
기타	(13)	9.3	56.8	33.9	100.0
종교 없음	(667)	43.2	39.5	17.3	100.0
■ 철학기여도 ■					
많은 도움됨	(110)	83.7	12.9	3.5	100.0
어느정도도움됨	(752)	61.8	27.5	10.7	100.0
별로도움안됨	(396)	22.5	65.0	12.5	100.0
도움 안됨	(55)	2.0	86.5	11.5	100.0
모름/무응답	(191)	8.8	17.9	73.3	100.0

표 1-4-3. 국가 발전에 대한 철학의 기여도

문) 귀하께서는 철학이 국가 발전에 얼마나 도움이 된다고 생각하십니까,
아니면 도움이 되지 않는다고 생각하십니까?

	사례수	① 많은 도움이 된다	② 어느 정도 도움이 된다	①+②	③ 별로 도움이 되지 않는다	④ 전혀 도움이 되지 않는다	③+④	모름/ 무응답	계
		%	%	%	%	%	%	%	%
■ 전체 ■	(1503)	7.3	50.0	57.4	26.3	3.6	30.0	12.7	100.0
■ 성별 ■									
남자	(749)	9.6	47.6	57.1	29.4	3.8	33.2	9.7	100.0
여자	(754)	5.1	52.5	57.6	23.2	3.5	26.7	15.7	100.0
■ 연령별 ■									
20대	(316)	5.2	48.2	53.4	29.3	4.0	33.2	13.3	100.0
30대	(340)	9.8	48.7	58.5	29.1	3.8	32.9	8.6	100.0
40대	(348)	7.9	51.9	59.8	24.6	4.4	29.0	11.2	100.0
50대	(247)	8.4	55.1	63.5	21.5	5.1	26.6	9.9	100.0
60세 이상	(252)	4.7	46.6	51.3	26.0	.4	26.4	22.2	100.0
■ 성/연령별 ■									
남자20대	(163)	7.0	46.5	53.5	30.5	3.7	34.2	12.3	100.0
30대	(173)	11.8	41.8	53.6	34.6	3.9	38.6	7.8	100.0
40대	(177)	8.1	49.7	57.7	26.2	4.7	30.9	11.4	100.0
50대	(124)	13.0	49.6	62.6	25.2	5.7	30.9	6.5	100.0
60세이상	(112)	8.6	52.3	60.9	29.7	.0	29.7	9.4	100.0
여자20대	(153)	3.4	50.0	53.4	28.0	4.2	32.2	14.4	100.0
30대	(167)	7.8	55.7	63.5	23.4	3.6	27.1	9.4	100.0
40대	(171)	7.8	54.2	62.0	22.9	4.2	27.1	10.9	100.0
50대	(123)	3.7	60.7	64.4	17.8	4.4	22.2	13.3	100.0
60세이상	(140)	1.6	42.1	43.7	23.0	.8	23.8	32.5	100.0
■ 지역별 ■									
서울	(319)	5.8	53.7	59.5	26.0	4.2	30.3	10.2	100.0
인천/경기	(422)	5.8	55.7	61.5	23.8	3.6	27.4	11.0	100.0
강원	(48)	6.3	35.3	41.6	34.2	4.3	38.5	19.9	100.0
대전/충청	(153)	10.5	47.3	57.8	29.8	1.9	31.7	10.5	100.0
광주/전라	(155)	7.4	44.7	52.1	22.7	6.6	29.4	18.5	100.0
대구/경북	(164)	12.3	50.5	62.8	17.4	2.9	20.3	16.9	100.0
부산/울산/경남	(242)	6.8	43.0	49.8	35.6	2.4	38.0	12.2	100.0
■ 지역크기별 ■									
대도시	(709)	8.7	51.3	60.0	25.2	5.2	30.4	9.6	100.0
중소도시	(654)	6.4	51.4	57.8	25.8	2.2	28.0	14.2	100.0
읍/면	(140)	4.6	37.7	42.3	34.4	2.5	36.9	20.8	100.0
■ 종교별 ■									
불교	(333)	8.7	49.3	58.0	25.1	3.5	28.6	13.4	100.0
개신교	(373)	6.9	49.1	56.0	24.7	5.1	29.9	14.2	100.0
천주교	(117)	9.5	51.2	60.7	26.4	2.4	28.8	10.5	100.0
기타	(13)	.0	58.6	58.6	32.7	.0	32.7	8.7	100.0
종교 없음	(667)	6.6	50.6	57.2	27.7	3.1	30.8	12.0	100.0

표 1-4-4. 철학 전공 지지도

문) 귀하의 자녀나 가족 중 한 사람이 대학에서 철학을 전공하겠다고 하면 말리시겠습니까, 아니면 지원하시겠습니까?

	사례수	말리겠다	지원하겠다	본인이 알아서 할 일이라고 생각한다	모름/무응답	계
		%	%	%	%	%
■ 전 체 ■	(1503)	33.4	9.9	53.4	3.3	100.0
■ 성 별 ■						
남 자	(749)	31.4	11.1	55.0	2.5	100.0
여 자	(754)	35.4	8.7	51.8	4.2	100.0
■ 연 령 별 ■						
20 대	(316)	38.6	8.8	49.3	3.3	100.0
30 대	(340)	33.1	8.9	56.6	1.4	100.0
40 대	(348)	35.4	11.7	51.1	1.8	100.0
50 대	(247)	34.7	9.4	52.0	3.9	100.0
60세 이상	(252)	23.4	10.4	58.7	7.6	100.0
■ 성/연령별 ■						
남자 20대	(163)	35.8	10.7	50.3	3.2	100.0
30대	(173)	31.4	10.5	57.5	.7	100.0
40대	(177)	30.9	11.4	55.7	2.0	100.0
50대	(124)	31.7	10.6	53.7	4.1	100.0
60세이상	(112)	25.8	12.5	58.6	3.1	100.0
여자 20대	(153)	41.5	6.8	48.3	3.4	100.0
30대	(167)	34.9	7.3	55.7	2.1	100.0
40대	(171)	40.1	12.0	46.4	1.6	100.0
50대	(123)	37.8	8.1	50.4	3.7	100.0
60세이상	(140)	21.4	8.7	58.7	11.1	100.0
■ 지 역 별 ■						
서 울	(319)	34.9	11.2	50.5	3.5	100.0
인천/경기	(422)	25.6	9.8	60.3	4.3	100.0
강 원	(48)	34.4	2.7	58.3	4.6	100.0
대전/충청	(153)	44.7	8.6	46.0	.7	100.0
광주/전라	(155)	36.1	13.6	46.2	4.1	100.0
대구/경북	(164)	32.7	6.5	55.9	4.9	100.0
부산/울산/경남	(242)	36.7	10.2	51.9	1.2	100.0
■ 지역크기별 ■						
대 도 시	(709)	35.1	10.4	51.4	3.1	100.0
중소 도시	(654)	30.3	9.6	56.6	3.5	100.0
읍 / 면	(140)	39.6	8.3	48.4	3.7	100.0
■ 종 교 별 ■						
불 교	(333)	32.4	9.0	56.0	2.6	100.0
개신교	(373)	36.4	10.3	49.2	4.1	100.0
천주교	(117)	32.7	12.1	50.1	5.1	100.0
기 타	(13)	43.0	14.8	42.2	.0	100.0
종교 없음	(667)	32.3	9.5	55.3	3.0	100.0
■공부어려운학문						
그 렇 다	(1163)	33.6	10.1	53.7	2.6	100.0
아 니 다	(192)	37.6	11.4	50.5	.5	100.0
모름/무응답	(148)	26.9	5.9	54.7	12.6	100.0
■모든학문의기초						
그 렇 다	(815)	27.6	13.5	57.2	1.7	100.0
아 니 다	(422)	46.6	6.2	44.6	2.6	100.0
모름/무응답	(266)	30.6	4.4	55.6	9.4	100.0
■인생의미와가치						
그 렇 다	(1015)	30.5	12.0	55.5	1.9	100.0
아 니 다	(253)	49.1	5.6	43.4	1.9	100.0
모름/무응답	(235)	29.0	5.0	55.2	10.9	100.0
■내삶에필요학문						
그 렇 다	(565)	26.9	13.3	58.4	1.4	100.0
아 니 다	(700)	39.7	9.0	49.2	2.2	100.0
모름/무응답	(238)	30.4	4.3	54.0	11.3	100.0

2. 인생의 의미와 가치관

표 2-1-1. 인생의 의미 정도

문) 귀하께서는 우리 인생이 얼마나 의미가 있다고 생각하십니까,
아니면 의미가 없다고 생각하십니까?

	사례수	① 매우 의미가 있다	② 어느 정도 의미가 있다	①+②	③ 별로 의미가 없다	④ 전혀 의미가 없다	③+④	모름/ 무응답	계
		%	%	%	%	%	%	%	%
■ 전체 ■	(1503)	28.4	61.5	89.9	8.4	.4	8.8	1.3	100.0
■ 성별 ■									
남자	(749)	29.2	60.7	89.9	8.5	.5	9.1	1.1	100.0
여자	(754)	27.7	62.3	90.0	8.2	.4	8.6	1.5	100.0
■ 연령별 ■									
20대	(316)	31.5	57.8	89.3	9.5	.0	9.5	1.2	100.0
30대	(340)	25.8	66.2	92.0	6.2	.3	6.6	1.4	100.0
40대	(348)	29.8	61.9	91.6	8.1	.3	8.4	.0	100.0
50대	(247)	28.5	60.5	89.0	8.2	1.6	9.8	1.2	100.0
60세 이상	(252)	26.2	60.3	86.5	10.3	.3	10.7	2.8	100.0
■ 성/연령별 ■									
남자20대	(163)	38.0	52.4	90.4	9.6	.0	9.6	.0	100.0
30대	(173)	25.5	67.3	92.8	5.2	.7	5.9	1.3	100.0
40대	(177)	24.8	65.8	90.6	9.4	.0	9.4	.0	100.0
50대	(124)	33.3	52.8	86.2	9.8	1.6	11.4	2.4	100.0
60세이상	(112)	24.2	63.3	87.5	9.4	.8	10.2	2.3	100.0
여자20대	(153)	24.6	63.6	88.1	9.3	.0	9.3	2.5	100.0
30대	(167)	26.0	65.1	91.1	7.3	.0	7.3	1.6	100.0
40대	(171)	34.9	57.8	92.7	6.8	.5	7.3	.0	100.0
50대	(123)	23.7	68.1	91.9	6.7	1.5	8.1	.0	100.0
60세이상	(140)	27.8	57.9	85.7	11.1	.0	11.1	3.2	100.0
■ 지역별 ■									
서울	(319)	30.8	61.8	92.7	5.5	.9	6.4	1.0	100.0
인천/경기	(422)	27.1	64.6	91.6	7.2	.2	7.4	1.0	100.0
강원	(48)	55.3	42.0	97.3	2.7	.0	2.7	.0	100.0
대전/충청	(153)	35.1	55.4	90.5	7.1	.7	7.9	1.6	100.0
광주/전라	(155)	38.3	47.7	85.9	9.5	.6	10.0	4.0	100.0
대구/경북	(164)	32.7	55.0	87.7	10.5	.0	10.5	1.8	100.0
부산/울산/경남	(242)	8.9	76.7	85.6	14.0	.4	14.4	.0	100.0
■ 지역크기별 ■									
대도시	(709)	27.7	63.2	91.0	8.1	.5	8.6	.4	100.0
중소도시	(654)	29.9	59.7	89.6	8.5	.3	8.8	1.6	100.0
읍/면	(140)	24.9	61.5	86.4	9.1	.6	9.8	3.9	100.0
■ 종교별 ■									
불교	(333)	21.0	68.5	89.5	9.4	.3	9.7	.9	100.0
개신교	(373)	38.0	52.4	90.4	8.2	.2	8.5	1.2	100.0
천주교	(117)	33.4	58.9	92.4	5.0	1.6	6.7	1.0	100.0
기타	(13)	35.1	41.4	76.5	23.5	.0	23.5	.0	100.0
종교 없음	(667)	25.8	64.0	89.8	8.2	.5	8.7	1.6	100.0
■ 행복정도별 ■									
행복하다	(1240)	32.0	62.5	94.5	4.4	.2	4.6	.9	100.0
불행하다	(243)	9.0	59.6	68.6	28.1	1.6	29.7	1.7	100.0
모름/무응답	(20)	40.4	25.6	66.0	16.5	.0	16.5	17.4	100.0
■ 인생의무의미 ■									
생각하는편	(767)	20.3	67.0	87.3	11.3	.8	12.1	.6	100.0
생각안하는편	(715)	37.6	56.5	94.1	5.1	.1	5.2	.6	100.0
모름/무응답	(21)	14.0	28.2	42.2	11.1	.0	11.1	46.7	100.0
■ 죽음에대한생각 ■									
생각하는편	(848)	28.8	59.5	88.3	10.2	.7	10.9	.8	100.0
생각안하는편	(645)	28.2	64.8	93.0	5.9	.2	6.1	.9	100.0
모름/무응답	(10)	10.1	17.6	27.7	8.9	.0	8.9	63.4	100.0
■ 건강상태별 ■									
좋다	(945)	31.5	62.3	93.8	5.1	.4	5.5	.7	100.0
보통이다	(392)	22.7	62.2	84.9	13.8	.5	14.2	.9	100.0
좋지 않다	(163)	24.1	56.9	80.9	14.4	.5	15.0	4.1	100.0
모름/무응답	(3)	34.3	.0	34.3	.0	.0	.0	65.7	100.0
■ 생활형편별 ■									
여유있는편	(388)	34.6	60.3	94.9	4.1	.3	4.3	.7	100.0
빠듯한편	(1000)	25.7	63.1	88.8	9.9	.4	10.3	.9	100.0
빚얻어생활	(69)	26.4	58.5	84.9	11.1	2.6	13.6	1.5	100.0
모름/무응답	(46)	38.2	42.0	80.2	7.1	.0	7.1	12.7	100.0
■ 현사회대한견해 ■									
빨리바꿔야함	(455)	31.4	57.1	88.4	9.5	.6	10.2	1.4	100.0
점진적으로개선	(919)	27.4	64.4	91.8	7.2	.4	7.6	.5	100.0
현재상태유지	(38)	21.9	60.8	82.8	14.6	.0	14.6	2.7	100.0
모름/무응답	(91)	27.1	54.4	81.4	11.4	.0	11.4	7.2	100.0

표 2-1-2. 인생의 무의미성 생각 빈도

문) 귀하께서는 인생이 무의미하다고 얼마나 자주 생각하십니까, 아니면 생각하지 않으십니까?

	사례수	① 자주 생각 한다	② 가끔 생각 한다	①+②	③ 별로 생각 하지 않는다	④ 전혀 생각 하지 않는다	③+④	모름/ 무응답	계
		%	%	%	%	%	%	%	%
■ 전체 ■	(1503)	4.2	46.8	51.0	35.0	12.6	47.6	1.4	100.0
■ 성별 ■									
남자	(749)	3.4	45.2	48.7	37.3	13.3	50.5	.8	100.0
여자	(754)	5.0	48.4	53.4	32.7	12.0	44.7	2.0	100.0
■ 연령별 ■									
20대	(316)	4.9	38.0	43.0	36.8	18.7	55.5	1.5	100.0
30대	(340)	3.9	48.5	52.3	33.8	13.3	47.1	.5	100.0
40대	(348)	3.8	49.8	53.6	35.4	9.9	45.3	1.1	100.0
50대	(247)	3.1	47.8	50.8	38.7	8.9	47.6	1.6	100.0
60세 이상	(252)	5.4	50.6	56.1	29.9	11.4	41.4	2.6	100.0
■ 성/연령별 ■									
남자20대	(163)	3.2	33.2	36.4	42.8	20.3	63.1	.5	100.0
30대	(173)	2.6	51.0	53.6	35.3	11.1	46.4	.0	100.0
40대	(177)	3.4	45.6	49.0	38.9	11.4	50.3	.7	100.0
50대	(124)	2.4	49.6	52.0	37.4	8.1	45.5	2.4	100.0
60세이상	(112)	6.3	48.4	54.7	29.7	14.8	44.5	.8	100.0
여자20대	(153)	6.8	43.2	50.0	30.5	16.9	47.5	2.5	100.0
30대	(167)	5.2	45.8	51.0	32.3	15.6	47.9	1.0	100.0
40대	(171)	4.2	54.2	58.3	31.8	8.3	40.1	1.6	100.0
50대	(123)	3.7	45.9	49.6	40.0	9.6	49.6	.7	100.0
60세이상	(140)	4.8	52.4	57.1	30.2	8.7	38.9	4.0	100.0
■ 지역별 ■									
서울	(319)	5.0	52.8	57.8	25.4	15.6	41.0	1.2	100.0
인천/경기	(422)	3.6	40.9	44.6	43.7	10.8	54.5	.9	100.0
강원	(48)	.0	21.8	21.8	37.1	41.1	78.2	.0	100.0
대전/충청	(153)	7.5	44.0	51.5	36.7	10.4	47.0	1.4	100.0
광주/전라	(155)	3.9	46.8	50.7	27.7	17.6	45.3	4.0	100.0
대구/경북	(164)	1.6	57.2	58.8	28.9	9.6	38.5	2.7	100.0
부산/울산/경남	(242)	4.9	49.1	53.9	39.7	6.3	46.1	.0	100.0
■ 지역크기별 ■									
대도시	(709)	4.5	48.9	53.4	31.3	14.4	45.7	.9	100.0
중소도시	(654)	4.3	43.6	47.9	40.1	11.0	51.1	.9	100.0
읍/면	(140)	2.0	51.3	53.4	29.3	11.3	40.6	6.1	100.0
■ 종교별 ■									
불교	(333)	4.8	50.2	55.0	34.7	8.6	43.2	1.8	100.0
개신교	(373)	3.6	41.4	45.0	39.0	15.0	54.1	.9	100.0
천주교	(117)	3.1	41.2	44.2	38.9	16.0	54.8	1.0	100.0
기타	(13)	.0	42.3	42.3	25.1	25.8	50.8	6.8	100.0
종교없음	(667)	4.5	49.3	53.8	32.4	12.5	44.8	1.4	100.0
■ 행복정도별 ■									
행복하다	(1240)	2.8	44.0	46.8	38.1	14.3	52.4	.9	100.0
불행하다	(243)	10.9	61.5	72.4	20.3	5.0	25.3	2.2	100.0
모름/무응답	(20)	8.8	47.8	56.6	20.4	.0	20.4	23.0	100.0
■ 인생의의미 ■									
의미있는편	(1352)	2.8	46.8	49.5	36.4	13.4	49.8	.6	100.0
의미없는편	(132)	19.6	50.5	70.1	22.4	5.8	28.2	1.7	100.0
모름/무응답	(19)	.0	24.1	24.1	19.9	4.6	24.5	51.4	100.0
■죽음에대한생각									
생각하는편	(848)	5.8	59.9	65.7	24.2	8.7	33.0	1.3	100.0
생각안하는편	(645)	2.0	30.4	32.4	48.9	17.9	66.8	.8	100.0
모름/무응답	(10)	10.1	.0	10.1	46.6	.0	46.6	43.3	100.0
■ 건강상태별 ■									
좋다	(945)	2.9	42.1	45.0	38.2	16.2	54.4	.6	100.0
보통이다	(392)	4.8	56.2	61.0	31.6	6.1	37.7	1.4	100.0
좋지 않다	(163)	10.2	52.7	62.9	25.0	7.1	32.1	4.9	100.0
모름/무응답	(3)	.0	.0	.0	.0	34.3	34.3	65.7	100.0
■ 생활형편별 ■									
여유있는편	(388)	2.4	37.8	40.2	41.1	18.2	59.3	.5	100.0
빠듯한편	(1000)	4.3	49.6	53.9	34.2	10.5	44.7	1.3	100.0
빚얻어생활	(69)	15.7	50.6	66.3	18.9	13.3	32.2	1.5	100.0
모름/무응답	(46)	.0	56.7	56.7	24.3	9.1	33.4	9.9	100.0
■ 현사회대한견해									
빨리바뀌어야함	(455)	5.4	46.9	52.3	35.6	10.4	46.0	1.7	100.0
점진적으로개선	(919)	3.9	46.6	50.5	36.4	12.6	49.1	.4	100.0
현재상태유지	(38)	.0	46.3	46.3	27.5	23.3	50.7	2.9	100.0
모름/무응답	(91)	3.2	48.8	51.9	20.1	19.0	39.1	9.0	100.0

표 2-1-3. 죽음에 대한 생각 빈도

문) 귀하께서는 죽음에 대해 얼마나 자주 생각하십니까, 아니면 생각하지 않으십니까?

	사례수	① 자주 생각 한다 %	② 가끔 생각 한다 %	①+② %	③ 별로 생각 하지 않는다 %	④ 전혀 생각 하지 않는다 %	③+④ %	모름/ 무응답 %	계 %
■ 전체 ■	(1503)	7.3	49.1	56.4	30.1	12.8	42.9	.7	100.0
■ 성별 ■									
남자	(749)	7.5	47.3	54.9	32.2	12.4	44.6	.5	100.0
여자	(754)	7.1	50.8	57.9	28.1	13.2	41.3	.8	100.0
■ 연령별 ■									
20대	(316)	5.1	43.2	48.3	30.8	19.8	50.6	1.1	100.0
30대	(340)	5.6	46.4	52.0	34.0	13.1	47.2	.8	100.0
40대	(348)	7.4	45.6	53.0	34.6	11.9	46.5	.5	100.0
50대	(247)	5.2	57.6	62.8	27.6	9.2	36.8	.4	100.0
60세 이상	(252)	14.3	56.7	70.9	20.3	8.4	28.7	.3	100.0
■ 성/연령별 ■									
남자20대	(163)	5.9	36.9	42.8	35.8	20.9	56.7	.5	100.0
30대	(173)	6.5	48.4	54.9	30.7	13.7	44.4	.7	100.0
40대	(177)	6.0	44.3	50.3	38.9	10.7	49.7	.0	100.0
50대	(124)	8.1	55.3	63.4	29.3	6.5	35.8	.8	100.0
60세이상	(112)	13.3	57.0	70.3	21.9	7.0	28.9	.8	100.0
여자20대	(153)	4.2	50.0	54.2	25.4	18.6	44.1	1.7	100.0
30대	(167)	4.7	44.3	49.0	37.5	12.5	50.0	1.0	100.0
40대	(171)	8.9	46.9	55.7	30.2	13.0	43.2	1.0	100.0
50대	(123)	2.2	60.0	62.2	25.9	11.9	37.8	.0	100.0
60세이상	(140)	15.1	56.3	71.4	19.0	9.5	28.6	.0	100.0
■ 지역별 ■									
서울	(319)	5.9	58.9	64.7	23.3	11.0	34.3	1.0	100.0
인천/경기	(422)	7.9	45.5	53.4	34.2	12.0	46.2	.4	100.0
강원	(48)	4.8	20.9	25.7	39.8	34.4	74.3	.0	100.0
대전/충청	(153)	7.8	55.8	63.7	24.9	10.6	35.5	.8	100.0
광주/전라	(155)	10.5	36.4	46.9	34.4	17.3	51.7	1.4	100.0
대구/경북	(164)	6.0	56.4	62.4	29.1	7.4	36.5	1.1	100.0
부산/울산/경남	(242)	7.2	47.1	54.3	31.4	14.3	45.7	.0	100.0
■ 지역크기별 ■									
대도시	(709)	6.4	54.2	60.5	26.4	12.6	39.0	.4	100.0
중소도시	(654)	7.9	43.1	51.1	34.9	13.3	48.2	.7	100.0
읍/면	(140)	9.1	51.3	60.4	27.1	11.0	38.0	1.6	100.0
■ 종교별 ■									
불교	(333)	7.8	53.7	61.5	29.4	8.6	38.0	.5	100.0
개신교	(373)	10.5	47.5	58.0	31.4	9.9	41.3	.7	100.0
천주교	(117)	5.3	51.4	56.7	26.6	16.0	42.5	.8	100.0
기타	(13)	6.8	53.1	59.9	24.5	15.7	40.1	.0	100.0
종교 없음	(667)	5.6	47.2	52.8	30.5	15.9	46.4	.7	100.0
■ 행복정도별 ■									
행복하다	(1240)	6.5	47.2	53.7	31.8	14.1	45.9	.4	100.0
불행하다	(243)	11.4	57.9	69.4	23.2	6.7	29.9	.7	100.0
모름/무응답	(20)	5.6	61.5	67.1	11.1	4.4	15.4	17.4	100.0
■ 인생의의미 ■									
의미있는편	(1352)	6.9	48.5	55.4	31.1	13.3	44.4	.2	100.0
의미없는편	(132)	10.0	59.9	69.8	22.7	6.9	29.5	.7	100.0
모름/무응답	(19)	17.1	18.1	35.3	16.0	15.2	31.1	33.6	100.0
■ 인생의무의미 ■									
생각하는편	(767)	8.5	64.1	72.6	20.9	6.3	27.2	.1	100.0
생각안하는편	(715)	5.4	33.7	39.1	40.3	19.9	60.3	.7	100.0
모름/무응답	(21)	29.4	24.6	54.0	19.8	5.4	25.1	20.9	100.0
■ 건강상태별 ■									
좋다	(945)	4.9	46.2	51.1	32.6	15.8	48.4	.5	100.0
보통이다	(392)	7.8	56.7	64.6	28.0	7.2	35.1	.3	100.0
좋지 않다	(163)	20.1	48.4	68.5	21.5	8.6	30.2	1.3	100.0
모름/무응답	(3)	.0	.0	.0	.0	34.3	34.3	65.7	100.0
■ 생활형편별 ■									
여유있는편	(388)	6.0	46.4	52.4	32.2	15.0	47.2	.4	100.0
빠듯한편	(1000)	7.0	49.8	56.8	30.5	12.2	42.7	.5	100.0
빚얻어생활	(69)	22.6	47.6	70.2	18.2	11.5	29.8	.0	100.0
모름/무응답	(46)	2.8	58.5	61.3	23.1	8.1	31.2	7.5	100.0
■ 현사회대한견해 ■									
빨리바꿔야함	(455)	8.4	49.1	57.5	29.7	12.4	42.1	.4	100.0
점진적으로개선	(919)	7.1	48.8	55.9	31.6	12.2	43.7	.4	100.0
현재상태유지	(38)	7.8	44.4	52.2	30.4	17.4	47.8	.0	100.0
모름/무응답	(91)	3.5	54.5	57.9	17.7	19.6	37.3	4.8	100.0

표 2-1-4. 현재 자신의 행복 정도

문) 귀하께서는 현재 자신이 얼마나 행복하다고 생각하십니까, 아니면 불행하다고 생각하십니까?

	사례수	① 매우 행복하다	② 어느정도 행복하다	①+②	③ 별로 행복하지 않다	④ 전혀 행복하지 않다	③+④	모름/ 무응답	계
		%	%	%	%	%	%	%	%
■ 전　　체 ■	(1503)	14.0	68.6	82.5	14.8	1.3	16.2	1.3	100.0
■ 성　별 ■									
남자	(749)	12.5	68.5	80.9	16.2	1.8	18.0	1.0	100.0
여자	(754)	15.4	68.7	84.1	13.4	.9	14.3	1.6	100.0
■ 연　령　별 ■									
20대	(316)	14.0	68.5	82.6	13.7	1.8	15.5	1.9	100.0
30대	(340)	13.0	68.8	81.9	15.4	1.7	17.0	1.1	100.0
40대	(348)	14.4	70.0	84.4	14.2	.9	15.0	.6	100.0
50대	(247)	11.3	70.7	82.0	15.6	1.6	17.2	.8	100.0
60세 이상	(252)	17.2	64.2	81.3	15.6	.7	16.3	2.4	100.0
■ 성/연령별 ■									
남자20대	(163)	14.4	68.4	82.9	15.5	1.1	16.6	.5	100.0
30대	(173)	8.5	69.9	78.4	17.6	3.3	20.9	.7	100.0
40대	(177)	12.8	69.1	81.9	16.8	.7	17.4	.7	100.0
50대	(124)	13.0	65.9	78.9	17.1	2.4	19.5	1.6	100.0
60세이상	(112)	14.8	68.0	82.8	13.3	1.6	14.8	2.3	100.0
여자20대	(153)	13.6	68.6	82.2	11.9	2.5	14.4	3.4	100.0
30대	(167)	17.7	67.7	85.4	13.0	.0	13.0	1.6	100.0
40대	(171)	16.1	70.8	87.0	11.5	1.0	12.5	.5	100.0
50대	(123)	9.6	75.6	85.2	14.1	.7	14.8	.0	100.0
60세이상	(140)	19.0	61.1	80.2	17.5	.0	17.5	2.4	100.0
■ 지　역　별 ■									
서울	(319)	20.6	59.6	80.1	17.8	.4	18.2	1.7	100.0
인천/경기	(422)	12.4	72.6	84.9	12.7	1.4	14.2	.9	100.0
강원	(48)	24.8	66.1	90.9	9.1	.0	9.1	.0	100.0
대전/충청	(153)	12.4	70.1	82.5	12.3	1.5	13.8	3.7	100.0
광주/전라	(155)	14.4	68.5	82.9	13.1	2.8	15.9	1.3	100.0
대구/경북	(164)	14.6	67.7	82.3	16.5	.6	17.0	.7	100.0
부산/울산/경남	(242)	6.2	73.6	79.8	17.2	2.2	19.5	.8	100.0
■ 지역크기별 ■									
대도시	(709)	16.2	65.8	82.0	15.5	1.0	16.5	1.4	100.0
중소도시	(654)	12.4	72.0	84.3	13.1	1.8	14.9	.8	100.0
읍면	(140)	10.0	66.5	76.5	19.6	.6	20.2	3.3	100.0
■ 종　교　별 ■									
불교	(333)	13.1	66.7	79.8	17.4	1.7	19.1	1.1	100.0
개신교	(373)	17.8	67.3	85.1	11.8	1.4	13.2	1.6	100.0
천주교	(117)	15.3	70.3	85.6	13.4	.0	13.4	1.0	100.0
기타	(13)	25.8	49.8	75.5	24.5	.0	24.5	.0	100.0
종교없음	(667)	11.8	70.2	82.0	15.3	1.4	16.6	1.3	100.0
■ 인생의의미 ■									
의미있는편	(1352)	15.1	71.6	86.7	11.7	.6	12.3	1.0	100.0
의미없는편	(132)	4.0	39.1	43.1	45.7	8.7	54.4	2.5	100.0
모름/무응답	(19)	4.6	55.1	59.8	21.9	.0	21.9	18.4	100.0
■인생의무의미■									
생각하는편	(767)	10.8	64.8	75.6	20.9	2.0	22.9	1.5	100.0
생각안하는편	(715)	17.5	73.3	90.8	7.9	.7	8.6	.6	100.0
모름/무응답	(21)	8.5	43.2	51.8	26.2	.0	26.2	22.1	100.0
■죽음에대한생각■									
생각하는편	(848)	14.3	64.3	78.6	18.2	1.7	19.9	1.6	100.0
생각안하는편	(645)	13.8	74.5	88.3	10.4	.9	11.3	.5	100.0
모름/무응답	(10)	.0	47.6	47.6	17.8	.0	17.8	34.6	100.0
■ 건강상태별 ■									
좋다	(945)	16.4	72.5	88.9	9.4	.7	10.1	1.0	100.0
보통이다	(392)	9.5	63.4	72.8	24.3	1.5	25.9	1.3	100.0
좋지 않다	(163)	11.2	59.4	70.6	23.7	3.8	27.5	1.9	100.0
모름/무응답	(3)	.0	.0	.0	.0	34.3	34.3	65.7	100.0
■ 생활형편별 ■									
여유있는편	(388)	21.9	70.7	92.6	5.9	.5	6.4	1.0	100.0
빠듯한편	(1000)	11.1	69.7	80.8	17.3	1.0	18.2	1.0	100.0
빚얻어생활	(69)	10.6	44.9	55.5	29.9	12.1	42.0	2.5	100.0
모름/무응답	(46)	14.4	60.5	74.9	15.2	.0	15.2	9.9	100.0
■현사회대한견해■									
빨리바꿔야함	(455)	16.5	65.3	81.8	15.0	2.3	17.4	.8	100.0
점진적으로개선	(919)	13.1	70.6	83.7	14.3	.8	15.2	1.2	100.0
현재상태유지	(38)	10.2	61.9	72.0	25.0	.0	25.0	2.9	100.0
모름/무응답	(91)	11.7	67.2	79.0	14.3	1.9	16.3	4.8	100.0

표 2-2-1-1. 인생에서 가장 중요한 것 - 최초

문) 다음 제시된 항목 가운데 귀하의 인생에서 가장 중요하다고 생각하시는 것은 무엇입니까? 가장 중요하다고 생각하시는 것과 그 다음으로 중요하다고 생각하시는 것을 각각 한 개씩 골라 해당 번호에 ○ 표시를 해주십시오.

	사례수	가족	마음의 평안	재산 (富)	좋은 직업	종교	명예	남을 돕는 일	권력	모름/ 무응답
		%	%	%	%	%	%	%	%	%
■ 전 체 ■	(1503)	47.0	20.4	13.0	6.6	5.1	5.0	1.6	1.3	.1
■ 성 별 ■										
남 자	(749)	42.6	20.3	15.1	7.5	3.9	7.1	1.7	1.6	.1
여 자	(754)	51.3	20.4	10.9	5.6	6.3	2.8	1.6	1.0	.1
■ 연 령 별 ■										
20 대	(316)	40.8	17.4	16.2	15.0	2.6	5.1	1.2	1.6	.0
30 대	(340)	51.0	17.2	14.8	5.5	4.2	4.8	.8	1.5	.3
40 대	(348)	50.3	21.4	13.0	4.0	5.4	4.2	.9	.9	.0
50 대	(247)	44.0	25.5	9.3	5.8	7.1	5.6	1.6	.8	.4
60세 이상	(252)	47.6	21.9	10.2	1.7	7.2	5.5	4.5	1.5	.0
■ 성/연령별 ■										
남자20대	(163)	40.1	13.9	20.3	15.5	1.1	5.9	1.6	1.6	.0
30대	(173)	46.4	15.7	17.0	7.8	3.3	7.8	.0	2.0	.0
40대	(177)	47.0	21.5	17.4	5.4	2.0	4.7	.7	1.3	.0
50대	(124)	32.5	30.9	9.8	5.7	8.9	8.9	1.6	.8	.8
60세이상	(112)	44.5	23.4	7.0	.8	6.3	9.4	6.3	2.3	.0
여자20대	(153)	41.5	21.2	11.9	14.4	4.2	4.2	.8	1.7	.0
30대	(167)	55.7	18.8	12.5	3.1	5.2	1.6	1.6	1.0	.5
40대	(171)	53.6	21.4	8.3	2.6	8.9	3.6	1.0	.5	.0
50대	(123)	55.6	20.0	8.9	5.9	5.2	2.2	1.5	.7	.0
60세이상	(140)	50.0	20.6	12.7	2.4	7.9	2.4	3.2	.8	.0
■ 지 역 별 ■										
서울	(319)	49.9	17.7	11.1	10.3	4.3	6.1	.0	.6	.0
인천/경기	(422)	56.0	22.4	9.1	2.6	3.7	3.1	2.0	.8	.2
강원	(48)	43.7	24.6	13.5	7.5	8.9	1.8	.0	.0	.0
대전/충청	(153)	42.7	17.0	12.9	1.6	10.4	8.6	3.0	3.2	.6
광주/전라	(155)	38.3	26.0	11.1	5.2	11.1	5.8	2.6	.0	.0
대구/경북	(164)	40.3	18.8	19.1	7.8	3.3	4.8	3.7	2.2	.0
부산/울산/경남	(242)	40.6	19.0	19.3	11.6	2.0	4.5	.7	2.3	.0
■ 지역크기별 ■										
대 도 시	(709)	46.3	16.8	14.2	9.1	3.7	6.8	1.6	1.4	.1
중소 도시	(654)	49.2	21.6	11.9	4.5	6.9	3.0	1.6	1.1	.2
읍 / 면	(140)	39.8	32.7	12.2	3.0	4.0	4.9	1.9	1.5	.0
■ 종 교 별 ■										
불 교	(333)	46.9	22.0	16.0	6.0	.6	4.9	1.0	2.2	.3
개 신 교	(373)	43.7	17.2	10.2	4.6	16.7	3.7	3.3	.5	.0
천주교	(117)	48.5	25.5	9.1	3.2	4.7	5.6	2.6	.0	.7
기 타	(13)	26.7	38.9	8.7	.0	25.8	.0	.0	.0	.0
종교 없음	(667)	48.9	20.1	13.8	8.6	.5	5.6	1.0	1.5	.0

표 2-2-1-2. 인생에서 가장 중요한 것 - 중복

문) 다음 제시된 항목 가운데 귀하의 인생에서 가장 중요하다고 생각하시는 것은 무엇입니까? 가장 중요하다고 생각하시는 것과 그 다음으로 중요하다고 생각하시는 것을 각각 한 개씩 골라 해당 번호에 ○ 표시를 해주십시오.

	사례수	가족	마음의 평안	재산 (富)	좋은 직업	명예	종교	남을 돕는 일	권력	모름/ 무응답
		%	%	%	%	%	%	%	%	%
■ 전체 ■	(1503)	67.4	45.4	38.3	16.7	12.2	8.6	6.6	4.0	.1
■ 성별 ■										
남자	(749)	63.9	41.6	39.7	18.6	17.3	6.5	6.6	5.1	.1
여자	(754)	70.9	49.1	37.0	14.8	7.2	10.8	6.6	3.0	.1
■ 연령별 ■										
20대	(316)	61.7	35.3	46.7	28.4	12.2	4.8	5.1	5.2	.0
30대	(340)	67.8	45.8	42.2	13.9	14.5	6.9	3.2	4.9	.3
40대	(348)	68.3	41.0	38.7	17.9	13.1	9.7	6.5	4.1	.0
50대	(247)	69.4	53.5	29.0	15.2	10.7	12.0	6.6	2.3	.4
60세 이상	(252)	70.7	55.5	31.3	5.3	9.3	10.9	13.1	3.1	.0
■ 성/연령별 ■										
남자20대	(163)	59.9	31.0	49.2	30.5	13.4	3.7	5.9	5.3	.0
30대	(173)	63.4	39.2	43.1	16.3	22.9	4.6	3.3	6.5	.0
40대	(177)	64.4	38.3	42.3	18.1	18.1	6.0	6.7	6.0	.0
50대	(124)	61.8	54.5	27.6	17.1	16.3	11.4	6.5	2.4	.8
60세이상	(112)	71.9	51.6	29.7	7.0	14.1	8.6	12.5	3.9	.0
여자20대	(153)	63.6	39.8	44.1	26.3	11.0	5.9	4.2	5.1	.0
30대	(167)	72.4	52.6	41.1	11.5	5.7	9.4	3.1	3.1	.5
40대	(171)	72.4	43.8	34.9	17.7	7.8	13.5	6.3	2.1	.0
50대	(123)	77.0	52.6	30.4	13.3	5.2	12.6	6.7	2.2	.0
60세이상	(140)	69.8	58.7	32.5	4.0	5.6	12.7	13.5	2.4	.0
■ 지역별 ■										
서울	(319)	64.9	49.3	33.3	20.1	14.4	9.5	4.8	2.8	.0
인천/경기	(422)	76.8	43.6	37.6	15.3	9.7	7.1	5.7	3.8	.2
강원	(48)	53.9	49.0	48.3	13.3	10.8	13.4	8.7	2.5	.0
대전/충청	(153)	66.6	40.7	40.6	5.8	17.1	14.6	5.9	7.0	.6
광주/전라	(155)	67.2	58.5	23.6	11.4	10.0	13.7	10.4	2.2	.0
대구/경북	(164)	60.3	45.3	43.0	17.5	11.7	5.2	12.1	4.9	.0
부산/울산/경남	(242)	62.3	37.3	49.0	25.0	12.5	4.4	4.2	5.2	.0
■ 지역크기별 ■										
대도시	(709)	66.0	42.1	39.9	19.7	14.2	7.4	5.8	4.2	.1
중소도시	(654)	68.1	46.0	37.6	15.6	10.9	10.1	6.8	4.2	.2
읍면	(140)	71.3	59.1	33.6	6.5	8.0	8.0	9.5	2.8	.0
■ 종교별 ■										
불교	(333)	67.4	51.2	43.0	14.8	11.6	1.7	4.5	4.7	.3
개신교	(373)	66.2	43.3	32.4	9.0	8.3	27.8	10.1	2.3	.0
천주교	(117)	68.3	51.6	33.8	11.1	13.2	8.7	8.6	.8	.7
기타종교	(13)	67.8	54.5	17.4	7.9	8.7	25.8	18.0	.0	.0
종교없음	(667)	67.9	42.4	40.5	23.0	14.5	1.0	5.1	5.3	.0

표 2-2-2-1. 아들의 장래 희망 직업

문) 귀하에게 지금 15세 된 아들이 있다고 가정한다면, 귀하께서는 그 아들이 커서 어떤 직업을 갖길 바라십니까? 구체적인 직업을 한 가지만 적어주십시오.

	사례수	%
■ 전 체 ■	1503	100.0
공무원	339	22.6
의사	190	12.7
교사	114	7.6
사업가	68	4.5
검사/판사/법관	63	4.2
기술자/엔지니어	55	3.6
운동선수	53	3.5
교수	50	3.3
변호사	32	2.1
전문직	32	2.1
회사원	32	2.1
경찰	29	2.0
성직자	24	1.6
학자/연구직	22	1.5
과학자	22	1.5
외교관	20	1.3
연예인(배우/가수/개그맨 등)	19	1.2
군인	18	1.2
자영업	16	1.1
한의사	14	.9
정치인	12	.8
사회복지 관련/자원봉사	12	.8
대통령	11	.8
프리랜서	10	.7
대기업 직원	9	.6
건축가	7	.5
파일럿	6	.4
음악가	5	.4
사무직	5	.3
회계사	5	.3
아나운서	5	.3
금융업	5	.3
펀드매니저	4	.3
요리사	4	.3
변리사	4	.3
환경운동가	4	.2
사진작가	3	.2
예술가	3	.2
만화가	2	.1
디자이너	2	.1
선장	2	.1
장군	2	.1
미술가	2	.1
영화감독	2	.1
세일즈	2	.1
수의사	2	.1
약사	2	.1
세무사	2	.1
기타	27	1.8
없다/모름/무응답	129	8.6

표 2-2-2-2. 딸의 장래 희망 직업

문) 그럼, 귀하에게 지금 15세 된 딸이 있다고 가정한다면,
귀하께서는 그 딸이 커서 어떤 직업을 갖길 바라십니까?
구체적인 직업을 한 가지만 적어주십시오.

	사례수	%
■ 전 체 ■	1503	100.0
교사	420	27.9
공무원	286	19.0
의사	123	8.2
교수	46	3.0
간호사	44	2.9
음악가	31	2.1
변호사	29	1.9
디자이너	23	1.5
주부	22	1.5
회사원	22	1.5
연예인(배우/가수/개그맨 등)	21	1.4
전문직	20	1.3
아나운서	17	1.1
예술가	17	1.1
약사	15	1.0
외교관	14	1.0
사업가	14	.9
한의사	12	.8
성직자	12	.8
스튜어디스	12	.8
프리랜서	11	.8
사회복지 관련/자원봉사	11	.8
운동선수	10	.7
경찰	9	.6
사무직	8	.5
무용가/발레리나	8	.5
모델	8	.5
검사/판사/법관	7	.4
자영업	6	.4
미술가	6	.4
과학자	6	.4
대기업 직원	6	.4
은행원	6	.4
학자/연구직	5	.3
정치인	4	.3
군인	4	.3
대통령	4	.3
요리사	4	.3
미용사	3	.2
작가	3	.2
통역사	2	.1
만화가	2	.1
물리치료사	2	.1
금융업	2	.1
기술자/엔지니어	2	.1
영부인	2	.1
기타	36	2.4
없다/모름/무응답	128	8.5

표 2-2-3-1. 가장 감명 깊게 읽은 책 - 최초

문) 지금까지 살아오시면서 읽으신 책 중 귀하께서 가장 감명 깊게 읽으신 책은 무엇입니까?

	사례수	%
■ 전 체 ■	1503	100.0
삼국지	114	7.6
성경	49	3.3
토지	44	2.9
어린왕자	31	2.0
엄마를 부탁해	22	1.5
대지	21	1.4
아버지	19	1.3
시크릿	19	1.3
가시고기	19	1.2
노인과 바다	17	1.1
태백산맥	15	1.0
죄와 벌	14	1.0
무궁화꽃이 피었습니다	12	.8
탈무드	10	.7
마시멜로 이야기	9	.6
동의보감	9	.6
연금술사	8	.5
무소유	7	.5
나의 라임 오렌지 나무	7	.5
연탄길	7	.4
흙	6	.4
여자의 일생	6	.4
이순신(傳記)	6	.4
개미	6	.4
긍정의 힘	6	.4
배려	6	.4
데미안	6	.4
누구를 위하여 종은 울리나	6	.4
연을 쫓는 아이	5	.3
대망	5	.3
파우스트	5	.3
아리랑	5	.3
상실의 시대	5	.3
바람과 함께 사라지다	5	.3
칭찬은 고래도 춤추게 한다	5	.3
봉순이 언니	4	.3
꿈꾸는 다락방	4	.3
모모	4	.3
해리포터 시리즈	4	.3
한강	4	.3
톨스토이	4	.3
좋은생각(월간지)	4	.3
신사임당(傳記)	4	.3
세종대왕(傳記)	4	.3
좁은 문	4	.2
선물	4	.2
아낌없이 주는 나무	4	.2
선덕여왕(傳記)	4	.2
상록수	3	.2
마지막 강의	3	.2
하악하악	3	.2
손자병법	3	.2
남자의 향기	3	.2
테스	3	.2
오체불만족	3	.2
내 영혼이 따뜻했던 날들	3	.2
제3의 물결	3	.2
삼국유사	3	.2
인생수업	3	.2
칼의 노래	3	.2
젊은 베르테르의 슬픔	3	.2
우리들의 행복한 시간	3	.2
뇌	3	.2
연어	3	.2
헬렌켈러(傳記)	3	.2
냉정과 열정 사이	2	.2
정주영(傳記)	2	.2

(continued)

표 2-2-3-1. 가장 감명 깊게 읽은 책 - 최초

문) 지금까지 살아오시면서 읽으신 책 중 귀하께서 가장 감명 깊게 읽으신 책은 무엇입니까?

	사례수	%
까라마조프 형제들	2	.2
오싱	2	.2
갈매기의 꿈	2	.2
심청전	2	.1
수호지	2	.1
안네의 일기	2	.1
몽실언니	2	.1
7막7장	2	.1
향수	2	.1
경청	2	.1
링컨(傳記)	2	.1
매디슨 카운티의 다리	2	.1
성공하는 사람들의 7가지 습관	2	.1
명심보감	2	.1
논어	2	.1
부자 아빠 가난한 아빠	2	.1
조선왕조실록	2	.1
소나기	2	.1
천국의 열쇠	2	.1
모리와 함께한 화요일	2	.1
잃어버린 너	2	.1
트와일라잇	2	.1
즐거운 나의 집	2	.1
폭풍의 언덕	2	.1
난쟁이가 쏘아올리는 작은 공	2	.1
베로니카 죽기로 결심하다	2	.1
아홉살 인생	2	.1
람세스	1	.1
인간시장	1	.1
누가 내 치즈를 옮겼을까	1	.1
토정비결	1	.1
삼국사기	1	.1
눈먼 자들의 도시	1	.1
신	1	.1
사람 풍경	1	.1
기타	335	22.3
없다/모름/무응답	462	30.8

표 2-2-3-2. 가장 감명 깊게 읽은 책 - 중복

문) 지금까지 살아오시면서 읽으신 책 중 귀하께서 가장 감명 깊게 읽으신 책은 무엇입니까? 그 다음으로 감명 깊게 읽으신 책은 무엇입니까? 순서대로 두 권까지 적어주십시오.

	사례수	%
■ 전 체 ■	1503	100.0
삼국지	155	10.3
토지	62	4.1
성경	57	3.8
어린왕자	41	2.7
대지	34	2.2
아버지	34	2.2
엄마를 부탁해	29	1.9
태백산맥	27	1.8
가시고기	26	1.7
시크릿	26	1.7
죄와 벌	22	1.5
탈무드	22	1.5
노인과 바다	22	1.5
무궁화꽃이 피었습니다	19	1.3
마시멜로 이야기	16	1.1
나의 라임 오렌지 나무	15	1.0
이순신(傳記)	13	.9
연금술사	13	.9
동의보감	13	.8
긍정의 힘	11	.7
氣	11	.7
데미안	10	.7
해리포터 시리즈	10	.7
여자의 일생	10	.7
배려	10	.7
아리랑	10	.6
연탄길	10	.6
무소유	9	.6
남자의 향기	9	.6
좋은생각(월간지)	8	.5
꿈꾸는 다락방	7	.5
바람과 함께 사라지다	7	.5
소나기	7	.5
선물	7	.5
수호지	7	.4
누구를 위하여 종은 울리나	7	.4
아낌없이 주는 나무	6	.4
칭찬은 고래도 춤추게 한다	6	.4
대망	6	.4
봉순이 언니	6	.4
테스	6	.4
세종대왕(傳記)	6	.4
모모	6	.4
개미	6	.4
상록수	5	.4
좁은 문	5	.3
연을 쫓는 아이	5	.3
한강	5	.3
톨스토이	5	.3
신사임당(傳記)	5	.3
오싱	5	.3
파우스트	5	.3
인생수업	5	.3
젊은 베르테르의 슬픔	5	.3
오체불만족	5	.3
모리와 함께한 화요일	5	.3
상실의 시대	5	.3
명심보감	5	.3
그건 사랑이었네	5	.3
하악하악	5	.3
잃어버린 너	4	.3
뇌	4	.3
성공하는 사람들의 7가지 습관	4	.3
삼국사기	4	.3
정주영(傳記)	4	.3
경청	4	.3
안네의 일기	4	.3
트와일라잇	4	.3
칼의 노래	4	.3

(continued)

표 2-2-3-2. 가장 감명 깊게 읽은 책 - 중복

문) 지금까지 살아오시면서 읽으신 책 중 귀하께서 가장 감명 깊게
읽으신 책은 무엇입니까? 그 다음으로 감명 깊게 읽으신 책은 무엇입니까?
순서대로 두 권까지 적어주십시오.

	사례수	%
헬렌켈러(傳記)	4	.2
토정비결	4	.2
접시꽃 당신	4	.2
선덕여왕(傳記)	4	.2
까라마조프 형제들	3	.2
몽실언니	3	.2
마지막 강의	3	.2
임꺽정	3	.2
심청전	3	.2
냉정과 열정 사이	3	.2
람세스	3	.2
손자병법	3	.2
링컨(傳記)	3	.2
인간시장	3	.2
논어	3	.2
부자 아빠 가난한 아빠	3	.2
갈매기의 꿈	3	.2
누가 내 치즈를 옮겼을까	3	.2
로빈슨 크루소	3	.2
내 영혼이 따뜻했던 날들	3	.2
즐거운 나의 집	3	.2
7막7장	3	.2
향수	3	.2
베로니카 죽기로 결심하다	3	.2
아홉살 인생	3	.2
사람 풍경	3	.2
제3의 물결	3	.2
천국의 열쇠	3	.2
매디슨 카운티의 다리	3	.2
삼국유사	3	.2
난쟁이가 쏘아올리는 작은 공	3	.2
조선왕조실록	3	.2
신	3	.2
우리들의 행복한 시간	3	.2
폭풍의 언덕	3	.2
눈먼 자들의 도시	3	.2
연어	3	.2
해변의 카프카	3	.2
기타	566	37.7
없다/모름/무응답	462	30.8

표 2-2-3-3. 가장 감명 깊게 읽은 책 - 중복(상위 10위)

문) 지금까지 살아오시면서 읽으신 책 중 귀하께서 가장 감명 깊게 읽으신 책은 무엇입니까?

	사례수	삼국지	토지	성경	어린왕자	대지	아버지	엄마를 부탁해
		%	%	%	%	%	%	%
■ 전 체 ■	(1503)	10.3	4.1	3.8	2.7	2.2	2.2	1.9
■ 성 별 ■								
남 자	(749)	17.2	3.4	2.5	2.2	1.9	1.6	.5
여 자	(754)	3.5	4.9	5.2	3.2	2.6	2.8	3.3
■ 연 령 별 ■								
20대	(316)	8.4	2.1	1.0	4.4	1.2	2.5	2.7
30대	(340)	10.7	2.4	1.9	3.1	1.4	3.8	2.9
40대	(348)	13.2	4.9	4.9	4.2	3.4	2.0	1.9
50대	(247)	10.1	9.6	5.0	.4	2.7	1.5	.7
60세 이상	(252)	8.5	2.6	7.5	.3	2.7	.8	.8
■ 성 / 연령별 ■								
남자20대	(163)	13.9	1.6	1.1	3.7	1.6	.0	.5
30대	(173)	17.0	3.3	.7	.7	.7	3.9	.7
40대	(177)	21.5	4.0	4.0	4.7	2.7	2.0	.7
50대	(124)	18.7	8.1	3.3	.0	1.6	.8	.0
60세이상	(112)	14.1	.0	3.9	.8	3.1	.8	.8
여자20대	(153)	2.5	2.5	.8	5.1	.8	5.1	5.1
30대	(167)	4.2	1.6	3.1	5.7	2.1	3.6	5.2
40대	(171)	4.7	5.7	5.7	3.6	4.2	2.1	3.1
50대	(123)	1.5	11.1	6.7	.7	3.7	2.2	1.5
60세이상	(140)	4.0	4.8	10.3	.0	2.4	.8	.8
■ 지 역 별 ■								
서울	(319)	10.2	3.8	3.8	2.2	3.9	2.7	2.4
인천 / 경기	(422)	11.3	3.2	3.3	3.4	1.3	2.1	1.5
강원	(48)	11.3	5.8	2.3	1.8	4.3	1.8	2.7
대전 / 충청	(153)	9.6	5.5	4.5	4.1	3.1	2.8	2.0
광주 / 전라	(155)	7.7	3.2	9.1	.8	.0	1.6	1.4
대구 / 경북	(164)	15.8	3.6	4.1	2.9	1.8	1.4	2.9
부산 / 울산 / 경남	(242)	7.0	6.0	1.1	2.7	2.5	2.6	1.4
■ 지역크기별 ■								
대 도 시	(709)	9.9	4.6	2.6	2.5	3.7	1.8	2.5
중소 도시	(654)	10.8	3.5	4.4	3.0	1.2	3.0	1.4
읍 / 면	(140)	10.0	4.4	7.5	2.3	.0	.8	1.6
■ 종 교 별 ■								
불 교	(333)	9.2	5.6	.3	2.2	2.0	3.2	1.9
개 신 교	(373)	7.8	2.7	14.1	2.4	2.5	2.3	2.6
천주교	(117)	10.1	6.7	1.0	4.0	2.3	2.1	1.0
기 타	(13)	.0	.0	7.0	10.1	7.0	.0	.0
종교 없음	(667)	12.6	3.8	.3	2.8	2.2	1.8	1.7
■ 철학관심층 ■								
철학책 0권	(1113)	9.7	4.0	3.6	2.4	2.0	2.0	2.0
철학책 1권이상	(390)	12.1	4.5	4.5	3.6	2.9	2.9	1.8

(continued)

표 2-2-3-3. 가장 감명 깊게 읽은 책 - 중복(상위 10위)

문) 지금까지 살아오시면서 읽으신 책 중 귀하께서 가장 감명 깊게 읽으신 책은 무엇입니까?

	태백산맥	가시고기	시크릿
	%	%	%
■ 전 체 ■	1.8	1.7	1.7
■ 성 별 ■			
남 자	1.7	2.0	1.2
여 자	1.9	1.4	2.3
■ 연 령 별 ■			
20 대	.8	3.2	2.9
30 대	1.8	4.2	2.1
40 대	2.2	.5	1.4
50 대	3.1	.0	1.2
60세 이상	1.1	.0	.7
■ 성 / 연령별 ■			
남자20 대	.0	3.7	1.6
30 대	2.0	5.2	.7
40 대	1.3	.0	.7
50 대	4.1	.0	1.6
60세이상	1.6	.0	1.6
여자20 대	1.7	2.5	4.2
30 대	1.6	3.1	3.6
40 대	3.1	1.0	2.1
50 대	2.2	.0	.7
60세이상	.8	.0	.0
■ 지 역 별 ■			
서 울	1.6	.7	3.0
인천 / 경기	1.2	2.4	1.9
강 원	2.5	.0	.0
대전 / 충청	2.6	1.9	1.2
광주 / 전라	3.8	2.5	.6
대구 / 경북	1.2	1.7	.5
부산 / 울산 / 경남	1.6	1.6	1.8
■ 지역크기별 ■			
대 도 시	1.8	1.4	2.0
중소 도시	1.7	2.0	1.7
읍 / 면	2.2	2.0	.0
■ 종 교 별 ■			
불 교	2.8	1.8	.9
개 신 교	1.5	.9	1.2
천 주 교	.0	2.1	1.5
기 타	.0	.0	.0
종교 없음	1.8	2.1	2.5
■ 철학관심층 ■			
철학책 0권	1.5	1.7	1.6
철학책 1권이상	2.7	1.8	2.2

표 2-2-4-1. 가장 존경하는 사람 - 최초

문) 지금까지 살아오시면서 귀하께서 가장 존경하는 사람은 누구입니까?

	사례수	%
■ 전 체 ■	1503	100.0
박정희	167	11.1
세종대왕	134	8.9
이순신	116	7.7
노무현	71	4.7
김대중	59	3.9
김구	39	2.6
김수환 추기경	33	2.2
신사임당	29	1.9
링컨	23	1.5
이명박	16	1.1
예수	15	1.0
정주영	10	.7
빌 게이츠	10	.7
안중근	10	.7
안철수	10	.6
간디	9	.6
반기문	9	.6
헬렌켈러	8	.5
슈바이처	7	.5
테레사 수녀	6	.4
박근혜	6	.4
정약용	6	.4
하느님	5	.4
유관순	5	.3
한비야	5	.3
이건희	5	.3
이승만	4	.3
김유신	4	.3
법정 스님	4	.3
육영수	4	.2
광개토대왕	4	.2
정조	3	.2
존 에프 케네디	3	.2
장영실	3	.2
맥아더	3	.2
성철 스님	2	.2
선덕여왕	2	.1
아이슈타인	2	.1
이외수	2	.1
칭기즈칸	2	.1
에디슨	2	.1
전두환	2	.1
이이	2	.1
퀴리 부인	1	.1
조용기 목사	1	.1
허준	1	.1
윤봉길	1	.1
기타	118	7.8
없다/모름/무응답	520	34.6

표 2-2-4-2. 가장 존경하는 사람 - 중복

문) 지금까지 살아오시면서 귀하께서 가장 존경하는 사람은 누구입니까?
그 다음으로 존경하는 사람은 누구입니까?
가족이나 아는 사람은 제외하고 순서대로 두 명까지 적어주십시오.

	사례수	%
■ 전 체 ■	1503	100.0
박정희	224	14.9
세종대왕	206	13.7
이순신	194	12.9
노무현	114	7.6
김대중	77	5.1
김구	64	4.3
김수환 추기경	46	3.1
신사임당	46	3.0
링컨	33	2.2
이명박	23	1.5
안중근	19	1.3
정주영	19	1.3
유관순	19	1.2
예수	18	1.2
간디	17	1.2
반기문	14	.9
빌 게이츠	13	.9
육영수	13	.9
헬렌켈러	11	.8
테레사 수녀	11	.7
이건희	11	.7
안철수	10	.7
슈바이처	9	.6
한비야	9	.6
김유신	7	.4
전두환	6	.4
성철 스님	6	.4
박근혜	6	.4
정약용	6	.4
광개토대왕	6	.4
하느님	5	.3
이승만	5	.3
맥아더	5	.3
이이	5	.3
이외수	4	.3
선덕여왕	4	.3
칭기즈칸	4	.3
법정 스님	4	.3
윤봉길	4	.2
정조	3	.2
존 에프 케네디	3	.2
아인슈타인	3	.2
허준	3	.2
장영실	3	.2
에디슨	3	.2
조용기 목사	3	.2
장기려	3	.2
퀴리 부인	3	.2
기타	176	11.7
없다/모름/무응답	520	34.6

표 2-2-4-3. 가장 존경하는 사람 - 중복(상위 10위)
문) 지금까지 살아오시면서 귀하께서 가장 존경하는 사람은 누구입니까?

	사례수	박정희	세종대왕	이순신	노무현	김대중	김구	김수환추기경	신사임당	링컨	이명박
		%	%	%	%	%	%	%	%	%	%
■ 전 체 ■	(1503)	14.9	13.7	12.9	7.6	5.1	4.3	3.1	3.0	2.2	1.5
■ 성 별 ■											
남 자	(749)	17.4	15.3	18.8	9.3	6.4	6.0	1.9	.1	2.5	1.4
여 자	(754)	12.4	12.2	7.0	5.9	3.8	2.5	4.2	5.9	2.0	1.6
■ 연 령 별 ■											
20 대	(316)	3.2	18.7	16.5	10.0	4.7	2.6	2.2	2.7	2.7	1.0
30 대	(340)	7.9	15.1	11.9	10.6	4.6	3.3	2.8	4.3	2.4	.5
40 대	(348)	15.4	11.3	14.4	5.5	6.1	6.5	2.8	2.8	1.3	1.3
50 대	(247)	21.2	11.7	12.3	5.3	4.4	5.6	3.0	1.8	2.8	1.1
60세 이상	(252)	32.1	11.1	8.4	5.9	5.9	3.2	4.9	3.1	2.2	4.4
■ 성 / 연령별 ■											
남자20 대	(163)	3.7	18.7	24.1	9.1	5.9	2.7	1.1	.5	.5	1.1
30 대	(173)	12.4	17.6	18.3	11.8	3.9	3.9	2.0	.0	2.6	.0
40 대	(177)	16.1	12.1	20.8	8.7	9.4	10.7	2.0	.0	2.0	2.0
50 대	(124)	19.5	13.0	17.1	9.8	6.5	9.8	1.6	.0	4.1	.8
60세이상	(112)	44.5	14.1	10.9	6.3	6.3	2.3	3.1	.0	3.9	3.9
여자20 대	(153)	2.5	18.6	8.5	11.0	3.4	2.5	3.4	5.1	5.1	.8
30 대	(167)	3.1	12.5	5.2	9.4	5.2	2.6	3.6	8.9	2.1	1.0
40 대	(171)	14.6	10.4	7.8	2.1	2.6	2.1	3.6	5.7	.5	.5
50 대	(123)	23.0	10.4	7.4	.7	2.2	1.5	4.4	3.7	1.5	1.5
60세이상	(140)	22.2	8.7	6.3	5.6	5.6	4.0	6.3	5.6	.8	4.8
■ 지 역 별 ■											
서 울	(319)	16.2	11.9	9.2	6.4	6.0	2.8	4.0	2.8	1.5	1.2
인천 / 경기	(422)	11.6	15.0	15.7	5.1	3.1	4.3	3.4	3.1	1.7	1.9
강 원	(48)	18.0	5.9	1.8	13.8	7.9	6.2	2.5	9.6	1.8	1.8
대전 / 충청	(153)	15.5	9.6	15.7	8.2	5.0	3.9	1.9	2.3	.6	.7
광주 / 전라	(155)	2.9	3.4	3.8	9.6	19.1	5.4	2.7	1.1	.7	.8
대구 / 경북	(164)	26.1	18.5	10.7	10.7	.0	5.2	2.5	4.2	6.9	3.1
부산 / 울산 / 경남	(242)	17.8	21.5	20.8	8.6	1.4	4.6	2.9	2.9	3.2	1.3
■ 지역크기별 ■											
대 도 시	(709)	15.3	11.7	11.1	6.6	5.0	4.1	3.9	2.8	1.8	1.4
중소 도시	(654)	14.7	17.5	15.3	8.1	4.9	4.5	2.6	3.3	2.7	1.9
읍 면	(140)	13.9	6.4	11.0	10.4	7.0	3.9	1.4	2.7	2.3	.6
■ 종 교 별 ■											
불 교	(333)	20.9	15.9	13.1	7.7	5.1	4.9	.9	3.9	1.6	1.7
개 신 교	(373)	12.8	11.3	12.0	6.0	4.7	4.5	2.5	2.1	3.3	1.5
천 주 교	(117)	12.0	12.3	9.1	6.3	6.7	3.3	12.5	5.1	4.5	1.7
기 타	(13)	26.1	.0	7.0	.0	.0	.0	.0	7.0	.0	8.7
종교 없음	(667)	13.3	14.6	14.1	8.8	5.2	4.1	2.9	2.7	1.6	1.3

3. 가정과 가족관

표 3-1-1-1. 가훈 존재 여부

문) 귀하의 댁에는 가훈이 있습니까?

	사례수	가훈이 있다 %	가훈이 없다 %	계 %
■ 전체 ■	(1503)	39.2	60.8	100.0
■ 성별 ■				
남자	(749)	37.6	62.4	100.0
여자	(754)	40.8	59.2	100.0
■ 연령별 ■				
20대	(316)	29.9	70.1	100.0
30대	(340)	35.2	64.8	100.0
40대	(348)	48.5	51.5	100.0
50대	(247)	49.7	50.3	100.0
60세 이상	(252)	33.0	67.0	100.0
■ 성/연령별 ■				
남자20대	(163)	27.8	72.2	100.0
30대	(173)	27.5	72.5	100.0
40대	(177)	47.0	53.0	100.0
50대	(124)	51.2	48.8	100.0
60세이상	(112)	37.5	62.5	100.0
여자20대	(153)	32.2	67.8	100.0
30대	(167)	43.2	56.8	100.0
40대	(171)	50.0	50.0	100.0
50대	(123)	48.1	51.9	100.0
60세이상	(140)	29.4	70.6	100.0
■ 지역별 ■				
서울	(319)	41.0	59.0	100.0
인천/경기	(422)	38.3	61.7	100.0
강원	(48)	30.2	69.8	100.0
대전/충청	(153)	42.2	57.8	100.0
광주/전라	(155)	48.0	52.0	100.0
대구/경북	(164)	38.1	61.9	100.0
부산/울산/경남	(242)	33.4	66.6	100.0
■ 지역크기별 ■				
대도시	(709)	40.1	59.9	100.0
중소도시	(654)	40.2	59.8	100.0
읍/면	(140)	29.9	70.1	100.0
■ 종교별 ■				
불교	(333)	42.9	57.1	100.0
개신교	(373)	46.2	53.8	100.0
천주교	(117)	50.3	49.7	100.0
기타	(13)	13.9	86.1	100.0
종교없음	(667)	31.9	68.1	100.0
■ 종교유무별 ■				
신자	(836)	45.0	55.0	100.0
비신자	(667)	31.9	68.1	100.0

표 3-1-1-2. 가훈 내용

문) 가훈이 있다면, 그 가훈이 무엇인지 적어주십시오.

	사례수	%
■ 전　체 ■	589	100.0
정직	109	18.5
근면/성실하게 살자	77	13.0
최선을 다하자	41	7.0
사랑하며 살자	38	6.4
가화만사성	37	6.3
건강하게 살자	32	5.4
하면 된다	18	3.0
인내/진인사 대천명	10	1.8
착하게 살자	10	1.7
바르게 살자	10	1.7
신뢰	9	1.5
미소를 잃지 말자	7	1.2
역지사지	6	1.0
행복하게 살자	6	.9
오늘에 충실하자	5	.8
참되게 살자	4	.7
남에게 폐를 끼치지 말라	4	.7
하나님 말씀에 순종하는 가정	4	.7
인간이 되자	4	.7
모든 일을 내일로 미루지 말자	4	.6
항상 기뻐하라	3	.5
생각하며 살자	3	.5
책임감 있게 살자	3	.5
생각하는 대로 즉시 시행하라	2	.4
한결같이	2	.4
후회하지 말자	2	.4
봉사	2	.4
건실하자	2	.4
자기 일을 스스로 하자	2	.4
꼭 필요한 사람이 되자	2	.4
분수에 맞게 살자	2	.4
자신에게 충실하자	2	.4
부끄럽지 않게 살자	2	.3
빛과 소금	2	.3
홀로서기	2	.3
남을 돌아보자	2	.3
기타	108	18.4
모름/무응답	12	2.0

표 3-1-2-1. 자녀가 가정에서 우선적으로 배워야 할 것 - 최초

문) 제시된 항목들 중에 자녀들이 가정에서 우선적으로 배워야 한다고
생각하시는 것은 무엇입니까? 가장 우선적으로 배워야 한다고
생각하시는 것과 그 다음으로 배워야 한다고 생각하시는 것을
각각 한 가지씩 골라 해당 번호에 ○ 표시를 해주십시오.

	사례수	예절바름 %	성실함 %	책임감 %	정직 %	신앙심 %	독립심 %	근면 %	창의성 %	인내력 %
■ 전체 ■	(1503)	36.2	18.5	14.5	10.7	4.1	3.8	3.6	2.3	2.0
■ 성별 ■										
남자	(749)	35.7	18.2	14.2	10.8	3.8	3.3	4.1	3.3	2.3
여자	(754)	36.7	18.8	14.8	10.6	4.4	4.2	3.2	1.4	1.6
■ 연령별 ■										
20대	(316)	38.6	17.0	15.5	7.8	2.2	4.0	3.3	3.7	2.5
30대	(340)	33.6	19.1	13.0	12.6	3.8	4.2	4.3	2.6	1.5
40대	(348)	33.8	19.1	17.0	11.6	4.6	3.7	3.3	2.5	.9
50대	(247)	38.9	19.8	13.7	9.8	5.5	2.7	4.6	.4	2.0
60세 이상	(252)	37.2	17.8	12.6	11.4	4.8	3.9	2.8	1.9	3.3
■ 성/연령별 ■										
남자20대	(163)	42.2	18.7	13.4	6.4	2.7	3.7	1.6	6.4	1.6
30대	(173)	35.9	16.3	12.4	11.8	3.9	3.3	5.9	2.6	2.0
40대	(177)	32.2	19.5	16.8	12.8	2.0	2.7	4.0	3.4	1.3
50대	(124)	35.0	19.5	15.4	11.4	7.3	3.3	3.3	.8	2.4
60세이상	(112)	32.0	17.2	12.5	11.7	3.9	3.9	6.3	2.3	5.5
여자20대	(153)	34.7	15.3	17.8	9.3	1.7	4.2	5.1	.8	3.4
30대	(167)	31.3	21.9	13.5	13.5	3.6	5.2	2.6	2.6	1.0
40대	(171)	35.4	18.8	17.2	10.4	7.3	4.7	2.6	1.6	.5
50대	(123)	43.0	20.0	11.9	8.1	3.7	2.2	5.9	.0	1.5
60세이상	(140)	41.3	18.3	12.7	11.1	5.6	4.0	.0	1.6	1.6
■ 지역별 ■										
서울	(319)	38.2	17.8	14.7	8.8	4.3	2.5	4.6	.9	2.2
인천/경기	(422)	38.5	21.7	13.2	9.9	3.3	2.4	1.3	4.6	1.9
강원	(48)	33.6	14.2	8.0	8.5	12.3	11.4	.0	.0	.0
대전/충청	(153)	45.7	19.9	9.2	10.4	4.9	1.5	2.1	.6	3.2
광주/전라	(155)	39.4	17.1	15.7	13.2	8.1	.0	2.8	1.2	.0
대구/경북	(164)	34.0	10.9	14.4	15.7	2.6	6.3	8.5	2.0	.5
부산/울산/경남	(242)	23.4	20.1	20.3	10.2	1.6	8.4	5.3	2.8	3.5
■ 지역크기별 ■										
대도시	(709)	36.2	19.1	15.8	10.4	2.8	3.9	4.1	1.3	2.2
중소도시	(654)	36.7	18.2	13.0	9.7	5.3	3.5	3.4	3.9	2.0
읍/면	(140)	33.3	17.5	14.8	17.2	5.4	4.0	2.8	.0	.8
■ 종교별 ■										
불교	(333)	33.6	18.2	18.7	12.0	.3	4.0	3.7	2.7	2.2
개신교	(373)	33.8	15.5	12.2	11.5	14.1	2.4	2.1	1.5	1.2
천주교	(117)	41.9	23.0	10.0	6.2	3.0	3.5	4.4	1.5	4.0
기타	(13)	26.7	18.0	7.0	22.6	18.8	.0	.0	.0	7.0
종교없음	(667)	38.0	19.6	14.6	10.2	.3	4.5	4.4	2.8	1.8

(continued)

표 3-1-2-1. 자녀가 가정에서 우선적으로 배워야 할 것 - 최초

문) 제시된 항목들 중에 자녀들이 가정에서 우선적으로 배워야 한다고 생각하시는 것은 무엇입니까? 가장 우선적으로 배워야 한다고 생각하시는 것과 그 다음으로 배워야 한다고 생각하시는 것을 각각 한 가지씩 골라 해당 번호에 ○ 표시를 해주십시오.

	순종	절약	관용	지도력	자제심	결단력	계
	%	%	%	%	%	%	%
■ 전 체 ■	1.1	1.1	.8	.8	.3	.1	100.0
▣ 성 별 ▣							
남 자	.7	1.1	.7	1.1	.6	.2	100.0
여 자	1.6	1.1	1.0	.5	.0	.1	100.0
▣ 연 령 별 ▣							
20 대	2.1	1.1	1.4	.6	.3	.0	100.0
30 대	.8	.7	.5	2.0	.7	.6	100.0
40 대	.7	1.2	.9	.3	.3	.0	100.0
50 대	1.5	1.2	.0	.0	.0	.0	100.0
60세 이상	.7	1.7	1.2	.7	.0	.0	100.0
▣ 성/연령별 ▣							
남자20 대	.0	.5	1.1	1.1	.5	.0	100.0
30 대	.7	1.3	.0	2.0	1.3	.7	100.0
40 대	1.3	1.3	1.3	.7	.7	.0	100.0
50 대	.0	1.6	.0	.0	.0	.0	100.0
60세이상	1.6	.8	.8	1.6	.0	.0	100.0
여자20 대	4.2	1.7	1.7	.0	.0	.0	100.0
30 대	1.0	.0	1.0	2.1	.0	.5	100.0
40 대	.0	1.0	.5	.0	.0	.0	100.0
50 대	3.0	.7	.0	.0	.0	.0	100.0
60세이상	.0	2.4	1.6	.0	.0	.0	100.0
▣ 지 역 별 ▣							
서 울	2.3	.4	2.3	.6	.4	.0	100.0
인천/경기	.5	1.0	.2	.8	.5	.0	100.0
강 원	9.7	.0	.0	.0	.0	2.3	100.0
대전/충청	.0	.0	.6	1.3	.7	.0	100.0
광주/전라	1.4	.6	.6	.0	.0	.0	100.0
대구/경북	.5	2.0	.7	1.2	.0	.5	100.0
부산/울산/경남	.0	3.1	.5	.8	.0	.0	100.0
▣ 지역크기별 ▣							
대 도 시	1.0	1.0	1.2	.9	.2	.0	100.0
중소 도시	1.5	.9	.6	.8	.3	.1	100.0
읍 / 면	.0	2.6	.0	.0	.8	.8	100.0
▣ 종 교 별 ▣							
불 교	.4	2.2	.4	1.2	.3	.0	100.0
개 신 교	3.1	.5	1.2	.5	.3	.0	100.0
천주교	.0	.7	.7	.0	1.0	.0	100.0
기 타	.0	.0	.0	.0	.0	.0	100.0
종교 없음	.6	1.0	.9	.8	.1	.3	100.0

표 3-1-2-2. 자녀가 가정에서 우선적으로 배워야 할 것 - 중복

문) 제시된 항목들 중에 자녀들이 가정에서 우선적으로 배워야 한다고 생각하시는 것은 무엇입니까? 가장 우선적으로 배워야 한다고 생각하시는 것과 그 다음으로 배워야 한다고 생각하시는 것을 각각 한 가지씩 골라 해당 번호에 ○ 표시를 해주십시오.

	사례수	예절바름 %	성실함 %	책임감 %	정직 %	독립심 %	근면 %	신앙심 %	인내력 %	창의성 %
■ 전체 ■	(1503)	48.2	38.1	35.1	23.5	10.7	10.5	7.2	6.7	6.0
■ 성별 ■										
남자	(749)	47.6	38.4	34.4	23.0	11.6	11.0	5.5	6.8	6.9
여자	(754)	48.7	37.8	35.8	23.9	9.8	10.0	9.0	6.6	5.0
■ 연령별 ■										
20대	(316)	48.2	36.6	35.7	21.3	13.5	9.7	4.5	6.0	8.9
30대	(340)	45.4	36.9	34.2	25.2	12.3	10.6	5.4	7.3	7.5
40대	(348)	46.0	38.8	39.0	24.7	10.8	8.1	7.4	6.9	5.1
50대	(247)	49.5	40.4	34.1	21.3	9.0	15.4	9.3	5.5	2.8
60세 이상	(252)	53.5	38.2	31.0	24.3	6.6	10.0	10.9	7.4	4.4
■ 성/연령별 ■										
남자20대	(163)	49.7	40.6	35.8	21.4	15.0	5.3	3.2	5.3	11.8
30대	(173)	46.4	35.3	30.1	24.8	13.1	13.7	4.6	5.9	7.2
40대	(177)	45.6	39.6	38.9	24.8	10.1	9.4	4.0	6.0	6.0
50대	(124)	47.2	41.5	34.1	21.1	10.6	13.0	8.9	6.5	4.1
60세이상	(112)	50.0	34.4	32.0	21.9	7.8	15.6	8.6	11.7	3.9
여자20대	(153)	46.6	32.2	35.6	21.2	11.9	14.4	5.9	6.8	5.9
30대	(167)	44.3	38.5	38.5	25.5	11.5	7.3	6.3	8.9	7.8
40대	(171)	46.4	38.0	39.1	24.5	11.5	6.8	10.9	7.8	4.2
50대	(123)	51.9	39.3	34.1	21.5	7.4	17.8	9.6	4.4	1.5
60세이상	(140)	56.3	41.3	30.2	26.2	5.6	5.6	12.7	4.0	4.8
■ 지역별 ■										
서울	(319)	55.1	36.3	30.6	23.4	10.1	11.5	7.9	4.6	4.5
인천/경기	(422)	47.5	38.9	36.7	26.4	8.2	5.9	7.0	6.3	11.7
강원	(48)	44.5	30.4	38.7	20.6	13.7	3.9	16.7	4.2	.0
대전/충청	(153)	56.9	47.1	31.5	22.8	8.7	9.8	5.5	6.3	.6
광주/전라	(155)	47.3	37.8	37.3	20.4	7.9	9.9	14.8	9.6	2.5
대구/경북	(164)	41.0	33.4	30.3	28.2	14.4	21.6	3.3	6.6	4.7
부산/울산/경남	(242)	40.8	38.1	41.5	18.2	15.6	12.0	4.0	8.9	5.5
■ 지역크기별 ■										
대도시	(709)	50.3	37.7	34.0	23.6	12.1	11.2	5.4	6.1	4.3
중소도시	(654)	46.4	36.7	36.5	21.7	9.3	9.8	9.3	7.8	9.0
읍/면	(140)	45.7	46.5	33.8	30.8	10.0	10.6	7.1	4.4	.0
■ 종교별 ■										
불교	(333)	44.5	37.5	37.9	26.8	11.8	13.8	.3	6.3	7.0
개신교	(373)	46.2	35.1	26.8	23.6	7.4	7.6	25.2	6.2	5.4
천주교	(117)	53.4	45.7	38.3	16.0	8.0	9.6	7.4	7.0	4.2
기타	(13)	53.1	26.7	32.8	31.3	6.8	.0	25.8	7.0	.0
종교없음	(667)	50.0	38.9	37.8	22.9	12.5	10.9	.3	7.0	6.2

(continued)

표 3-1-2-2. 자녀가 가정에서 우선적으로 배워야 할 것 - 중복

문) 제시된 항목들 중에 자녀들이 가정에서 우선적으로 배워야 한다고
생각하시는 것은 무엇입니까? 가장 우선적으로 배워야 한다고
생각하시는 것과 그 다음으로 배워야 한다고 생각하시는 것을
각각 한 가지씩 골라 해당 번호에 ○ 표시를 해주십시오.

	절약	순종	관용	지도력	결단력	자제심
	%	%	%	%	%	%
■ 전 체 ■	3.9	2.9	2.3	2.1	1.6	1.4
■ 성 별 ■						
남 자	3.7	2.2	2.4	2.7	2.0	1.9
여 자	4.0	3.6	2.3	1.5	1.1	1.0
■ 연 령 별 ■						
20 대	3.6	3.8	2.9	1.4	1.6	2.2
30 대	2.8	2.4	2.8	3.8	1.5	1.9
40 대	3.0	2.0	2.2	2.3	2.3	1.5
50 대	4.6	4.6	2.0	1.2	.4	.0
60세 이상	6.1	1.9	1.6	1.4	1.7	1.1
■ 성 / 연령별 ■						
남자 20 대	2.1	1.1	1.6	2.7	1.6	2.7
30 대	4.6	3.3	2.0	3.9	2.0	3.3
40 대	3.4	1.3	3.4	2.0	4.0	1.3
50 대	4.1	3.3	3.3	1.6	.8	.0
60세이상	4.7	2.3	1.6	3.1	.8	1.6
여자 20 대	5.1	6.8	4.2	.0	1.7	1.7
30 대	1.0	1.6	3.6	3.6	1.0	.5
40 대	2.6	2.6	1.0	2.6	.5	1.6
50 대	5.2	5.9	.7	.7	.0	.0
60세이상	7.1	1.6	1.6	.0	2.4	.8
■ 지 역 별 ■						
서 울	2.5	6.6	3.0	2.0	1.0	1.0
인천 / 경기	2.6	1.4	1.4	3.1	1.1	1.8
강 원	4.1	11.8	2.7	1.9	5.0	1.8
대전 / 충청	1.6	1.9	1.8	1.3	2.1	2.2
광주 / 전라	1.3	3.5	1.9	.6	3.3	1.9
대구 / 경북	8.5	.5	3.8	1.2	1.7	.7
부산 / 울산 / 경남	7.7	.5	2.8	2.6	.9	.9
■ 지역크기별 ■						
대 도 시	4.5	3.4	2.5	2.3	1.7	1.0
중소 도시	3.3	2.8	2.2	2.4	1.4	1.5
읍 / 면	3.5	.6	2.1	.0	1.7	3.1
■ 종 교 별 ■						
불 교	5.7	1.0	2.5	2.5	1.2	1.0
개신교	1.8	8.0	2.8	1.5	.5	2.0
천주교	3.5	1.5	1.9	.0	2.6	1.0
기 타	.0	.0	7.9	.0	8.7	1.0
종교 없음	4.2	1.3	2.0	2.7	2.0	1.4

표 3-2-1-1. 전통적 동양사상에 대한 견해 - 집안 남자어른 주도권

문) 귀하께서는 다음 제시된 각 항목에 대해 '그렇다'고 생각하십니까, '아니다'라고 생각하십니까? 각각 응답해주십시오.
- 집안의 남자어른이 주도권을 가져야 집안의 질서가 선다.

	사례수	그렇다	아니다	모름/무응답	계
		%	%	%	%
■ 전체 ■	(1503)	47.1	50.4	2.5	100.0
■ 성별 ■					
남자	(749)	54.3	43.3	2.4	100.0
여자	(754)	40.0	57.4	2.6	100.0
■ 연령별 ■					
20대	(316)	37.0	59.3	3.7	100.0
30대	(340)	36.2	61.0	2.9	100.0
40대	(348)	48.1	50.6	1.3	100.0
50대	(247)	56.4	40.1	3.5	100.0
60세 이상	(252)	64.3	34.5	1.2	100.0
■ 성/연령별 ■					
남자20대	(163)	47.1	49.7	3.2	100.0
30대	(173)	44.4	52.9	2.6	100.0
40대	(177)	58.4	39.6	2.0	100.0
50대	(124)	60.2	36.6	3.3	100.0
60세이상	(112)	67.2	32.0	.8	100.0
여자20대	(153)	26.3	69.5	4.2	100.0
30대	(167)	27.6	69.3	3.1	100.0
40대	(171)	37.5	62.0	.5	100.0
50대	(123)	52.6	43.7	3.7	100.0
60세이상	(140)	61.9	36.5	1.6	100.0
■ 지역별 ■					
서울	(319)	49.0	49.0	2.1	100.0
인천/경기	(422)	36.5	60.6	2.9	100.0
강원	(48)	55.0	41.4	3.6	100.0
대전/충청	(153)	43.4	56.1	.6	100.0
광주/전라	(155)	43.7	54.1	2.2	100.0
대구/경북	(164)	59.2	36.8	4.0	100.0
부산/울산/경남	(242)	58.1	39.2	2.6	100.0
■ 지역크기별 ■					
대도시	(709)	50.5	47.4	2.0	100.0
중소도시	(654)	43.1	53.5	3.4	100.0
읍/면	(140)	48.7	50.7	.6	100.0
■ 종교별 ■					
불교	(333)	56.7	41.2	2.1	100.0
개신교	(373)	44.6	53.6	1.8	100.0
천주교	(117)	44.5	52.0	3.5	100.0
기타	(13)	53.1	46.9	.0	100.0
종교없음	(667)	44.1	52.9	3.0	100.0
■ 정치성향별 ■					
보수	(437)	51.5	45.8	2.7	100.0
중립	(587)	44.0	54.4	1.6	100.0
진보	(295)	46.3	51.6	2.1	100.0
모름/무응답	(184)	48.2	46.3	5.6	100.0
■현사회대한견해					
빨리바뀌어야함	(455)	46.3	51.3	2.4	100.0
점진적으로개선	(919)	47.6	50.6	1.8	100.0
현재상태유지	(38)	45.3	44.0	10.7	100.0
모름/무응답	(91)	47.6	45.7	6.6	100.0

표 3-2-1-2. 전통적 동양사상에 대한 견해 - 남편과 아내 하는 일 구별

문) 귀하께서는 다음 제시된 각 항목에 대해 '그렇다'고 생각하십니까,
'아니다'라고 생각하십니까? 각각 응답해주십시오.
- 남편과 아내가 하는 일은 구별되어야 한다.

	사례수	그렇다	아니다	모름/무응답	계
		%	%	%	%
■ 전체 ■	(1503)	39.6	59.2	1.2	100.0
■ 성별 ■					
남자	(749)	45.1	53.3	1.6	100.0
여자	(754)	34.1	65.1	.8	100.0
■ 연령별 ■					
20대	(316)	27.4	70.8	1.8	100.0
30대	(340)	33.5	65.4	1.2	100.0
40대	(348)	37.2	61.3	1.5	100.0
50대	(247)	50.2	49.0	.8	100.0
60세 이상	(252)	56.1	43.5	.4	100.0
■ 성/연령별 ■					
남자20대	(163)	36.4	61.0	2.7	100.0
30대	(173)	43.1	55.6	1.3	100.0
40대	(177)	43.0	55.0	2.0	100.0
50대	(124)	53.7	44.7	1.6	100.0
60세이상	(112)	54.7	45.3	.0	100.0
여자20대	(153)	17.8	81.4	.8	100.0
30대	(167)	23.4	75.5	1.0	100.0
40대	(171)	31.3	67.7	1.0	100.0
50대	(123)	46.7	53.3	.0	100.0
60세이상	(140)	57.1	42.1	.8	100.0
■ 지역별 ■					
서울	(319)	53.6	45.4	1.0	100.0
인천/경기	(422)	30.3	68.1	1.6	100.0
강원	(48)	23.3	74.9	1.8	100.0
대전/충청	(153)	31.8	67.6	.6	100.0
광주/전라	(155)	34.0	64.7	1.3	100.0
대구/경북	(164)	47.2	52.1	.7	100.0
부산/울산/경남	(242)	43.9	54.8	1.3	100.0
■ 지역크기별 ■					
대도시	(709)	47.4	51.6	1.0	100.0
중소도시	(654)	31.8	66.6	1.6	100.0
읍/면	(140)	36.2	63.2	.6	100.0
■ 종교별 ■					
불교	(333)	40.8	57.4	1.8	100.0
개신교	(373)	38.0	61.3	.7	100.0
천주교	(117)	45.8	51.5	2.7	100.0
기타	(13)	49.9	41.4	8.7	100.0
종교없음	(667)	38.6	60.7	.8	100.0
■ 정치성향별 ■					
보수	(437)	42.2	56.6	1.1	100.0
중립	(587)	38.6	60.5	1.0	100.0
진보	(295)	35.8	63.1	1.2	100.0
모름/무응답	(184)	42.5	55.3	2.2	100.0
■현사회대한견해					
빨리바뀌어야함	(455)	39.6	59.3	1.1	100.0
점진적으로개선	(919)	40.0	59.0	1.0	100.0
현재상태유지	(38)	43.3	51.7	5.0	100.0
모름/무응답	(91)	33.7	64.2	2.1	100.0

표 3-2-1-3. 전통적 동양사상에 대한 견해 - 자식은 부모 뜻 추종

문) 귀하께서는 다음 제시된 각 항목에 대해 '그렇다'고 생각하십니까, '아니다'라고 생각하십니까? 각각 응답해주십시오.
- 자식은 자기 생각보다 부모의 뜻에 따라야 한다.

	사례수	그렇다	아니다	모름/무응답	계
		%	%	%	%
■ 전　　체 ■	(1503)	29.6	67.0	3.4	100.0
■ 성　　별 ■					
남　　자	(749)	29.0	67.5	3.5	100.0
여　　자	(754)	30.3	66.5	3.2	100.0
■ 연 령 별 ■					
20　대	(316)	22.7	72.2	5.1	100.0
30　대	(340)	24.1	73.4	2.5	100.0
40　대	(348)	29.4	67.3	3.2	100.0
50　대	(247)	31.8	65.1	3.1	100.0
60세 이상	(252)	43.9	53.2	2.8	100.0
■ 성/연령별 ■					
남자20 대	(163)	25.7	70.1	4.3	100.0
30 대	(173)	20.3	75.8	3.9	100.0
40 대	(177)	28.2	68.5	3.4	100.0
50 대	(124)	31.7	65.0	3.3	100.0
60세이상	(112)	45.3	52.3	2.3	100.0
여자20 대	(153)	19.5	74.6	5.9	100.0
30 대	(167)	28.1	70.8	1.0	100.0
40 대	(171)	30.7	66.1	3.1	100.0
50 대	(123)	31.9	65.2	3.0	100.0
60세이상	(140)	42.9	54.0	3.2	100.0
■ 지 역 별 ■					
서　　울	(319)	30.0	68.9	1.1	100.0
인천/경기	(422)	31.1	63.2	5.7	100.0
강　　원	(48)	10.4	86.0	3.6	100.0
대전/충청	(153)	26.0	70.5	3.5	100.0
광주/전라	(155)	26.4	72.1	1.5	100.0
대구/경북	(164)	43.1	50.7	6.1	100.0
부산/울산/경남	(242)	25.5	72.9	1.6	100.0
■ 지역크기별 ■					
대　도　시	(709)	31.1	66.8	2.0	100.0
중소 도시	(654)	29.9	65.0	5.1	100.0
읍/면	(140)	20.8	77.0	2.2	100.0
■ 종　교　별 ■					
불　교	(333)	29.6	66.0	4.4	100.0
개 신 교	(373)	30.4	67.3	2.3	100.0
천 주 교	(117)	33.4	64.9	1.7	100.0
기 타	(13)	57.6	42.4	.0	100.0
종교 없음	(667)	28.0	68.1	3.8	100.0
■ 정치성향별 ■					
보　　수	(437)	33.1	63.5	3.4	100.0
중　　립	(587)	29.5	67.7	2.7	100.0
진　　보	(295)	23.4	74.2	2.4	100.0
모름/무응답	(184)	31.7	61.5	6.8	100.0
■현사회대한견해					
빨리바꿔어야함	(455)	28.5	67.1	4.4	100.0
점진적으로개선	(919)	28.4	69.1	2.5	100.0
현재상태유지	(38)	44.2	50.0	5.8	100.0
모름/무응답	(91)	41.0	52.7	6.3	100.0

표 3-3-1. 결혼 전 동거에 대한 견해

문) 귀하께서는 남녀가 결혼 전 일정 기간 동거한 후 결혼하는 것에 대해 찬성하십니까, 아니면 반대하십니까?

	사례수	찬성한다 %	반대한다 %	모름/무응답 %	계 %
■ 전체 ■	(1503)	40.3	53.6	6.1	100.0
■ 성별 ■					
남자	(749)	44.0	49.9	6.1	100.0
여자	(754)	36.6	57.3	6.2	100.0
■ 연령별 ■					
20대	(316)	54.3	36.2	9.5	100.0
30대	(340)	48.6	45.3	6.1	100.0
40대	(348)	38.8	57.4	3.8	100.0
50대	(247)	28.4	65.0	6.7	100.0
60세 이상	(252)	25.1	70.2	4.7	100.0
■ 성/연령별 ■					
남자20대	(163)	63.1	28.9	8.0	100.0
30대	(173)	54.2	39.2	6.5	100.0
40대	(177)	39.6	57.0	3.4	100.0
50대	(124)	30.1	61.8	8.1	100.0
60세이상	(112)	22.7	72.7	4.7	100.0
여자20대	(153)	44.9	44.1	11.0	100.0
30대	(167)	42.7	51.6	5.7	100.0
40대	(171)	38.0	57.8	4.2	100.0
50대	(123)	26.7	68.1	5.2	100.0
60세이상	(140)	27.0	68.3	4.8	100.0
■ 지역별 ■					
서울	(319)	43.8	48.1	8.1	100.0
인천/경기	(422)	41.1	52.7	6.2	100.0
강원	(48)	28.7	65.9	5.4	100.0
대전/충청	(153)	44.7	48.4	6.8	100.0
광주/전라	(155)	33.2	58.4	8.4	100.0
대구/경북	(164)	32.2	61.1	6.7	100.0
부산/울산/경남	(242)	43.6	55.0	1.4	100.0
■ 지역크기별 ■					
대도시	(709)	43.5	51.3	5.2	100.0
중소도시	(654)	36.3	57.3	6.4	100.0
읍/면	(140)	42.3	48.3	9.4	100.0
■ 종교별 ■					
불교	(333)	39.3	55.0	5.8	100.0
개신교	(373)	34.5	60.3	5.1	100.0
천주교	(117)	37.5	57.8	4.7	100.0
기타	(13)	.0	85.3	14.7	100.0
종교 없음	(667)	45.2	47.8	7.0	100.0
■이혼에대한견해					
이혼 가능	(1020)	47.4	46.7	5.9	100.0
이혼절대불가	(450)	24.6	69.9	5.5	100.0
모름/무응답	(32)	31.8	45.9	22.3	100.0

표 3-3-2. 이혼에 대한 견해

문) 귀하께서는 경우에 따라 이혼을 할 수 있다고 생각하십니까,
    아니면 어떤 경우라도 이혼은 절대 하지 말아야 한다고 생각하십니까?

	사례수	경우에 따라 이혼을 할 수도 있다	어떤 경우라도 이혼은 절대 하지 말아야 한다	모름/무응답	계
		%	%	%	%
■ 전체 ■	(1503)	67.9	30.0	2.2	100.0
■ 성별 ■					
남자	(749)	65.8	32.5	1.7	100.0
여자	(754)	70.0	27.4	2.6	100.0
■ 연령별 ■					
20대	(316)	76.8	19.9	3.3	100.0
30대	(340)	75.6	21.6	2.8	100.0
40대	(348)	73.8	24.5	1.7	100.0
50대	(247)	61.8	36.4	1.9	100.0
60세 이상	(252)	44.2	55.0	.8	100.0
■ 성/연령별 ■					
남자20대	(163)	73.3	23.5	3.2	100.0
30대	(173)	73.2	24.8	2.0	100.0
40대	(177)	69.1	29.5	1.3	100.0
50대	(124)	64.2	35.0	.8	100.0
60세이상	(112)	39.8	59.4	.8	100.0
여자20대	(153)	80.5	16.1	3.4	100.0
30대	(167)	78.1	18.2	3.6	100.0
40대	(171)	78.6	19.3	2.1	100.0
50대	(123)	59.3	37.8	3.0	100.0
60세이상	(140)	47.6	51.6	.8	100.0
■ 지역별 ■					
서울	(319)	66.3	32.3	1.4	100.0
인천/경기	(422)	68.2	29.1	2.7	100.0
강원	(48)	50.0	46.4	3.6	100.0
대전/충청	(153)	71.1	27.1	1.9	100.0
광주/전라	(155)	65.8	31.6	2.6	100.0
대구/경북	(164)	63.3	34.3	2.3	100.0
부산/울산/경남	(242)	75.4	22.8	1.8	100.0
■ 지역크기별 ■					
대도시	(709)	70.3	28.0	1.7	100.0
중소도시	(654)	65.9	31.2	2.9	100.0
읍/면	(140)	64.9	33.8	1.2	100.0
■ 종교별 ■					
불교	(333)	64.7	33.1	2.3	100.0
개신교	(373)	61.5	36.5	2.1	100.0
천주교	(117)	61.4	36.0	2.5	100.0
기타	(13)	40.0	60.0	.0	100.0
종교없음	(667)	74.8	23.1	2.1	100.0
■ 사람의운명 ■					
타고나는것	(367)	70.2	29.0	.8	100.0
만들어지는것	(937)	66.9	31.5	1.5	100.0
반반	(174)	70.4	24.1	5.5	100.0
모름/무응답	(25)	51.8	24.6	23.6	100.0
■ 궁합나쁜결혼 ■					
상관없다	(926)	70.7	27.9	1.4	100.0
안하는게좋다	(477)	63.2	34.8	2.0	100.0
모름/무응답	(101)	64.5	26.0	9.5	100.0
■ 동거에대한견해 ■					
찬성	(605)	80.0	18.3	1.7	100.0
불가	(806)	59.1	39.1	1.9	100.0
모름/무응답	(92)	65.5	26.7	7.8	100.0

4. 윤리관, 운명관, 종교관

표 4-1-1. 인간의 본성에 대한 견해

문) 지금까지 삶의 경험으로 미루어 볼 때 귀하께서는 인간의 본성이 태어날 때부터 선하다고 생각하십니까, 아니면 악하다고 생각하십니까?

	사례수	태어날 때부터 선하다	태어날 때부터 악하다	태어날 때부터 선과 악을 동시에 지니고 있다	선하지도 악하지도 않다 (태어난 후에 결정)	모름/ 무응답	계
		%	%	%	%	%	%
■ 전체 ■	(1503)	53.0	3.4	31.8	9.1	2.7	100.0
■ 성별 ■							
남자	(749)	51.7	3.4	32.6	8.8	3.5	100.0
여자	(754)	54.2	3.4	31.0	9.5	1.8	100.0
■ 연령별 ■							
20대	(316)	43.1	4.0	35.7	14.1	3.0	100.0
30대	(340)	47.5	4.9	35.7	10.0	2.0	100.0
40대	(348)	54.6	2.7	32.8	6.5	3.4	100.0
50대	(247)	56.0	3.1	32.6	6.7	1.6	100.0
60세 이상	(252)	67.6	2.1	19.5	7.7	3.1	100.0
■ 성/연령별 ■							
남자20대	(163)	42.2	3.7	39.0	10.7	4.3	100.0
30대	(173)	47.1	6.5	35.9	8.5	2.0	100.0
40대	(177)	57.0	1.3	30.2	6.7	4.7	100.0
50대	(124)	51.2	4.1	33.3	8.9	2.4	100.0
60세이상	(112)	64.8	.8	21.1	9.4	3.9	100.0
여자20대	(153)	44.1	4.2	32.2	17.8	1.7	100.0
30대	(167)	47.9	3.1	35.4	11.5	2.1	100.0
40대	(171)	52.1	4.2	35.4	6.3	2.1	100.0
50대	(123)	60.7	2.2	31.9	4.4	.7	100.0
60세이상	(140)	69.8	3.2	18.3	6.3	2.4	100.0
■ 지역별 ■							
서울	(319)	54.4	3.2	30.9	6.9	4.6	100.0
인천/경기	(422)	47.8	2.4	39.8	7.3	2.6	100.0
강원	(48)	36.8	17.7	25.2	16.2	4.1	100.0
대전/충청	(153)	57.5	6.2	19.6	14.2	2.5	100.0
광주/전라	(155)	59.1	2.6	23.4	12.0	2.9	100.0
대구/경북	(164)	54.4	2.6	30.8	10.4	1.8	100.0
부산/울산/경남	(242)	55.6	2.1	34.1	7.8	.4	100.0
■ 지역크기별 ■							
대도시	(709)	55.5	2.3	30.2	9.2	2.8	100.0
중소도시	(654)	50.0	4.8	34.1	9.0	2.1	100.0
읍/면	(140)	54.1	3.3	28.8	9.3	4.5	100.0
■ 종교별 ■							
불교	(333)	53.6	1.2	32.8	10.4	2.0	100.0
개신교	(373)	52.5	9.3	30.2	6.1	1.9	100.0
천주교	(117)	49.9	.0	34.7	10.9	4.5	100.0
기타	(13)	45.3	.0	38.1	16.6	.0	100.0
종교 없음	(667)	53.6	1.9	31.6	9.7	3.1	100.0
■ 종교유무별 ■							
신자	(836)	52.5	4.6	32.0	8.6	2.3	100.0
비신자	(667)	53.6	1.9	31.6	9.7	3.1	100.0

표 4-1-2. 인과응보에 대한 견해

문) 귀하는 '나쁜 일을 하면 언젠가는 그 죄를 달게 받는다'는 말에 동의하는 편이십니까, 아니면 동의하지 않는 편이십니까?

	사례수	동의하는 편	동의하지 않는 편	모름/무응답	계
		%	%	%	%
■ 전체 ■	(1503)	85.4	12.3	2.3	100.0
■ 성별 ■					
남자	(749)	84.1	13.1	2.8	100.0
여자	(754)	86.6	11.5	1.9	100.0
■ 연령별 ■					
20대	(316)	82.1	13.6	4.3	100.0
30대	(340)	85.4	13.1	1.4	100.0
40대	(348)	83.4	14.5	2.1	100.0
50대	(247)	88.3	9.0	2.7	100.0
60세 이상	(252)	89.2	9.8	1.0	100.0
■ 성/연령별 ■					
남자20대	(163)	81.3	14.4	4.3	100.0
30대	(173)	85.0	13.7	1.3	100.0
40대	(177)	81.9	15.4	2.7	100.0
50대	(124)	87.0	9.8	3.3	100.0
60세이상	(112)	87.5	10.2	2.3	100.0
여자20대	(153)	83.1	12.7	4.2	100.0
30대	(167)	85.9	12.5	1.6	100.0
40대	(171)	84.9	13.5	1.6	100.0
50대	(123)	89.6	8.1	2.2	100.0
60세이상	(140)	90.5	9.5	.0	100.0
■ 지역별 ■					
서울	(319)	91.2	7.0	1.8	100.0
인천/경기	(422)	87.2	10.2	2.6	100.0
강원	(48)	88.3	8.0	3.6	100.0
대전/충청	(153)	89.1	8.1	2.8	100.0
광주/전라	(155)	85.9	13.5	.6	100.0
대구/경북	(164)	77.7	19.2	3.0	100.0
부산/울산/경남	(242)	76.3	20.9	2.8	100.0
■ 지역크기별 ■					
대도시	(709)	85.9	12.5	1.6	100.0
중소도시	(654)	85.4	11.9	2.6	100.0
읍/면	(140)	82.0	13.2	4.8	100.0
■ 종교별 ■					
불교	(333)	85.3	13.0	1.7	100.0
개신교	(373)	88.6	8.5	2.9	100.0
천주교	(117)	91.6	7.6	.7	100.0
기타	(13)	92.1	.0	7.9	100.0
종교 없음	(667)	82.4	15.1	2.5	100.0
■ 종교유무별 ■					
신자	(836)	87.8	10.0	2.2	100.0
비신자	(667)	82.4	15.1	2.5	100.0

표 4-2-1. 사람의 운명에 대한 견해

문) 귀하께서는 사람의 운명이나 팔자가 타고나는 것이라고 생각하십니까,
아니면 개인의 노력이나 능력에 따라 만들어지는 것이라고 생각하십니까?

	사례수	사람의 운명이나 팔자는 타고나는 것이다	개인의 노력이나 능력에 따라 만들어지는 것이다	반반	모름/무응답	계
		%	%	%	%	%
■ 전체 ■	(1503)	24.4	62.4	11.6	1.6	100.0
■ 성별 ■						
남자	(749)	22.2	65.3	11.5	1.0	100.0
여자	(754)	26.6	59.5	11.7	2.2	100.0
■ 연령별 ■						
20대	(316)	15.4	64.4	17.3	2.9	100.0
30대	(340)	20.9	65.5	12.0	1.6	100.0
40대	(348)	24.5	64.2	10.4	.9	100.0
50대	(247)	29.0	61.4	8.3	1.2	100.0
60세 이상	(252)	36.0	53.9	8.5	1.7	100.0
■ 성/연령별 ■						
남자20대	(163)	13.9	70.1	14.4	1.6	100.0
30대	(173)	20.9	67.3	11.1	.7	100.0
40대	(177)	23.5	66.4	9.4	.7	100.0
50대	(124)	28.5	57.7	12.2	1.6	100.0
60세이상	(112)	27.3	61.7	10.2	.8	100.0
여자20대	(153)	16.9	58.5	20.3	4.2	100.0
30대	(167)	20.8	63.5	13.0	2.6	100.0
40대	(171)	25.5	62.0	11.5	1.0	100.0
50대	(123)	29.6	65.2	4.4	.7	100.0
60세이상	(140)	42.9	47.6	7.1	2.4	100.0
■ 지역별 ■						
서울	(319)	25.6	64.7	8.2	1.5	100.0
인천/경기	(422)	18.8	66.7	12.8	1.7	100.0
강원	(48)	12.9	78.4	6.9	1.8	100.0
대전/충청	(153)	27.3	59.0	10.5	3.2	100.0
광주/전라	(155)	26.6	54.2	15.4	3.8	100.0
대구/경북	(164)	29.1	56.1	14.1	.7	100.0
부산/울산/경남	(242)	28.6	60.2	11.2	.0	100.0
■ 지역크기별 ■						
대도시	(709)	27.7	59.9	11.1	1.3	100.0
중소도시	(654)	21.2	65.6	11.5	1.6	100.0
읍/면	(140)	23.0	59.6	14.2	3.3	100.0
■ 종교별 ■						
불교	(333)	33.2	55.3	10.9	.6	100.0
개신교	(373)	17.2	70.9	9.5	2.4	100.0
천주교	(117)	20.9	64.8	12.7	1.7	100.0
기타	(13)	24.3	61.9	13.8	.0	100.0
종교 없음	(667)	24.8	60.7	12.8	1.7	100.0
■ 종교유무별 ■						
신자	(836)	24.2	63.7	10.6	1.6	100.0
비신자	(667)	24.8	60.7	12.8	1.7	100.0
■궁합나쁜결혼						
상관없다	(926)	18.5	69.0	11.0	1.5	100.0
안하는게좋다	(477)	37.4	52.8	9.7	.2	100.0
모름/무응답	(101)	17.8	46.6	25.7	9.9	100.0
■이혼에대한견해						
이혼 가능	(1020)	25.3	61.5	12.0	1.3	100.0
이혼절대불가	(450)	23.7	65.7	9.3	1.3	100.0
모름/무응답	(32)	9.0	43.5	29.5	17.9	100.0
■점에대한신뢰도						
믿는 편	(470)	34.4	50.6	14.0	1.0	100.0
믿지않는편	(1009)	20.0	68.0	10.4	1.6	100.0
모름/무응답	(24)	16.2	54.8	11.9	17.1	100.0

표 4-2-2-1. 돈 내고 점(占) 본 경험 여부

문) 귀하께서는 지금까지 한 번이라도 직접 돈을 내고 점이나 사주 등을 보신 적이 있습니까?

	사례수	직접 돈을 내고 점이나 사주를 본 적이 있다	본 적이 없다	계
		%	%	%
■ 전체 ■	(1503)	40.3	59.7	100.0
■ 성별 ■				
남자	(749)	24.6	75.4	100.0
여자	(754)	55.9	44.1	100.0
■ 연령별 ■				
20대	(316)	32.6	67.4	100.0
30대	(340)	39.6	60.4	100.0
40대	(348)	43.4	56.6	100.0
50대	(247)	41.2	58.8	100.0
60세 이상	(252)	45.6	54.4	100.0
■ 성/연령별 ■				
남자 20대	(163)	15.5	84.5	100.0
30대	(173)	23.5	76.5	100.0
40대	(177)	29.5	70.5	100.0
50대	(124)	27.6	72.4	100.0
60세이상	(112)	28.1	71.9	100.0
여자 20대	(153)	50.8	49.2	100.0
30대	(167)	56.3	43.8	100.0
40대	(171)	57.8	42.2	100.0
50대	(123)	54.8	45.2	100.0
60세이상	(140)	59.5	40.5	100.0
■ 지역별 ■				
서울	(319)	34.9	65.1	100.0
인천/경기	(422)	37.2	62.8	100.0
강원	(48)	27.0	73.0	100.0
대전/충청	(153)	39.3	60.7	100.0
광주/전라	(155)	41.9	58.1	100.0
대구/경북	(164)	51.4	48.6	100.0
부산/울산/경남	(242)	47.3	52.7	100.0
■ 지역크기별 ■				
대도시	(709)	40.9	59.1	100.0
중소도시	(654)	40.1	59.9	100.0
읍/면	(140)	38.1	61.9	100.0
■ 종교별 ■				
불교	(333)	61.6	38.4	100.0
개신교	(373)	27.8	72.2	100.0
천주교	(117)	37.2	62.8	100.0
기타	(13)	55.8	44.2	100.0
종교 없음	(667)	36.8	63.2	100.0
■ 사람의 운명 ■				
타고나는것	(367)	49.8	50.2	100.0
만들어지는것	(937)	35.7	64.3	100.0
반반	(174)	46.4	53.6	100.0
모름/무응답	(25)	30.1	69.9	100.0
■ 점에 대한 신뢰도 ■				
믿는 편	(470)	68.4	31.6	100.0
믿지 않는 편	(1009)	27.5	72.5	100.0
모름/무응답	(24)	27.8	72.2	100.0
■ 종교유무별 ■				
신자	(836)	43.0	57.0	100.0
비신자	(667)	36.8	63.2	100.0

표 4-2-2-2. 점(占)과 실제 현실과의 일치도

문) 귀하께서 점이나 사주를 보신 경험에 의하면,
점이나 사주는 실제 현실과 얼마나 일치했습니까,
아니면 일치하지 않았습니까?

	사례수	① 거의 대부분 일치했다	② 어느 정도 일치했다	①+②	③ 별로 일치하지 않았다	④ 전혀 일치하지 않았다	③+④	모름/무응답	계
		%	%	%	%	%	%	%	%
■ 전 체 ■	(605)	2.2	48.5	50.7	36.9	9.6	46.5	2.8	100.0
■ 성 별 ■									
남 자	(184)	1.8	48.0	49.8	34.7	10.2	44.9	5.2	100.0
여 자	(421)	2.4	48.6	51.1	37.9	9.3	47.2	1.8	100.0
■ 연 령 별 ■									
20 대	(103)	1.3	59.2	60.5	27.3	12.2	39.5	.0	100.0
30 대	(135)	1.5	44.0	45.5	45.0	4.1	49.0	5.5	100.0
40 대	(151)	2.6	45.2	47.7	39.9	11.0	50.9	1.4	100.0
50 대	(102)	1.9	53.0	54.9	34.9	5.7	40.6	4.6	100.0
60세 이상	(115)	3.9	44.3	48.2	34.1	15.2	49.3	2.5	100.0
■ 성/연령별 ■									
남자20 대	(25)	.0	62.1	62.1	24.1	13.8	37.9	.0	100.0
30 대	(41)	2.8	47.2	50.0	33.3	2.8	36.1	13.9	100.0
40 대	(52)	2.3	38.6	40.9	45.5	11.4	56.8	2.3	100.0
50 대	(34)	2.9	58.8	61.8	26.5	8.8	35.3	2.9	100.0
60세이상	(32)	.0	41.7	41.7	36.1	16.7	52.8	5.6	100.0
여자20 대	(78)	1.7	58.3	60.0	28.3	11.7	40.0	.0	100.0
30 대	(94)	.9	42.6	43.5	50.0	4.6	54.6	1.9	100.0
40 대	(99)	2.7	48.6	51.4	36.9	10.8	47.7	.9	100.0
50 대	(67)	1.4	50.0	51.4	39.2	4.1	43.2	5.4	100.0
60세이상	(83)	5.3	45.3	50.7	33.3	14.7	48.0	1.3	100.0
■ 지 역 별 ■									
서 울	(111)	3.5	43.2	46.7	31.3	14.7	46.0	7.4	100.0
인천/경기	(157)	.0	47.4	47.4	42.1	9.9	52.0	.6	100.0
강 원	(13)	.0	38.9	38.9	47.8	6.7	54.4	6.7	100.0
대전/충청	(60)	1.9	51.3	53.2	32.7	12.3	44.9	1.9	100.0
광주/전라	(65)	5.4	48.1	53.5	32.8	7.3	40.2	6.3	100.0
대구/경북	(84)	.0	53.4	53.4	40.4	6.2	46.6	.0	100.0
부산/울산/경남	(115)	4.4	51.1	55.5	36.1	6.8	42.9	1.6	100.0
■ 지역크기별 ■									
대 도 시	(290)	3.6	45.1	48.7	35.9	10.4	46.3	4.9	100.0
중소 도시	(262)	1.2	52.7	53.9	36.6	8.5	45.1	1.0	100.0
읍/면	(53)	.0	45.8	45.8	44.2	10.0	54.2	.0	100.0
■ 종 교 별 ■									
불 교	(205)	3.6	56.4	60.0	32.3	4.4	36.8	3.3	100.0
개 신 교	(104)	1.8	31.2	33.1	46.3	17.6	63.9	3.0	100.0
천 주 교	(43)	.0	36.8	36.8	37.7	19.1	56.8	6.4	100.0
기 타	(7)	15.6	43.9	59.4	12.5	28.1	40.6	.0	100.0
종교 없음	(246)	1.3	51.3	52.6	37.4	8.2	45.6	1.8	100.0
■ 사람의운명 ■									
타고나는것	(183)	2.8	53.5	56.3	31.1	9.8	40.9	2.9	100.0
만들어지는것	(335)	1.5	44.8	46.3	40.8	10.0	50.8	2.9	100.0
반 반	(81)	4.2	51.2	55.4	35.0	8.1	43.2	1.4	100.0
모름/무응답	(7)	.0	58.6	58.6	29.2	.0	29.2	12.3	100.0
■궁합나쁜결혼■									
상관 없다	(298)	.6	39.9	40.6	42.7	13.3	56.0	3.4	100.0
안하는게좋다	(259)	4.5	55.6	60.1	32.7	5.1	37.8	2.2	100.0
모름/무응답	(48)	.0	63.0	63.0	24.0	10.7	34.7	2.4	100.0
■점에대한신뢰도									
믿 는 편	(321)	3.5	69.1	72.6	21.7	3.1	24.8	2.5	100.0
믿지않는편	(277)	.8	24.4	25.2	54.8	17.3	72.0	2.8	100.0
모름/무응답	(7)	.0	54.7	54.7	30.3	.0	30.3	15.0	100.0
■ 종교유무별 ■									
신 자	(360)	2.9	46.5	49.4	36.6	10.5	47.1	3.5	100.0
비 신 자	(246)	1.3	51.3	52.6	37.4	8.2	45.6	1.8	100.0

표 4-2-2-3. 점(占)에 대한 신뢰도

문) 귀하께서는 평소 점, 사주, 관상, 작명 등을 얼마나 믿으십니까, 아니면 믿지 않으십니까?

	사례수	① 거의 믿는다 (1점)	② 어느 정도 믿는다 (2점)	①+②	③ 별로 믿지 않는다 (3점)	④ 전혀 믿지 않는다 (4점)	③+④	모름/무응답	계	(평균)
		%	%	%	%	%	%	%	%	점
■ 전 체 ■	(1503)	2.8	28.4	31.2	37.0	30.2	67.1	1.6	100.0	(2.96)
■ 성 별 ■										
남 자	(749)	2.3	22.4	24.8	40.3	33.0	73.3	1.9	100.0	(3.06)
여 자	(754)	3.3	34.4	37.7	33.7	27.3	61.0	1.3	100.0	(2.86)
■ 연 령 별 ■										
20 대	(316)	2.6	29.3	31.9	37.8	28.3	66.1	1.9	100.0	(2.94)
30 대	(340)	2.2	28.8	31.0	43.1	23.9	66.9	2.1	100.0	(2.91)
40 대	(348)	1.5	33.7	35.2	36.8	27.1	63.9	.9	100.0	(2.90)
50 대	(247)	2.8	25.8	28.6	33.0	36.0	69.1	2.3	100.0	(3.05)
60세 이상	(252)	5.9	22.1	28.0	31.9	39.3	71.2	.8	100.0	(3.05)
■ 성/연령별 ■										
남자20 대	(163)	1.1	17.1	18.2	42.2	37.4	79.7	2.1	100.0	(3.19)
30 대	(173)	3.3	22.9	26.1	46.4	24.8	71.2	2.6	100.0	(2.95)
40 대	(177)	1.3	29.5	30.9	39.6	28.2	67.8	1.3	100.0	(2.96)
50 대	(124)	4.1	22.8	26.8	35.0	35.8	70.7	2.4	100.0	(3.05)
60세이상	(112)	2.3	18.0	20.3	35.2	43.8	78.9	.8	100.0	(3.21)
여자20 대	(153)	4.2	42.4	46.6	33.1	18.6	51.7	1.7	100.0	(2.67)
30 대	(167)	1.0	34.9	35.9	39.6	22.9	62.5	1.6	100.0	(2.86)
40 대	(171)	1.6	38.0	39.6	33.9	26.0	59.9	.5	100.0	(2.85)
50 대	(123)	1.5	28.9	30.4	31.1	36.3	67.4	2.2	100.0	(3.05)
60세이상	(140)	8.7	25.4	34.1	29.4	35.7	65.1	.8	100.0	(2.93)
■ 지 역 별 ■										
서울	(319)	2.0	23.2	25.1	36.4	36.4	72.8	2.0	100.0	(3.09)
인천/경기	(422)	1.1	23.8	24.9	39.0	35.2	74.2	.9	100.0	(3.09)
강 원	(48)	2.3	18.9	21.2	27.5	49.5	77.0	1.8	100.0	(3.26)
대전/충청	(153)	5.1	31.7	36.8	33.5	29.7	63.2	.0	100.0	(2.88)
광주/전라	(155)	4.4	25.9	30.3	29.6	37.7	67.3	2.4	100.0	(3.03)
대구/경북	(164)	5.2	26.0	31.2	48.8	15.1	63.9	4.9	100.0	(2.78)
부산/울산/경남	(242)	2.9	46.6	49.5	35.2	14.8	50.0	.5	100.0	(2.62)
■ 지역크기별 ■										
대 도 시	(709)	2.9	28.3	31.2	36.0	31.2	67.1	1.7	100.0	(2.97)
중소 도시	(654)	2.3	29.0	31.3	38.8	28.6	67.4	1.3	100.0	(2.95)
읍/면	(140)	5.0	26.3	31.3	33.6	32.1	65.8	2.9	100.0	(2.96)
■ 종 교 별 ■										
불 교	(333)	5.6	51.5	57.1	30.5	11.5	42.0	.9	100.0	(2.48)
개신교	(373)	2.2	13.1	15.3	30.6	53.1	83.8	1.0	100.0	(3.36)
천주교	(117)	2.7	21.1	23.9	34.9	38.7	73.6	2.6	100.0	(3.12)
기 타	(13)	8.7	18.0	26.7	40.7	32.6	73.3	.0	100.0	(2.97)
종교 없음	(667)	1.7	27.0	28.7	44.0	25.1	69.1	2.2	100.0	(2.95)
■ 사람의운명 ■										
타고나는것	(367)	6.2	37.8	44.0	32.3	22.6	54.9	1.1	100.0	(2.72)
만들어지는것	(937)	1.2	24.2	25.4	39.0	34.2	73.2	1.4	100.0	(3.08)
반 반	(174)	4.0	33.7	37.8	39.0	21.6	60.6	1.7	100.0	(2.79)
모름/무응답	(25)	4.5	14.0	18.5	15.9	48.7	64.7	16.8	100.0	(3.31)
■ 궁합나쁜결혼 ■										
상관 없다	(926)	1.8	20.3	22.1	39.7	37.2	76.9	1.0	100.0	(3.13)
안하는게좋다	(477)	4.9	43.2	48.1	32.7	17.7	50.4	1.5	100.0	(2.64)
모름/무응답	(101)	2.2	33.3	35.6	32.3	24.6	56.8	7.6	100.0	(2.86)
■ 종교유무별 ■										
신 자	(836)	3.7	29.6	33.3	31.3	34.2	65.5	1.1	100.0	(2.97)
비 신 자	(667)	1.7	27.0	28.7	44.0	25.1	69.1	2.2	100.0	(2.95)

표 4-2-2-4. 궁합 나쁜 결혼에 대한 견해

문) 만약 결혼을 앞둔 자녀나 친척이 결혼 상대와 궁합이 나쁘다면, 귀하께서는 결혼해도 상관없다고 생각하십니까, 아니면 결혼을 하지 않는 것이 좋다고 생각하십니까?

	사례수	결혼해도 상관없다	결혼을 하지 않는 것이 좋다	모름/무응답	계
		%	%	%	%
■ 전 체 ■	(1503)	61.6	31.7	6.7	100.0
■ 성 별 ■					
남자	(749)	69.9	25.0	5.1	100.0
여자	(754)	53.3	38.4	8.3	100.0
■ 연 령 별 ■					
20대	(316)	71.2	18.4	10.4	100.0
30대	(340)	67.7	26.1	6.2	100.0
40대	(348)	57.9	35.6	6.5	100.0
50대	(247)	59.3	37.2	3.5	100.0
60세 이상	(252)	48.5	45.4	6.1	100.0
■ 성/연령별 ■					
남자 20대	(163)	85.6	10.2	4.3	100.0
30대	(173)	73.2	21.6	5.2	100.0
40대	(177)	61.1	32.2	6.7	100.0
50대	(124)	67.5	28.5	4.1	100.0
60세이상	(112)	58.6	36.7	4.7	100.0
여자 20대	(153)	55.9	27.1	16.9	100.0
30대	(167)	62.0	30.7	7.3	100.0
40대	(171)	54.7	39.1	6.3	100.0
50대	(123)	51.1	45.9	3.0	100.0
60세이상	(140)	40.5	52.4	7.1	100.0
■ 지 역 별 ■					
서울	(319)	67.3	28.9	3.8	100.0
인천/경기	(422)	69.9	21.9	8.2	100.0
강원	(48)	58.3	29.1	12.6	100.0
대전/충청	(153)	59.8	31.2	9.0	100.0
광주/전라	(155)	56.2	34.0	9.8	100.0
대구/경북	(164)	50.0	43.9	6.1	100.0
부산/울산/경남	(242)	52.7	43.7	3.6	100.0
■ 지역크기별 ■					
대도시	(709)	62.8	33.4	3.8	100.0
중소도시	(654)	62.6	27.9	9.5	100.0
읍/면	(140)	50.9	41.0	8.1	100.0
■ 종 교 별 ■					
불교	(333)	42.5	52.5	5.0	100.0
개신교	(373)	70.5	22.0	7.5	100.0
천주교	(117)	67.0	22.9	10.1	100.0
기타	(13)	73.9	17.4	8.7	100.0
종교 없음	(667)	65.0	28.6	6.4	100.0
■ 사람의운명 ■					
타고나는것	(367)	46.6	48.5	4.9	100.0
만들어지는것	(937)	68.2	26.8	5.0	100.0
반반	(174)	58.6	26.5	14.9	100.0
모름/무응답	(25)	56.0	3.7	40.3	100.0
■이혼에대한견해■					
이혼 가능	(1020)	64.1	29.5	6.4	100.0
이혼절대불가	(450)	57.3	36.9	5.8	100.0
모름/무응답	(32)	40.9	29.6	29.5	100.0
■점에대한신뢰도■					
믿는 편	(470)	43.5	48.8	7.6	100.0
믿지않는편	(1009)	70.5	23.8	5.7	100.0
모름/무응답	(24)	39.7	28.6	31.7	100.0

표 4-3-2-1. 절대 진리의 존재에 대한 견해

문) 귀하께서는 다음 제시된 것들이 존재한다고 생각하십니까, 아니면 존재하지 않는다고 생각하십니까? 각각 응답해주십시오.

	사례수	존재한다 %	존재하지 않는다 %	모름/ 무응답 %	계 %
■ 전체 ■	(1503)	52.5	34.3	13.3	100.0
■ 성별 ■					
남자	(749)	49.3	39.8	10.9	100.0
여자	(754)	55.6	28.7	15.6	100.0
■ 연령별 ■					
20대	(316)	49.7	36.8	13.4	100.0
30대	(340)	45.4	43.0	11.6	100.0
40대	(348)	57.4	31.6	11.0	100.0
50대	(247)	55.0	28.5	16.5	100.0
60세 이상	(252)	56.3	28.6	15.2	100.0
■ 성/연령별 ■					
남자20대	(163)	47.1	42.8	10.2	100.0
30대	(173)	39.9	50.3	9.8	100.0
40대	(177)	57.0	32.9	10.1	100.0
50대	(124)	54.5	33.3	12.2	100.0
60세이상	(112)	49.2	37.5	13.3	100.0
여자20대	(153)	52.5	30.5	16.9	100.0
30대	(167)	51.0	35.4	13.5	100.0
40대	(171)	57.8	30.2	12.0	100.0
50대	(123)	55.6	23.7	20.7	100.0
60세이상	(140)	61.9	21.4	16.7	100.0
■ 지역별 ■					
서울	(319)	47.4	36.2	16.4	100.0
인천/경기	(422)	53.7	35.1	11.2	100.0
강원	(48)	55.8	31.8	12.3	100.0
대전/충청	(153)	61.7	23.0	15.3	100.0
광주/전라	(155)	56.5	33.8	9.7	100.0
대구/경북	(164)	48.4	34.3	17.3	100.0
부산/울산/경남	(242)	50.8	38.2	11.1	100.0
■ 지역크기별 ■					
대도시	(709)	48.0	38.3	13.7	100.0
중소도시	(654)	57.9	30.1	12.0	100.0
읍/면	(140)	49.9	33.4	16.7	100.0
■ 종교별 ■					
불교	(333)	53.2	32.4	14.4	100.0
개신교	(373)	73.5	18.7	7.8	100.0
천주교	(117)	55.9	29.9	14.2	100.0
기타	(13)	76.6	14.7	8.7	100.0
종교 없음	(667)	39.3	45.0	15.6	100.0
■ 종교유무별 ■					
신자	(836)	63.0	25.7	11.3	100.0
비신자	(667)	39.3	45.0	15.6	100.0
■ 신의 존재 ■					
존재한다	(791)	75.3	17.8	6.8	100.0
존재안한다	(542)	28.5	64.3	7.2	100.0
모름/무응답	(170)	22.7	14.9	62.4	100.0
■ 사후 세계 ■					
존재한다	(720)	75.3	18.7	6.0	100.0
존재안한다	(537)	31.4	61.7	6.9	100.0
모름/무응답	(247)	31.8	20.1	48.1	100.0

표 4-3-2-2. 신의 존재에 대한 견해

문) 귀하께서는 다음 제시된 것들이 존재한다고 생각하십니까,
    아니면 존재하지 않는다고 생각하십니까? 각각 응답해주십시오.

	사례수	존재한다	존재하지 않는다	모름/ 무응답	계
		%	%	%	%
■ 전체 ■	(1503)	52.6	36.1	11.3	100.0
■ 성별 ■					
남자	(749)	44.8	44.8	10.4	100.0
여자	(754)	60.4	27.5	12.2	100.0
■ 연령별 ■					
20대	(316)	51.4	37.9	10.7	100.0
30대	(340)	45.0	43.8	11.1	100.0
40대	(348)	55.6	34.7	9.6	100.0
50대	(247)	54.4	29.8	15.8	100.0
60세 이상	(252)	58.5	31.4	10.1	100.0
■ 성/연령별 ■					
남자20대	(163)	48.7	43.3	8.0	100.0
30대	(173)	37.3	52.9	9.8	100.0
40대	(177)	45.0	45.6	9.4	100.0
50대	(124)	49.6	35.8	14.6	100.0
60세이상	(112)	45.3	43.0	11.7	100.0
여자20대	(153)	54.2	32.2	13.6	100.0
30대	(167)	53.1	34.4	12.5	100.0
40대	(171)	66.7	23.4	9.9	100.0
50대	(123)	59.3	23.7	17.0	100.0
60세이상	(140)	69.0	22.2	8.7	100.0
■ 지역별 ■					
서울	(319)	55.1	33.0	11.9	100.0
인천/경기	(422)	48.7	39.8	11.5	100.0
강원	(48)	62.6	31.7	5.7	100.0
대전/충청	(153)	65.1	25.2	9.6	100.0
광주/전라	(155)	60.7	29.1	10.2	100.0
대구/경북	(164)	46.7	38.9	14.4	100.0
부산/울산/경남	(242)	45.1	43.9	10.9	100.0
■ 지역크기별 ■					
대도시	(709)	52.2	36.5	11.3	100.0
중소도시	(654)	52.1	36.7	11.2	100.0
읍/면	(140)	57.2	31.4	11.4	100.0
■ 종교별 ■					
불교	(333)	49.9	36.3	13.7	100.0
개신교	(373)	84.9	11.6	3.5	100.0
천주교	(117)	73.8	17.9	8.3	100.0
기타	(13)	66.9	16.6	16.6	100.0
종교 없음	(667)	31.9	53.2	14.9	100.0
■ 종교유무별 ■					
신자	(836)	69.1	22.4	8.4	100.0
비신자	(667)	31.9	53.2	14.9	100.0
■ 절대진리 ■					
존재한다	(789)	75.5	19.6	4.9	100.0
존재안한다	(515)	27.4	67.7	4.9	100.0
모름/무응답	(199)	27.1	19.7	53.2	100.0
■ 사후세계 ■					
존재한다	(720)	90.9	7.7	1.4	100.0
존재안한다	(537)	14.2	83.4	2.4	100.0
모름/무응답	(247)	24.4	16.1	59.5	100.0

표 4-3-2-3. 사후 세계의 존재에 대한 견해

문) 귀하께서는 다음 제시된 것들이 존재한다고 생각하십니까.
아니면 존재하지 않는다고 생각하십니까? 각각 응답해주십시오.

	사례수	존재한다	존재하지 않는다	모름/ 무응답	계
		%	%	%	%
■ 전체 ■	(1503)	47.9	35.7	16.4	100.0
■ 성별 ■					
남자	(749)	41.9	42.6	15.5	100.0
여자	(754)	53.8	28.9	17.3	100.0
■ 연령별 ■					
20대	(316)	44.9	37.2	17.8	100.0
30대	(340)	44.9	40.6	14.5	100.0
40대	(348)	49.5	34.7	15.8	100.0
50대	(247)	48.6	31.7	19.7	100.0
60세 이상	(252)	52.7	32.3	15.0	100.0
■ 성/연령별 ■					
남자20대	(163)	43.3	41.2	15.5	100.0
30대	(173)	37.9	47.7	14.4	100.0
40대	(177)	43.0	41.6	15.4	100.0
50대	(124)	43.9	38.2	17.9	100.0
60세이상	(112)	42.2	43.0	14.8	100.0
여자20대	(153)	46.6	33.1	20.3	100.0
30대	(167)	52.1	33.3	14.6	100.0
40대	(171)	56.3	27.6	16.1	100.0
50대	(123)	53.3	25.2	21.5	100.0
60세이상	(140)	61.1	23.8	15.1	100.0
■ 지역별 ■					
서울	(319)	48.5	33.3	18.2	100.0
인천/경기	(422)	47.4	38.1	14.5	100.0
강원	(48)	54.8	31.1	14.1	100.0
대전/충청	(153)	52.8	28.6	18.6	100.0
광주/전라	(155)	56.1	32.5	11.4	100.0
대구/경북	(164)	37.5	42.7	19.8	100.0
부산/울산/경남	(242)	45.2	37.3	17.5	100.0
■ 지역크기별 ■					
대도시	(709)	47.6	36.3	16.0	100.0
중소도시	(654)	48.0	36.4	15.6	100.0
읍/면	(140)	48.2	29.4	22.4	100.0
■ 종교별 ■					
불교	(333)	46.8	35.2	18.0	100.0
개신교	(373)	78.3	12.4	9.3	100.0
천주교	(117)	64.5	22.7	12.8	100.0
기타	(13)	42.1	34.4	23.5	100.0
종교 없음	(667)	28.6	51.2	20.1	100.0
■ 종교유무별 ■					
신자	(836)	63.3	23.3	13.5	100.0
비신자	(667)	28.6	51.2	20.1	100.0
■ 절대진리 ■					
존재한다	(789)	68.7	21.4	10.0	100.0
존재안한다	(515)	26.1	64.3	9.6	100.0
모름/무응답	(199)	21.8	18.7	59.6	100.0
■ 신의 존재 ■					
존재한다	(791)	82.7	9.7	7.6	100.0
존재안한다	(542)	10.2	82.5	7.3	100.0
모름/무응답	(170)	5.8	7.6	86.6	100.0

표 4-3-3. 종교에 대한 견해

문) 귀하께서는 다음 제시된 내용 중에서 어떤 생각에 동의하십니까?

	사례수	진정한 종교는 하나뿐이다	여러 종교는 저마다 기본적인 진리와 의미를 갖고 있다	어떤 종교든 진리를 갖고 있지 않다	모름/ 무응답	계
		%	%	%	%	%
■ 전 체 ■	(1503)	19.6	67.1	4.3	9.0	100.0
■ 성 별 ■						
남 자	(749)	16.4	68.1	6.3	9.3	100.0
여 자	(754)	22.7	66.2	2.4	8.7	100.0
■ 연 령 별 ■						
20대	(316)	14.7	67.6	6.1	11.7	100.0
30대	(340)	15.5	73.2	5.2	6.1	100.0
40대	(348)	18.9	68.9	3.8	8.4	100.0
50대	(247)	23.0	65.0	2.0	10.0	100.0
60세 이상	(252)	28.7	57.9	4.0	9.5	100.0
■ 성/연령별 ■						
남자20대	(163)	13.4	65.8	10.2	10.7	100.0
30대	(173)	12.4	74.5	7.2	5.9	100.0
40대	(177)	13.4	71.1	4.0	11.4	100.0
50대	(124)	25.2	63.4	2.4	8.9	100.0
60세이상	(112)	21.9	61.7	7.0	9.4	100.0
여자20대	(153)	16.1	69.5	1.7	12.7	100.0
30대	(167)	18.8	71.9	3.1	6.3	100.0
40대	(171)	24.5	66.7	3.6	5.2	100.0
50대	(123)	20.7	66.7	1.5	11.1	100.0
60세이상	(140)	34.1	54.8	1.6	9.5	100.0
■ 지 역 별 ■						
서울	(319)	13.9	71.6	3.6	11.0	100.0
인천/경기	(422)	24.4	60.9	4.0	10.7	100.0
강 원	(48)	21.2	55.2	8.4	15.2	100.0
대전/충청	(153)	25.2	65.0	3.3	6.4	100.0
광주/전라	(155)	26.3	58.6	7.9	7.1	100.0
대구/경북	(164)	13.5	71.5	4.7	10.2	100.0
부산/울산/경남	(242)	14.4	78.3	3.1	4.2	100.0
■ 지역크기별 ■						
대 도 시	(709)	18.2	68.4	4.6	8.9	100.0
중소 도시	(654)	21.1	65.6	4.0	9.3	100.0
읍/면	(140)	19.3	68.1	4.6	7.9	100.0
■ 종 교 별 ■						
불 교	(333)	11.3	78.3	3.0	7.4	100.0
개 신 교	(373)	51.3	43.2	1.2	4.3	100.0
천 주 교	(117)	20.0	74.4	2.2	3.3	100.0
기 타	(13)	48.3	51.7	.0	.0	100.0
종교 없음	(667)	5.3	73.9	7.2	13.6	100.0
■ 종교유무별 ■						
신 자	(836)	31.0	61.7	2.0	5.3	100.0
비 신 자	(667)	5.3	73.9	7.2	13.6	100.0
■ 절대 진리 ■						
존재 한다	(789)	28.9	63.9	2.5	4.8	100.0
존재안한다	(515)	10.1	70.6	7.8	11.5	100.0
모름/무응답	(199)	7.2	70.9	2.8	19.1	100.0
■ 신의 존재 ■						
존재 한다	(791)	30.6	63.5	1.5	4.4	100.0
존재안한다	(542)	8.1	70.9	8.9	12.1	100.0
모름/무응답	(170)	4.5	72.0	3.1	20.4	100.0
■ 사후 세계 ■						
존재 한다	(720)	32.4	61.8	1.5	4.4	100.0
존재안한다	(537)	8.8	71.6	8.8	10.7	100.0
모름/무응답	(247)	5.5	72.8	3.0	18.8	100.0

5. 국가관과 사회관, 정치의식

표 5-1-1. 한국인이라는 것이 자랑스러운 정도

문) 귀하께서는 한국인이라는 사실이 얼마나 자랑스럽습니까, 아니면 자랑스럽지 않으십니까?

	사례수	① 매우 자랑 스럽다 %	② 어느 정도 자랑 스럽다 %	①+② %	③ 별로 자랑 스럽지 않다 %	④ 전혀 자랑 스럽지 않다 %	③+④ %	모름/ 무응답 %	계 %
■ 전 체 ■	(1503)	22.4	62.9	85.4	12.3	1.0	13.3	1.3	100.0
■ 성 별 ■									
남자	(749)	22.0	61.8	83.9	13.2	1.6	14.9	1.2	100.0
여자	(754)	22.8	64.1	86.9	11.4	.4	11.8	1.3	100.0
■ 연 령 별 ■									
20대	(316)	21.6	62.2	83.8	12.5	1.5	14.0	2.2	100.0
30대	(340)	18.8	63.1	81.9	15.0	1.3	16.2	1.8	100.0
40대	(348)	19.3	66.2	85.5	12.7	.9	13.7	.9	100.0
50대	(247)	23.3	61.8	85.1	13.2	1.2	14.5	.4	100.0
60세 이상	(252)	32.0	60.2	92.2	7.0	.0	7.0	.8	100.0
■ 성/연령별 ■									
남자20대	(163)	23.5	61.0	84.5	12.3	2.1	14.4	1.1	100.0
30대	(173)	16.3	64.7	81.0	14.4	2.0	16.3	2.6	100.0
40대	(177)	18.8	63.8	82.6	15.4	1.3	16.8	.7	100.0
50대	(124)	24.4	57.7	82.1	14.6	2.4	17.1	.8	100.0
60세이상	(112)	31.3	60.2	91.4	7.8	.0	7.8	.8	100.0
여자20대	(153)	19.5	63.6	83.1	12.7	.8	13.6	3.4	100.0
30대	(167)	21.4	61.5	82.8	15.6	.5	16.1	1.0	100.0
40대	(171)	19.8	68.8	88.5	9.9	.5	10.4	1.0	100.0
50대	(123)	22.2	65.9	88.1	11.9	.0	11.9	.0	100.0
60세이상	(140)	32.5	60.3	92.9	6.3	.0	6.3	.8	100.0
■ 지 역 별 ■									
서울	(319)	27.8	62.2	90.0	8.1	.6	8.6	1.4	100.0
인천/경기	(422)	19.1	67.7	86.8	11.2	.8	11.9	1.3	100.0
강원	(48)	39.4	46.8	86.2	9.3	4.5	13.8	.0	100.0
대전/충청	(153)	31.2	50.1	81.3	14.9	1.9	16.8	1.9	100.0
광주/전라	(155)	18.1	55.7	73.8	21.4	1.2	22.6	3.6	100.0
대구/경북	(164)	26.9	64.2	91.0	8.3	.6	9.0	.0	100.0
부산/울산/경남	(242)	12.1	70.8	82.9	15.8	1.0	16.7	.4	100.0
■ 지역크기별 ■									
대 도 시	(709)	22.5	64.3	86.8	11.2	1.1	12.3	.9	100.0
중소 도시	(654)	22.4	61.8	84.2	12.8	1.0	13.8	2.0	100.0
읍/면	(140)	22.1	61.5	83.7	15.7	.6	16.3	.0	100.0
■ 종 교 별 ■									
불 교	(333)	21.7	61.8	83.4	14.5	1.3	15.8	.8	100.0
개신교	(373)	26.1	63.4	89.4	8.6	.5	9.0	1.5	100.0
천주교	(117)	28.3	56.0	84.3	13.7	.0	13.7	2.1	100.0
기 타	(13)	40.5	35.4	75.9	24.1	.0	24.1	.0	100.0
종교 없음	(667)	19.4	65.1	84.5	12.9	1.4	14.3	1.3	100.0
■ 참전의향별 ■									
참 전	(921)	24.5	64.1	88.6	10.1	.8	10.8	.5	100.0
비 참 전	(394)	18.8	59.7	78.5	18.8	1.8	20.6	.9	100.0
모름/무응답	(188)	20.1	63.9	84.0	9.8	.5	10.3	5.7	100.0
■ 행복정도별 ■									
행복 하다	(1240)	25.2	64.8	90.0	8.4	.6	9.0	1.0	100.0
불행 하다	(243)	8.2	54.8	63.0	32.0	3.4	35.4	1.6	100.0
모름/무응답	(20)	21.6	46.6	68.2	15.2	.0	15.2	16.6	100.0

표 5-1-2. 전쟁시 우리나라를 위해 참전할 의향

문) 귀하께서는 만약 전쟁이 일어난다면, 우리나라를 위해 기꺼이 싸우시겠습니까?

	사례수	기꺼이 싸울 것이다	그러지 않을 것이다	모름/ 무응답	계
		%	%	%	%
■ 전 체 ■	(1503)	61.3	26.2	12.5	100.0
■ 성 별 ■					
남 자	(749)	77.6	16.0	6.5	100.0
여 자	(754)	45.0	36.4	18.6	100.0
■ 연 령 별 ■					
20 대	(316)	54.6	30.3	15.1	100.0
30 대	(340)	65.1	23.4	11.4	100.0
40 대	(348)	65.8	23.5	10.8	100.0
50 대	(247)	63.8	24.8	11.5	100.0
60세 이상	(252)	55.6	30.0	14.3	100.0
■ 성/연령별 ■					
남자20 대	(163)	76.5	16.6	7.0	100.0
30 대	(173)	79.7	14.4	5.9	100.0
40 대	(177)	78.5	15.4	6.0	100.0
50 대	(124)	75.6	16.3	8.1	100.0
60세이상	(112)	76.6	18.0	5.5	100.0
여자20 대	(153)	31.4	44.9	23.7	100.0
30 대	(167)	50.0	32.8	17.2	100.0
40 대	(171)	52.6	31.8	15.6	100.0
50 대	(123)	51.9	33.3	14.8	100.0
60세이상	(140)	38.9	39.7	21.4	100.0
■ 지 역 별 ■					
서 울	(319)	66.0	20.8	13.2	100.0
인천/경기	(422)	64.1	23.6	12.3	100.0
강 원	(48)	59.6	22.9	17.6	100.0
대전/충청	(153)	58.2	27.6	14.2	100.0
광주/전라	(155)	65.1	21.6	13.3	100.0
대구/경북	(164)	52.2	30.4	17.3	100.0
부산/울산/경남	(242)	56.0	37.8	6.2	100.0
■ 지역크기별 ■					
대 도 시	(709)	59.6	29.7	10.7	100.0
중소 도시	(654)	63.5	22.2	14.3	100.0
읍/면	(140)	59.5	27.2	13.4	100.0
■ 종 교 별 ■					
불 교	(333)	58.7	30.6	10.7	100.0
개 신 교	(373)	65.3	22.2	12.6	100.0
천 주 교	(117)	63.5	25.5	11.0	100.0
기 타	(13)	56.8	36.2	7.0	100.0
종교 없음	(667)	60.0	26.2	13.8	100.0
■한국인자부심■					
자랑스럽다	(1283)	63.6	24.1	12.3	100.0
자랑스럽지않다	(200)	49.8	40.5	9.7	100.0
모름/무응답	(19)	26.2	17.5	56.3	100.0
■정치관심정도■					
관심 있다	(490)	74.0	17.6	8.5	100.0
관심 없다	(993)	55.5	31.0	13.5	100.0
모름/무응답	(20)	35.7	.0	64.3	100.0
■정치성향별■					
보 수	(437)	63.1	25.6	11.3	100.0
중 립	(587)	63.2	27.1	9.7	100.0
진 보	(295)	66.4	25.8	7.8	100.0
모름/무응답	(184)	42.4	25.3	32.3	100.0
■현사회대한견해■					
빨리바꿔어야함	(455)	62.8	26.8	10.5	100.0
점진적으로개선	(919)	63.3	25.9	10.8	100.0
현재상태유지	(38)	57.1	37.6	5.3	100.0
모름/무응답	(91)	34.9	22.1	42.9	100.0

표 5-2-1. 현 사회제도에 대한 견해

문) 귀하께서는 다음 중 어떤 생각에 동의하십니까?

	사례수	1	2	3	모름/무응답	계
		%	%	%	%	%
■ 전 체 ■	(1503)	30.3	61.1	2.5	6.1	100.0
■ 성 별 ■						
남 자	(749)	33.0	60.2	3.0	3.8	100.0
여 자	(754)	27.6	62.1	2.1	8.3	100.0
■ 연 령 별 ■						
20 대	(316)	32.3	58.0	3.3	6.5	100.0
30 대	(340)	33.2	61.6	1.0	4.1	100.0
40 대	(348)	28.2	64.3	3.0	4.5	100.0
50 대	(247)	29.3	62.6	2.7	5.4	100.0
60세 이상	(252)	27.8	58.6	2.6	11.0	100.0
■ 성 / 연령별 ■						
남자20 대	(163)	31.6	58.3	4.8	5.3	100.0
30 대	(173)	36.6	60.8	.0	2.6	100.0
40 대	(177)	30.2	63.1	3.4	3.4	100.0
50 대	(124)	34.1	58.5	3.3	4.1	100.0
60세이상	(112)	32.8	59.4	3.9	3.9	100.0
여자20 대	(153)	33.1	57.6	1.7	7.6	100.0
30 대	(167)	29.7	62.5	2.1	5.7	100.0
40 대	(171)	26.0	65.6	2.6	5.7	100.0
50 대	(123)	24.4	66.7	2.2	6.7	100.0
60세이상	(140)	23.8	57.9	1.6	16.7	100.0
■ 지 역 별 ■						
서 울	(319)	24.9	67.7	1.7	5.7	100.0
인천 / 경기	(422)	27.6	63.7	.7	8.0	100.0
강 원	(48)	17.3	59.5	4.3	18.9	100.0
대전 / 충청	(153)	43.0	52.0	2.8	2.2	100.0
광주 / 전라	(155)	43.2	48.9	2.5	5.4	100.0
대구 / 경북	(164)	35.1	52.6	3.1	9.1	100.0
부산/울산/경남	(242)	25.1	67.8	5.9	1.3	100.0
■ 지역크기별 ■						
대 도 시	(709)	28.9	63.7	2.1	5.2	100.0
중소 도시	(654)	30.0	60.2	2.8	7.0	100.0
읍 / 면	(140)	38.8	52.0	3.2	6.0	100.0
■ 종 교 별 ■						
불 교	(333)	32.8	56.9	4.1	6.2	100.0
개 신 교	(373)	26.8	65.6	1.0	6.6	100.0
천 주 교	(117)	24.2	66.1	2.3	7.4	100.0
기 타	(13)	39.6	60.4	.0	.0	100.0
종교 없음	(667)	31.9	59.9	2.7	5.6	100.0
■정치관심정도■						
관심 있다	(490)	32.5	61.6	2.9	3.0	100.0
관심 없다	(993)	29.6	61.9	2.4	6.1	100.0
모름 / 무응답	(20)	12.1	11.6	.0	76.3	100.0
■ 정치성향별 ■						
보 수	(437)	31.2	63.8	1.9	3.1	100.0
중 립	(587)	27.5	66.5	3.1	2.9	100.0
진 보	(295)	35.8	57.8	2.7	3.8	100.0
모름 / 무응답	(184)	28.2	43.1	1.9	26.8	100.0

1. 우리의 현 사회제도는 잘못된 점이 많으며, 빨리 바뀌어야 한다
2. 우리의 현 사회제도는 잘못된 점이 존재하나, 서서히 개선되어야 한다
3. 우리의 현 사회제도는 전체적으로 잘 되어 있기 때문에 현 상태를 유지하는 것이 바람직하다

표 5-2-2. 우리 사회의 도덕성 수준

문) 귀하께서는 우리 사회의 도덕성이 얼마나 높다고 생각하십니까, 아니면 낮다고 생각하십니까?

	사례수	① 매우 높다	② 높은 편이다	①+②	③ 낮은 편이다	④ 아주 낮다	③+④	모름/ 무응답	계
		%	%	%	%	%	%	%	%
■ 전체 ■	(1503)	1.1	26.1	27.2	58.2	10.5	68.7	4.1	100.0
■ 성별 ■									
남자	(749)	1.1	24.8	25.9	58.9	11.6	70.5	3.6	100.0
여자	(754)	1.1	27.4	28.4	57.5	9.4	67.0	4.6	100.0
■ 연령별 ■									
20대	(316)	.7	28.5	29.1	58.9	7.1	66.0	4.8	100.0
30대	(340)	1.8	21.9	23.8	61.0	11.6	72.6	3.6	100.0
40대	(348)	.9	23.3	24.1	64.2	9.3	73.5	2.4	100.0
50대	(247)	.8	23.5	24.3	59.8	12.5	72.2	3.5	100.0
60세 이상	(252)	1.2	35.0	36.3	43.8	13.1	56.8	6.9	100.0
■ 성/연령별 ■									
남자 20대	(163)	.5	33.7	34.2	54.5	5.9	60.4	5.3	100.0
30대	(173)	2.6	17.0	19.6	62.1	15.7	77.8	2.6	100.0
40대	(177)	.7	20.1	20.8	65.8	10.7	76.5	2.7	100.0
50대	(124)	.8	21.1	22.0	61.0	13.8	74.8	3.3	100.0
60세이상	(112)	.8	35.2	35.9	46.9	12.5	59.4	4.7	100.0
여자 20대	(153)	.8	22.9	23.7	63.6	8.5	72.0	4.2	100.0
30대	(167)	1.0	27.1	28.1	59.9	7.3	67.2	4.7	100.0
40대	(171)	1.0	26.6	27.6	62.5	7.8	70.3	2.1	100.0
50대	(123)	.7	25.9	26.7	58.5	11.1	69.6	3.7	100.0
60세이상	(140)	1.6	34.9	36.5	41.3	13.5	54.8	8.7	100.0
■ 지역별 ■									
서울	(319)	1.2	23.9	25.1	58.4	12.3	70.7	4.2	100.0
인천/경기	(422)	.4	24.0	24.4	64.1	7.1	71.3	4.3	100.0
강원	(48)	4.1	30.1	34.2	48.7	10.9	59.6	6.1	100.0
대전/충청	(153)	.0	19.3	19.3	61.4	15.8	77.2	3.5	100.0
광주/전라	(155)	.8	28.4	29.2	55.3	11.8	67.0	3.8	100.0
대구/경북	(164)	3.1	18.2	21.4	60.9	10.3	71.2	7.5	100.0
부산/울산/경남	(242)	1.0	39.8	40.8	47.5	9.9	57.4	1.7	100.0
■ 지역크기별 ■									
대도시	(709)	1.0	27.0	28.0	57.6	10.8	68.4	3.6	100.0
중소도시	(654)	1.2	24.5	25.7	58.6	11.4	69.9	4.4	100.0
읍/면	(140)	.8	29.1	29.8	59.3	5.2	64.5	5.6	100.0
■ 종교별 ■									
불교	(333)	.7	27.1	27.8	55.5	13.1	68.6	3.7	100.0
개신교	(373)	.8	25.9	26.7	60.1	10.1	70.2	3.1	100.0
천주교	(117)	2.4	28.8	31.2	50.2	12.8	63.0	5.9	100.0
기타	(13)	.0	17.0	17.0	67.4	7.0	74.3	8.7	100.0
종교 없음	(667)	1.3	25.4	26.7	59.7	9.1	68.8	4.5	100.0

표 5-2-3. 우리 사회 도덕성이 낮은 이유

문) 귀하께서 우리 사회의 도덕성이 낮다고 생각하시는 가장 큰 이유를 한 가지만 선택해주십시오.

	사례수	국민 개개인의 이기주의	지도자들의 부정부패	물질 만능주의	외래 문명의 무분별한 수용	도덕 교육의 실패	기타	모름/ 무응답	계
		%	%	%	%	%	%	%	%
■ 전 체 ■	(1033)	35.0	33.8	21.2	4.9	4.7	.2	.2	100.0
■ 성 별 ■									
남 자	(528)	33.8	35.2	18.7	5.3	6.5	.4	.0	100.0
여 자	(505)	36.3	32.4	23.7	4.5	2.8	.0	.4	100.0
■ 연 령 별 ■									
20 대	(209)	42.2	32.7	15.6	4.8	4.8	.0	.0	100.0
30 대	(247)	36.0	34.5	21.1	4.4	3.0	.9	.0	100.0
40 대	(256)	33.0	36.2	20.0	6.3	3.8	.0	.7	100.0
50 대	(178)	32.8	30.9	25.9	3.8	6.6	.0	.0	100.0
60세 이상	(143)	29.1	33.7	25.6	4.9	6.6	.0	.0	100.0
■ 성/연령별 ■									
남자20대	(98)	38.1	36.3	10.6	8.8	6.2	.0	.0	100.0
30대	(135)	37.0	33.6	19.3	4.2	4.2	1.7	.0	100.0
40대	(135)	30.7	36.8	21.9	5.3	5.3	.0	.0	100.0
50대	(93)	33.7	34.8	17.4	4.3	9.8	.0	.0	100.0
60세이상	(67)	27.6	34.2	25.0	3.9	9.2	.0	.0	100.0
여자20대	(110)	45.9	29.4	20.0	1.2	3.5	.0	.0	100.0
30대	(112)	34.9	35.7	23.3	4.7	1.6	.0	.0	100.0
40대	(120)	35.6	35.6	17.8	7.4	2.2	.0	1.5	100.0
50대	(86)	31.9	26.6	35.1	3.2	3.2	.0	.0	100.0
60세이상	(77)	30.4	33.3	26.1	5.8	4.3	.0	.0	100.0
■ 지 역 별 ■									
서 울	(226)	35.1	28.8	23.6	6.5	5.9	.0	.0	100.0
인천/경기	(300)	39.2	28.8	15.0	9.2	7.4	.0	.3	100.0
강 원	(29)	46.0	21.1	26.0	.0	3.0	3.9	.0	100.0
대전/충청	(118)	29.9	51.1	15.5	1.1	1.5	1.0	.0	100.0
광주/전라	(104)	34.3	43.7	18.1	1.0	3.0	.0	.0	100.0
대구/경북	(117)	41.0	36.5	16.4	.0	5.3	.0	.8	100.0
부산/울산/경남	(139)	23.3	31.2	40.4	4.4	.6	.0	.0	100.0
■ 지역크기별 ■									
대 도 시	(485)	34.1	35.0	22.0	3.7	4.8	.2	.0	100.0
중소 도시	(457)	36.9	31.3	19.0	6.9	5.5	.2	.2	100.0
읍/면	(91)	30.4	40.1	27.1	1.4	.0	.0	1.0	100.0
■ 종 교 별 ■									
불 교	(228)	33.5	32.9	22.9	6.2	4.1	.0	.4	100.0
개 신 교	(262)	37.4	33.7	20.7	3.8	4.4	.0	.0	100.0
천 주 교	(74)	36.0	28.5	27.3	2.5	5.7	.0	.0	100.0
기 타	(10)	34.8	31.2	22.3	.0	11.7	.0	.0	100.0
종교 없음	(459)	34.3	35.3	19.6	5.4	4.8	.5	.2	100.0

표 5-2-4. 자유와 평등 중 우리사회에 더 중요한 것

문) 귀하께서는 자유와 평등 중 어느 것이 우리 사회에 조금이라도 더 중요하다고 생각하십니까?

	사례수	자유가 더 중요	평등이 더 중요	모름/ 무응답	계
		%	%	%	%
■ 전 체 ■	(1503)	53.0	42.0	5.0	100.0
■ 성 별 ■					
남 자	(749)	56.7	38.4	5.0	100.0
여 자	(754)	49.3	45.6	5.1	100.0
■ 연 령 별 ■					
20 대	(316)	55.7	38.8	5.5	100.0
30 대	(340)	51.8	42.9	5.3	100.0
40 대	(348)	56.4	39.7	3.9	100.0
50 대	(247)	50.5	45.7	3.8	100.0
60세 이상	(252)	48.8	44.3	6.9	100.0
■ 성 / 연령별 ■					
남자20 대	(163)	62.6	33.2	4.3	100.0
30 대	(173)	53.6	40.5	5.9	100.0
40 대	(177)	59.1	36.2	4.7	100.0
50 대	(124)	53.7	44.7	1.6	100.0
60세이상	(112)	52.3	39.1	8.6	100.0
여자20 대	(153)	48.3	44.9	6.8	100.0
30 대	(167)	50.0	45.3	4.7	100.0
40 대	(171)	53.6	43.2	3.1	100.0
50 대	(123)	47.4	46.7	5.9	100.0
60세이상	(140)	46.0	48.4	5.6	100.0
■ 지 역 별 ■					
서 울	(319)	60.4	35.9	3.7	100.0
인천 / 경기	(422)	55.4	40.0	4.6	100.0
강 원	(48)	47.0	39.1	13.9	100.0
대전 / 충청	(153)	55.2	36.7	8.2	100.0
광주 / 전라	(155)	40.7	51.8	7.5	100.0
대구 / 경북	(164)	42.8	49.5	7.6	100.0
부산 / 울산 / 경남	(242)	53.6	46.0	.5	100.0
■ 지역크기별 ■					
대 도 시	(709)	56.0	40.9	3.2	100.0
중소 도시	(654)	50.2	44.1	5.7	100.0
읍 / 면	(140)	51.1	37.7	11.3	100.0
■ 종 교 별 ■					
불 교	(333)	45.6	50.9	3.5	100.0
개 신 교	(373)	55.9	38.9	5.2	100.0
천 주 교	(117)	52.3	41.2	6.6	100.0
기 타	(13)	32.7	67.3	.0	100.0
종교 없음	(667)	55.6	38.9	5.5	100.0
■정치관심정도■					
관심 있다	(490)	50.2	44.5	5.3	100.0
관심 없다	(993)	54.8	41.5	3.8	100.0
모름 / 무응답	(20)	31.6	6.5	61.9	100.0
■ 정치성향별 ■					
보 수	(437)	50.9	44.6	4.5	100.0
중 립	(587)	57.7	39.2	3.0	100.0
진 보	(295)	48.1	48.9	3.0	100.0
모름 / 무응답	(184)	50.4	33.6	16.0	100.0
■현사회대한견해■					
빨리바꿔어야함	(455)	51.1	44.0	4.9	100.0
점진적으로개선	(919)	55.7	41.1	3.2	100.0
현재상태유지	(38)	41.7	52.2	6.1	100.0
모름 / 무응답	(91)	39.9	36.6	23.5	100.0

표 5-2-5. 능력급의 공평성에 대한 견해

문) 같은 나이에 비슷한 일을 하는 두 명의 비서가 있습니다.
그 중 한 명이 다른 비서가 자기보다 더 많은 월급을 받는다는 사실을 알고
윗사람에게 항의했습니다. 윗사람은 다른 비서가 일을 더 빠르게 잘하며
믿을 수 있기 때문이라고 응답했습니다. 귀하께서는 능력 있는 비서가
그렇지 못한 비서보다 더 많은 월급을 받는 것이 공평하다고 생각하십니까,
아니면 공평하지 않다고 생각하십니까?

	사례수	공평하다	공평하지 않다	모름/ 무응답	계
		%	%	%	%
■ 전 체 ■	(1503)	77.6	19.2	3.3	100.0
■ 성 별 ■					
남 자	(749)	78.9	18.0	3.1	100.0
여 자	(754)	76.2	20.3	3.5	100.0
■ 연 령 별 ■					
20 대	(316)	79.4	17.7	2.9	100.0
30 대	(340)	79.9	18.7	1.4	100.0
40 대	(348)	80.7	17.1	2.2	100.0
50 대	(247)	70.9	23.3	5.8	100.0
60세 이상	(252)	74.3	20.4	5.3	100.0
■ 성/연령별 ■					
남자20 대	(163)	77.5	20.9	1.6	100.0
30 대	(173)	79.1	19.6	1.3	100.0
40 대	(177)	81.2	15.4	3.4	100.0
50 대	(124)	77.2	16.3	6.5	100.0
60세이상	(112)	78.9	17.2	3.9	100.0
여자20 대	(153)	81.4	14.4	4.2	100.0
30 대	(167)	80.7	17.7	1.6	100.0
40 대	(171)	80.2	18.8	1.0	100.0
50 대	(123)	64.4	30.4	5.2	100.0
60세이상	(140)	70.6	23.0	6.3	100.0
■ 지 역 별 ■					
서 울	(319)	81.6	15.5	2.9	100.0
인천/경기	(422)	78.2	17.5	4.3	100.0
강 원	(48)	83.8	10.1	6.1	100.0
대전/충청	(153)	81.2	16.7	2.1	100.0
광주/전라	(155)	74.2	20.4	5.3	100.0
대구/경북	(164)	69.7	27.7	2.6	100.0
부산/울산/경남	(242)	75.0	23.7	1.3	100.0
■ 지역크기별 ■					
대 도 시	(709)	78.3	19.3	2.4	100.0
중소 도시	(654)	75.7	19.8	4.5	100.0
읍/면	(140)	82.3	15.2	2.5	100.0
■ 종 교 별 ■					
불 교	(333)	77.4	19.8	2.8	100.0
개 신 교	(373)	73.6	21.6	4.8	100.0
천 주 교	(117)	84.5	13.0	2.5	100.0
기 타	(13)	74.7	25.3	.0	100.0
종교 없음	(667)	78.7	18.5	2.9	100.0
■정치관심정도■					
관심 있다	(490)	78.8	18.0	3.1	100.0
관심 없다	(993)	77.4	20.0	2.6	100.0
모름/무응답	(20)	55.3	5.6	39.1	100.0
■ 정치성향별 ■					
보 수	(437)	79.7	19.1	1.2	100.0
중 립	(587)	77.5	18.5	4.1	100.0
진 보	(295)	82.3	15.9	1.7	100.0
모름/무응답	(184)	65.0	26.8	8.2	100.0
■현사회대한견해					
빨리바꿔야함	(455)	78.6	20.0	1.3	100.0
점진적으로개선	(919)	77.6	19.1	3.2	100.0
현재상태유지	(38)	79.1	20.9	.0	100.0
모름/무응답	(91)	70.6	14.3	15.1	100.0

표 5-2-6. 교통법규 위반시 편의 부탁에 대한 견해

문) 귀하께서는 교통법규를 위반했을 때 교통경찰에게 돈을 건네는 등 잘 봐달라고 부탁하는 것에 대해 그럴 수도 있는 일이라고 생각하십니까, 아니면 절대 해서는 안 되는 일이라고 생각하십니까?

	사례수	그럴 수도 있는 일이다 %	절대 해서는 안 되는 일이다 %	모름/ 무응답 %	계 %
■ 전 체 ■	(1503)	26.2	71.4	2.4	100.0
■ 성 별 ■					
남 자	(749)	30.1	67.7	2.2	100.0
여 자	(754)	22.4	75.1	2.5	100.0
■ 연 령 별 ■					
20 대	(316)	26.7	68.4	4.9	100.0
30 대	(340)	31.3	66.7	2.0	100.0
40 대	(348)	32.6	66.1	1.3	100.0
50 대	(247)	19.3	79.5	1.2	100.0
60세 이상	(252)	16.7	80.9	2.4	100.0
■ 성 / 연령별 ■					
남자 20 대	(163)	27.8	69.0	3.2	100.0
30 대	(173)	33.3	64.7	2.0	100.0
40 대	(177)	38.9	59.1	2.0	100.0
50 대	(124)	26.0	72.4	1.6	100.0
60세이상	(112)	18.8	78.9	2.3	100.0
여자 20 대	(153)	25.4	67.8	6.8	100.0
30 대	(167)	29.2	68.8	2.1	100.0
40 대	(171)	26.0	73.4	.5	100.0
50 대	(123)	12.6	86.7	.7	100.0
60세이상	(140)	15.1	82.5	2.4	100.0
■ 지 역 별 ■					
서 울	(319)	22.2	74.5	3.3	100.0
인천 / 경기	(422)	27.1	71.5	1.4	100.0
강 원	(48)	17.0	76.1	6.9	100.0
대전 / 충청	(153)	24.6	73.7	1.7	100.0
광주 / 전라	(155)	23.3	73.4	3.3	100.0
대구 / 경북	(164)	30.2	67.5	2.3	100.0
부산/울산/경남	(242)	32.0	66.0	1.9	100.0
■ 지역크기별 ■					
대 도 시	(709)	29.0	68.9	2.2	100.0
중소 도시	(654)	25.8	71.9	2.3	100.0
읍 / 면	(140)	14.0	82.1	3.9	100.0
■ 종 교 별 ■					
불 교	(333)	27.2	70.8	2.0	100.0
개 신 교	(373)	23.8	74.6	1.7	100.0
천 주 교	(117)	25.5	70.8	3.7	100.0
기 타	(13)	22.7	77.3	.0	100.0
종교 없음	(667)	27.3	69.9	2.8	100.0
■정치관심정도■					
관심 있다	(490)	28.6	69.1	2.3	100.0
관심 없다	(993)	25.0	72.8	2.2	100.0
모름 / 무응답	(20)	27.7	59.9	12.4	100.0
■ 정치성향별 ■					
보 수	(437)	29.2	68.9	1.9	100.0
중 립	(587)	22.6	76.2	1.2	100.0
진 보	(295)	30.6	67.1	2.3	100.0
모름 / 무응답	(184)	23.5	69.0	7.5	100.0
■현사회대한견해■					
빨리바뀌어야함	(455)	31.2	67.1	1.7	100.0
점진적으로개선	(919)	24.1	74.2	1.7	100.0
현재상태유지	(38)	32.9	64.1	2.9	100.0
모름 / 무응답	(91)	19.8	67.9	12.4	100.0

표 5-2-7. 과학의 발전이 인류에게 미칠 영향

문) 귀하께서는 장기적으로 과학의 발전이 인류에게 이익을 줄 것이라고 생각하십니까, 아니면 해를 끼칠 것이라고 생각하십니까?

	사례수	이익을 줄 것이다	해를 끼칠 것이다	모름/ 무응답	계
		%	%	%	%
■ 전 체 ■	(1503)	71.3	20.0	8.7	100.0
■ 성 별 ■					
남 자	(749)	73.2	19.8	7.0	100.0
여 자	(754)	69.4	20.2	10.4	100.0
■ 연 령 별 ■					
20 대	(316)	73.2	18.8	8.0	100.0
30 대	(340)	70.0	21.9	8.1	100.0
40 대	(348)	70.6	24.1	5.4	100.0
50 대	(247)	70.1	20.5	9.4	100.0
60세 이상	(252)	72.8	13.0	14.2	100.0
■ 성/연령별 ■					
남자20대	(163)	77.5	18.2	4.3	100.0
30대	(173)	68.6	23.5	7.8	100.0
40대	(177)	73.8	22.1	4.0	100.0
50대	(124)	69.9	19.5	10.6	100.0
60세이상	(112)	76.6	13.3	10.2	100.0
여자20대	(153)	68.6	19.5	11.9	100.0
30대	(167)	71.4	20.3	8.3	100.0
40대	(171)	67.2	26.0	6.8	100.0
50대	(123)	70.4	21.5	8.1	100.0
60세이상	(140)	69.8	12.7	17.5	100.0
■ 지 역 별 ■					
서울	(319)	63.5	27.9	8.6	100.0
인천/경기	(422)	73.8	15.8	10.4	100.0
강원	(48)	60.1	27.3	12.6	100.0
대전/충청	(153)	78.5	12.6	8.8	100.0
광주/전라	(155)	73.5	16.0	10.6	100.0
대구/경북	(164)	71.9	17.5	10.6	100.0
부산/울산/경남	(242)	73.1	24.5	2.4	100.0
■ 지역크기별 ■					
대 도 시	(709)	70.1	21.9	8.0	100.0
중소 도시	(654)	72.7	18.2	9.1	100.0
읍/면	(140)	70.6	19.4	10.0	100.0
■ 종 교 별 ■					
불 교	(333)	70.7	19.3	10.0	100.0
개 신 교	(373)	69.6	20.1	10.3	100.0
천 주 교	(117)	72.0	20.2	7.8	100.0
기 타	(13)	76.5	23.5	.0	100.0
종교 없음	(667)	72.4	20.2	7.4	100.0
■정치관심정도■					
관심 있다	(490)	76.4	18.2	5.3	100.0
관심 없다	(993)	69.6	21.1	9.3	100.0
모름/무응답	(20)	29.0	9.9	61.1	100.0
■ 정치성향별 ■					
보 수	(437)	71.9	20.8	7.3	100.0
중 립	(587)	75.9	18.3	5.8	100.0
진 보	(295)	70.1	24.9	5.1	100.0
모름/무응답	(184)	57.3	15.9	26.8	100.0
■현사회대한견해					
빨리바꿔어야함	(455)	72.8	19.5	7.7	100.0
점진적으로개선	(919)	72.5	21.0	6.5	100.0
현재상태유지	(38)	74.0	20.7	5.4	100.0
모름/무응답	(91)	50.5	13.1	36.3	100.0

제3부 자료 319

표 5-3-1. 정치에 대한 관심도

문) 귀하께서는 정치에 대해 얼마나 관심이 있으십니까, 아니면 관심이 없으십니까?

	사례수	① 매우 관심이 많다 (4점)	② 어느 정도 관심이 있다 (3점)	①+②	③ 별로 관심이 없다 (2점)	④ 전혀 관심이 없다 (1점)	③+④	모름/ 무응답	계	(평균)
		%	%	%	%	%	%	%	%	점
■ 전 체 ■	(1503)	4.9	27.7	32.6	40.9	25.2	66.1	1.3	100.0	(2.12)
■ 성 별 ■										
남 자	(749)	7.6	36.4	43.9	35.3	20.2	55.5	.6	100.0	(2.31)
여 자	(754)	2.2	19.1	21.4	46.5	30.1	76.6	2.1	100.0	(1.93)
■ 연 령 별 ■										
20 대	(316)	2.3	21.7	24.1	45.0	28.6	73.6	2.3	100.0	(1.98)
30 대	(340)	3.8	27.4	31.2	47.8	20.2	68.0	.8	100.0	(2.15)
40 대	(348)	5.6	32.9	38.5	41.2	19.4	60.6	.9	100.0	(2.25)
50 대	(247)	6.7	26.2	32.9	40.5	26.2	66.7	.4	100.0	(2.14)
60세 이상	(252)	6.7	30.1	36.8	26.5	34.5	61.0	2.2	100.0	(2.09)
■ 성/연령별 ■										
남자20 대	(163)	3.7	29.4	33.2	36.4	29.9	66.3	.5	100.0	(2.07)
30 대	(173)	5.9	37.3	43.1	38.6	17.6	56.2	.7	100.0	(2.32)
40 대	(177)	10.1	43.0	53.0	34.2	11.4	45.6	1.3	100.0	(2.52)
50 대	(124)	8.9	31.7	40.7	36.6	22.8	59.3	.0	100.0	(2.27)
60세이상	(112)	10.2	39.8	50.0	28.9	21.1	50.0	.0	100.0	(2.39)
여자20 대	(153)	.8	13.6	14.4	54.2	27.1	81.4	4.2	100.0	(1.88)
30 대	(167)	1.6	17.2	18.8	57.3	22.9	80.2	1.0	100.0	(1.97)
40 대	(171)	1.0	22.4	23.4	48.4	27.6	76.0	.5	100.0	(1.97)
50 대	(123)	4.4	20.7	25.2	44.4	29.6	74.1	.7	100.0	(2.00)
60세이상	(140)	4.0	22.2	26.2	24.6	45.2	69.8	4.0	100.0	(1.84)
■ 지 역 별 ■										
서 울	(319)	6.8	29.3	36.1	35.9	27.2	63.2	.8	100.0	(2.16)
인천/경기	(422)	4.2	26.5	30.7	45.2	22.3	67.5	1.8	100.0	(2.13)
강 원	(48)	7.2	21.2	28.4	41.8	23.2	65.0	6.6	100.0	(2.13)
대전/충청	(153)	5.5	22.4	27.9	53.4	18.7	71.3	.8	100.0	(2.16)
광주/전라	(155)	4.9	29.6	34.5	32.7	30.5	63.2	2.3	100.0	(2.09)
대구/경북	(164)	3.8	31.8	35.6	37.2	26.0	63.2	1.2	100.0	(2.13)
부산/울산/경남	(242)	3.5	28.5	32.0	39.7	28.3	68.0	.0	100.0	(2.07)
■ 지역크기별 ■										
대 도 시	(709)	5.8	29.4	35.2	35.8	28.6	64.4	.3	100.0	(2.12)
중소 도시	(654)	3.8	26.8	30.6	46.4	21.1	67.5	2.0	100.0	(2.14)
읍/면	(140)	5.2	23.6	28.8	41.4	26.5	67.9	3.4	100.0	(2.08)
■ 종 교 별 ■										
불 교	(333)	5.5	29.4	34.9	37.3	27.2	64.6	.5	100.0	(2.13)
개 신 교	(373)	4.5	28.3	32.8	43.9	22.1	66.0	1.2	100.0	(2.15)
천 주 교	(117)	6.1	22.7	28.8	46.0	23.5	69.5	1.7	100.0	(2.12)
기 타	(13)	9.3	34.5	43.8	31.9	24.2	56.2	.0	100.0	(2.29)
종교 없음	(667)	4.5	27.3	31.8	40.3	26.1	66.5	1.7	100.0	(2.10)
■ 정치성향별 ■										
보 수	(437)	7.3	40.2	47.5	36.2	16.3	52.5	.0	100.0	(2.39)
중 립	(587)	1.5	22.0	23.5	50.8	25.2	76.1	.4	100.0	(2.00)
진 보	(295)	10.7	34.0	44.7	36.1	19.2	55.3	.0	100.0	(2.36)
모름/무응답	(184)	.5	6.3	6.8	28.1	55.6	83.6	9.6	100.0	(1.47)
■현사회대한견해										
빨리바꾸어야함	(455)	6.9	28.1	35.0	39.3	25.2	64.5	.5	100.0	(2.17)
점진적으로개선	(919)	3.8	29.0	32.8	43.3	23.6	66.9	.3	100.0	(2.13)
현재상태유지	(38)	10.1	27.8	37.9	40.8	21.3	62.1	.0	100.0	(2.27)
모름/무응답	(91)	3.6	12.7	16.4	24.6	42.3	66.9	16.7	100.0	(1.73)

표 5-3-2. 정치적 이념 성향

문) 귀하의 정치적 이념 성향은 다음 중 어디에 해당한다고 생각하십니까?

	사례수	① 매우 보수적 이다 (1점)	② 다소 보수 적인 편이다 (2점)	①+②	③ 보수도 진보도 아니다 (3점)	④ 다소 진보 적인 편이다 (4점)	⑤ 매우 진보적 이다 (5점)	④+⑤	모름/ 무응답	계	(평균)
		%	%	%	%	%	%	%	%	%	점
■ 전체 ■	(1503)	3.1	26.0	29.1	39.1	17.5	2.1	19.6	12.2	100.0	2.88
■ 성별 ■											
남자	(749)	3.6	29.1	32.7	36.8	19.7	3.2	22.9	7.6	100.0	2.89
여자	(754)	2.5	23.0	25.5	41.3	15.2	1.1	16.3	16.8	100.0	2.87
■ 연령별 ■											
20대	(316)	2.2	15.8	18.0	43.3	22.2	2.2	24.4	14.3	100.0	3.08
30대	(340)	2.7	21.1	23.8	44.1	21.2	1.3	22.4	9.7	100.0	2.97
40대	(348)	2.0	31.6	33.5	36.9	17.7	3.2	20.8	8.7	100.0	2.87
50대	(247)	2.8	31.4	34.2	39.4	12.2	1.6	13.9	12.5	100.0	2.75
60세 이상	(252)	6.5	32.6	39.0	29.6	11.4	2.3	13.7	17.6	100.0	2.64
■ 성/연령별 ■											
남자20대	(163)	2.7	18.7	21.4	44.9	19.3	2.7	21.9	11.8	100.0	3.01
30대	(173)	3.3	18.3	21.6	42.5	25.5	2.0	27.5	8.5	100.0	3.05
40대	(177)	1.3	36.9	38.3	30.9	20.1	4.7	24.8	6.0	100.0	2.89
50대	(124)	4.1	32.5	36.6	37.4	16.3	3.3	19.5	6.5	100.0	2.81
60세이상	(112)	8.6	44.5	53.1	25.0	14.8	3.1	18.0	3.9	100.0	2.58
여자20대	(153)	1.7	12.7	14.4	41.5	25.4	1.7	27.1	16.9	100.0	3.15
30대	(167)	2.1	24.0	26.0	45.8	16.7	.5	17.2	10.9	100.0	2.88
40대	(171)	2.6	26.0	28.6	43.2	15.1	1.6	16.7	11.5	100.0	2.85
50대	(123)	1.5	30.4	31.9	41.5	8.1	.0	8.1	18.5	100.0	2.69
60세이상	(140)	4.8	23.0	27.8	33.3	8.7	1.6	10.3	28.6	100.0	2.71
■ 지역별 ■											
서울	(319)	4.0	21.8	25.8	40.2	17.3	2.4	19.7	14.3	100.0	2.91
인천/경기	(422)	3.5	25.8	29.3	42.3	14.6	1.5	16.1	12.4	100.0	2.83
강원	(48)	.0	20.6	20.6	26.9	21.5	9.3	30.8	21.6	100.0	3.25
대전/충청	(153)	3.6	30.9	34.5	34.4	15.2	1.2	16.5	14.7	100.0	2.76
광주/전라	(155)	3.2	24.5	27.7	38.9	17.8	1.9	19.7	13.7	100.0	2.89
대구/경북	(164)	2.8	31.6	34.4	32.5	14.5	4.6	19.1	14.0	100.0	2.84
부산/울산/경남	(242)	1.4	27.2	28.7	42.0	25.2	.5	25.7	3.6	100.0	2.96
■ 지역크기별 ■											
대도시	(709)	2.9	26.2	29.1	38.4	19.4	1.8	21.1	11.4	100.0	2.90
중소도시	(654)	3.4	26.8	30.2	39.9	16.7	2.4	19.1	10.9	100.0	2.87
읍/면	(140)	2.5	21.8	24.3	39.0	11.9	2.6	14.4	22.3	100.0	2.87
■ 종교별 ■											
불교	(333)	2.1	28.3	30.4	35.7	19.5	2.4	21.9	12.0	100.0	2.91
개신교	(373)	5.3	25.5	30.7	38.0	17.9	1.7	19.7	11.7	100.0	2.83
천주교	(117)	.9	28.5	29.4	42.8	11.0	2.7	13.7	14.1	100.0	2.84
기타	(13)	.0	64.6	64.6	18.0	8.7	.0	8.7	8.7	100.0	2.39
종교없음	(667)	2.8	24.0	26.8	41.2	17.5	2.2	19.7	12.4	100.0	2.91
■ 정치관심정도 ■											
관심 있다	(490)	5.2	37.2	42.4	28.2	23.3	3.5	26.9	2.5	100.0	2.82
관심 없다	(993)	2.1	21.1	23.1	45.0	14.9	1.5	16.4	15.5	100.0	2.91
모름/무응답	(20)	.0	.0	.0	11.6	.0	.0	.0	88.4	100.0	3.00
■ 현사회대한견해 ■											
빨리바뀌어야함	(455)	4.3	25.7	30.0	35.5	19.9	3.3	23.2	11.4	100.0	2.91
점진적으로개선	(919)	2.4	27.9	30.4	42.5	17.0	1.5	18.5	8.6	100.0	2.86
현재상태유지	(38)	5.0	17.1	22.1	48.0	18.6	2.3	20.9	9.1	100.0	2.96
모름/무응답	(91)	2.2	12.7	14.9	18.9	9.7	2.4	12.1	54.1	100.0	2.95

질문지

110-054 서울시 종로구 사직동 208 전화 (02) 3702-2100, 팩스 (02) 3702-2121, 한국갤럽홈페이지 www.gallup.co.kr, 갤럽패널홈 panel.gallup.co.kr
한국갤럽 GALLUP KOREA affiliated with GALLUP INTERNATIONAL

A1-5

Gallup Omnibus

한국인의 철학에 대한 조사

안녕하십니까?
저는 한국갤럽조사연구소에서 조사원으로 일하는 ○○○입니다.
이번 저희 연구소에서는 국민생활과 관련된 여러 가지 문제에 대한 의견을 알아보고 있습니다.
제가 묻게 되는 질문에는 맞고 틀리는 답이 없으며, ○○ 님의 의견은 이런 의견을 갖고 있는 사람이 몇 퍼센트 (%)라는 식으로 통계를 내는 데에만 사용되며, 그 외의 목적에는 절대로 사용되는 일이 없으니 느끼시는 대로 말씀해 주시면 됩니다.
잠시만 시간을 내어 협조해 주시면 감사하겠습니다.

■ 지 역: 6-7
01) 서울   02) 부산   03) 대구   04) 인천   05) 광주   06) 대전
07) 울산   08) 경기   09) 강원   10) 충북   11) 충남   12) 전북
13) 전남   14) 경북   15) 경남

■ 지점번호: 8-10

2009년 12월 - 2010년 1월
한 국 갤 럽 조 사 연 구 소
소   장 박   무   익
주   소 서울시 종로구 사직동 208
전   화 02-3702-100

■ 지역크기: 11   1. 대도시   2. 중소 도시   3. 읍   4. 면

■ 성 별: 12   1. 남성   2. 여성

SQ 1) ○○ 님은 2009년 9월 이후 지금까지 설문조사에 응답하신 적이 있습니까?
1. 있다 ▶ 조사 중단
2. 없다
↓

SQ 2) ○○ 님 본인 또는 가족이나 친지 중에 광고회사나 조사회사에 다니는 분이 계십니까?
1. 있다 ▶ 조사 중단
2. 없다
↓

SQ 3) 실례지만 ○○ 님의 나이(연세)는 올해 만으로 어떻게 되십니까? 생일을 고려하지 않고, 우리나라 나이에서 한 살을 뺀 만 나이로 응답해주십시오.
13-14 만 ☐☐ 세

SQ 4) 조사원 다음은 질문하지 말고 SQ3)에 따라 체크하십시오.
연령대
15
1. 만 19 - 39세
2. 만 40 - 59세
3. 만 60세 이상

SQ 5) 조사원 다음은 질문하지 말고 체크하십시오.
조사 지역
16
1. 인접 동 등 지정 동 이외 지역 진행
2. 지정 동 내 진행

SQ 6) ○○ 님의 직업은 무엇입니까?
17-18
1. 농업·수산업·축산업 (가족종사자 포함)
2. 자영업 (종업원 9명 이하의 소규모 업소 주인 및 가족 종사자, 약국, 개인택시운전사)
3. 판매직·서비스직 (상점점원, 세일즈맨, 보험설계사 등)
4. 기능공·숙련공 (중장비·트럭 운전사, 전자·가전제품 A/S 기술자, 숙련공 등)
5. 일반작업직 (토목 관계의 현장 작업, 청소, 수위, 육체 노동 등)
6. 사무직·기술직 (일반회사 사무직, 기술직, 유치원·학교 교사, 회사에 소속된 웹디자이너·컴퓨터 프로그래머 등)
7. 경영관리직 (5급 이상의 고급공무원, 교장, 기업체 부장 이상의 직위 등)
8. 전문직 (대학교수, 변호사, 의사, 회계사, 종교인, 언론인, 예술가, 고소득 프리랜서 등)
9. 가정주부
10. 학생 (고등학생, 대학생, 대학원생)
11. 무직
12. 은퇴
13. 기타 (적을 것 : _____)

SQ 7) 조사원 다음은 질문하지 말고 체크하십시오.
조사 장소
19-20
1. (가구 방문) 집 안
2. (가구 방문) 집 밖
3. (가구 방문 아닌 경우) 건물 안(실내)
4. (가구 방문 아닌 경우) 건물 바깥(실외)
5. 기타 (적을 것 : _____)

B

"한국인의 철학에 대한 조사"

한국갤럽조사연구소는 2010년으로 창립 36주년이 됩니다.
지난 35년간 한국갤럽의 조사에 응답해 주신 국민 여러분께 진심으로 감사드립니다.
저희는 이번에 한국인의 철학에 대한 자료를 수집하고 있습니다.
본 조사 결과는 향후 언론 매체와 서적을 통해 알려드릴 예정입니다.

지금부터는 질문지를 보시고 직접 기록하시는 방식으로 응답하셔도 되며, 궁금하신 부분은 조사원에게 문의해주십시오.
그리고 지금까지와 마찬가지로 조사원이 기록하는 것이 편하시면 조사원의 질문에 응답만 해주십시오. 감사합니다.

(오른쪽의 응답란에 기록해주십시오.)

| 질 문 | ➡ | 응 답 |

(문 1) 지금까지 살아오시면서 읽으신 책 중 귀하께서 가장 **감명 깊게 읽으신 책**은 무엇입니까? 그 다음으로 감명 깊게 읽으신 책은 무엇입니까? 순서대로 **두 권까지** 적어주십시오.
(답 1) B6-8 ㉮
9-11 ㉯

(문 2) 지금까지 살아오시면서 귀하께서 **가장 존경하는 사람**은 누구입니까? 그 다음으로 존경하는 사람은 누구입니까? 가족이나 아는 사람은 제외하고 순서대로 **두 명까지** 적어주십시오.
(답 2) 12-14 ㉮
15-17 ㉯

(문 3) 오른쪽에 제시된 항목들 중에서 귀하의 인생에서 가장 중요하다고 생각하시는 것은 무엇입니까? 가장 중요하다고 생각하시는 것과 그 다음으로 중요하다고 생각하시는 것을 각각 한 개씩 골라 해당 번호에 ○ 표시를 해주십시오.

(답 3)

항목	18-19 가장 중요	20-21 그 다음 중요
권력	1	1
명예	2	2
재산(富)	3	3
좋은 직업	4	4
마음의 평안	5	5
남을 돕는 일	6	6
종교	7	7
가족	8	8

(문 4) 귀하의 댁에는 **가훈**이 있습니까?
가훈이 있다면, 그 가훈이 무엇인지 적어주십시오.
(답 4) 22
1. 가훈이 있다 → (가훈을 적어주세요.) 23-25
2. 가훈이 없다

(문 5) 지금까지 삶의 경험으로 미루어 볼 때 귀하께서는 **인간의 본성**이 태어날 때부터 선하다고 생각하십니까, 아니면 악하다고 생각하십니까?
(답 5) 26
1. 태어날 때부터 선하다
2. 태어날 때부터 악하다
3. 태어날 때부터 선과 악을 동시에 지니고 있다
4. 선하지도 악하지도 않다 (태어난 후에 결정된다)
5. 모름/응답거절

(문 6) 오른쪽에 제시된 것들이 존재한다고 생각하십니까, 아니면 존재하지 않는다고 생각하십니까? 각각 응답해주십시오.
(답 6) ㉮ 절대진리
27 1. 존재한다 2. 존재하지 않는다 3. 모름/응답거절
㉯ 신(神)
28 1. 존재한다 2. 존재하지 않는다 3. 모름/응답거절
㉰ 사후세계
29 1. 존재한다 2. 존재하지 않는다 3. 모름/응답거절

B

(앞에서 계속되는 질문입니다. 오른쪽의 응답란에 기록해주십시오.)

질 문	➡	응 답
(문 7) 귀하께서는 오른쪽에 제시된 내용 중에서 어떤 생각에 동의하십니까?	(답 7) B30	1. 진정한 종교는 하나뿐이다 2. 여러 종교는 저마다 기본적인 진리와 의미를 갖고 있다 3. 어떤 종교든 진리를 갖고 있지 않다 4. 모름/응답거절
(문 8) 귀하께서는 사람의 운명이나 팔자가 타고 나는 것이라고 생각하십니까, 아니면 개인의 노력이나 능력에 따라 만들어지는 것이라고 생각하십니까?	(답 8) 31	1. 사람의 운명이나 팔자는 타고 나는 것이다 2. 사람의 운명이나 팔자는 개인의 노력이나 능력에 따라 만들어지는 것이다 3. 반반 4. 모름/응답거절
(문 9) 만약 결혼을 앞둔 자녀나 친척이 결혼 상대와 궁합이 나쁘다면, 귀하께서는 결혼해도 상관없다고 생각하십니까, 아니면 결혼을 하지 않는 것이 좋다고 생각하십니까?	(답 9) 32	1. 결혼해도 상관없다 2. 결혼을 하지 않는 것이 좋다 3. 모름/응답거절
(문 10) 귀하께서는 경우에 따라 이혼을 할 수 있다고 생각하십니까, 아니면 어떤 경우라도 이혼은 절대 하지 말아야 한다고 생각하십니까?	(답 10) 33	1. 경우에 따라 이혼을 할 수도 있다 2. 어떤 경우라도 이혼은 절대 하지 말아야 한다 3. 모름/응답거절
(문 11) 귀하께서는 남녀가 결혼 전 일정기간 동거한 후 결혼하는 것에 대해 찬성하십니까, 아니면 반대하십니까?	(답 11) 34	1. 찬성한다 2. 반대한다 3. 모름/응답거절
(문 12) 귀하께서는 평소 점, 사주, 관상, 작명 등을 얼마나 믿으십니까, 아니면 믿지 않으십니까?	(답 12) 35	1. 거의 믿는다 2. 어느 정도 믿는다 3. 별로 믿지 않는다 4. 전혀 믿지 않는다 5. 모름/응답거절
(문 13) 귀하께서는 지금까지 한 번이라도 직접 돈을 내고 점이나 사주 등을 보신 적이 있습니까?	(답 13) 36	1. 직접 돈을 내고 점이나 사주를 본 적이 있다 2. 본 적이 없다 ——▶ 문 15)로 가십시오
(문 14) (※ 이 질문에는 직접 돈을 내고 점/사주를 본 적이 있는 경우만 응답해주십시오.) 귀하께서 점이나 사주를 보신 경험에 의하면, 점이나 사주는 실제 현실과 얼마나 일치했습니까, 아니면 일치하지 않았습니까?	(답 14) 37	1. 거의 대부분 일치했다 2. 어느 정도 일치했다 3. 별로 일치하지 않았다 4. 전혀 일치하지 않았다 5. 모름/응답거절

(문 15) 오른쪽에 제시된 각 항목에 대해 '그렇다'고 생각하십니까, '아니다'라고 생각하십니까? 각각 응답해주십시오.	(답 15) 38
	39
	40
		㉮ 집안의 남자어른이 주도권을 가져야 집안의 질서가 선다
		   1. 그렇다 2. 아니다 3. 모름/응답거절
		㉯ 남편과 아내가 하는 일은 구별되어야 한다
		   1. 그렇다 2. 아니다 3. 모름/응답거절
		㉰ 자식은 자기 생각보다 부모의 뜻에 따라야 한다
		   1. 그렇다 2. 아니다 3. 모름/응답거절

(문 16) 귀하는 '나쁜 일을 하면 언젠가는 그 죄를 달게 받는다'는 말에 동의하는 편이십니까, 아니면 동의하지 않는 편이십니까?	(답 16) 41	1. 동의하는 편 2. 동의하지 않는 편 3. 모름/응답거절

B

(앞에서 계속되는 질문입니다. 오른쪽의 응답란에 기록해주십시오.)

질 문	➡	응 답

(문 17) 오른쪽에 제시된 항목들 중에 자녀들이 가정에서 **우선적으로 배워야** 한다고 생각하시는 것은 무엇입니까? 가장 우선적으로 배워야 한다고 생각하시는 것과 그 다음으로 배워야 한다고 생각하시는 것을 각각 한 가지씩 골라 해당 번호에 ○ 표시를 해주십시오.

(답 17)

항목	B42-43 우선 배울 것	44-45 그 다음 배울 것
예절바름	1	1
성실함	2	2
독립심	3	3
근면	4	4
정직	5	5
책임감	6	6
인내력	7	7
창의성	8	8
관용	9	9
지도력	10	10
자제심	11	11
절약	12	12
결단력	13	13
신앙심	14	14
순종	15	15

(문 18) 귀하께서는 **정치**에 대해 얼마나 관심이 있으십니까, 아니면 관심이 없으십니까?

(답 18) 46
1. 매우 관심이 많다
2. 어느 정도 관심이 있다
3. 별로 관심이 없다
4. 전혀 관심이 없다
5. 모름/응답거절

(문 19) 귀하의 **정치적 이념 성향**은 다음 중 어디에 해당한다고 생각하십니까?

(답 19) 47
1. 매우 보수적이다
2. 다소 보수적인 편이다
3. 보수도 진보도 아니다
4. 다소 진보적인 편이다
5. 매우 진보적이다
6. 모름/응답거절

(문 20) 귀하께서는 다음 중 어떤 생각에 동의하십니까?

(답 20) 48
1. 우리의 현 사회제도는 잘못된 점이 많으며, 빨리 바뀌어야 한다
2. 우리의 현 사회제도는 잘못된 점이 존재하나, 서서히 개선되어야 한다
3. 우리의 현 사회제도는 전체적으로 잘 되어 있기 때문에 현 상태를 유지하는 것이 바람직하다
4. 모름/응답거절

(문 21) 귀하께서는 **자유와 평등** 중 어느 것이 우리 사회에 조금이라도 더 중요하다고 생각하십니까?

(답 21) 49
1. 자유가 더 중요
2. 평등이 더 중요
3. 모름/응답거절

(문 22) 귀하께서는 만약 **전쟁**이 일어난다면, 우리나라를 위해 기꺼이 싸우시겠습니까?

(답 22) 50
1. 기꺼이 싸울 것이다
2. 그러지 않을 것이다
3. 모름/응답거절

(문 23) 귀하께서는 장기적으로 **과학의 발전**이 인류에게 이익을 줄 것이라고 생각하십니까, 아니면 해를 끼칠 것이라고 생각하십니까?

(답 23) 51
1. 이익을 줄 것이다
2. 해를 끼칠 것이다
3. 모름/응답거절

B

(앞에서 계속되는 질문입니다. 오른쪽의 응답란에 기록해주십시오.)

(문 24) 같은 나이에 비슷한 일을 하는 두 명의 비서가 있습니다. 그 중 한 명이 다른 비서가 자기보다 더 많은 월급을 받는다는 사실을 알고 윗사람에게 항의했습니다. 윗사람은 다른 비서가 일을 더 빠르게 잘하며 믿을 수 있기 때문이라고 응답했습니다.
귀하께서는 능력 있는 비서가 그렇지 못한 비서보다 더 **많은 월급을 받는** 것이 공평하다고 생각하십니까, 아니면 공평하지 않다고 생각하십니까?

(답 24) 1. 공평하다
B52 2. 공평하지 않다
     3. 모름/응답거절

(문 25) 귀하께서는 **교통법규를 위반했을 때 교통경찰에게 돈을 건네는 등 잘 봐달라고 부탁하는** 것에 대해 그럴 수도 있는 일이라고 생각하십니까, 아니면 절대 해서는 안 되는 일이라고 생각하십니까?

(답 25) 1. 그럴 수도 있는 일이다
53   2. 절대 해서는 안 되는 일이다
     3. 모름/응답거절

(문 26) 귀하께서는 우리 사회의 도덕성이 얼마나 높다고 생각하십니까, 아니면 낮다고 생각하십니까?

(답 26) 1. 매우 높다 ──▶ 문 28)로 가십시오
54   2. 높은 편이다 ──▶ 문 28)로 가십시오
     3. 낮은 편이다
     4. 아주 낮다
     5. 모름/응답거절 ──▶ 문 28)로 가십시오

(문 27) (※ 이 질문에는 우리 사회의 도덕성이 낮다고 생각하시는 경우만 응답해주십시오.)
귀하께서 우리 사회의 도덕성이 낮다고 생각하시는 가장 큰 이유를 한 가지만 선택해주십시오.

(답 27) 1. 지도자들의 부정부패
55-56 2. 물질만능주의
     3. 국민 개개인의 이기주의
     4. 외래 문명의 무분별한 수용
     5. 도덕 교육의 실패
     6. 기타 (적어주세요 : _____)

(문 28) 귀하에게 지금 **15세 된 아들**이 있다고 가정한다면, 귀하께서는 그 아들이 커서 어떤 직업을 갖길 바라십니까?
구체적인 직업을 한 가지만 적어주십시오.

(답 28)
57-59

(문 29) 그럼, 귀하에게 지금 **15세 된 딸**이 있다고 가정한다면, 귀하께서는 그 딸이 커서 어떤 직업을 갖길 바라십니까?
구체적인 직업을 한 가지만 적어주십시오.

(답 29)
60-62

(문 30) 헌법재판소는 최근 '**혼인빙자간음죄**'에 대해 위헌 판결을 내렸습니다. 귀하께서는 헌법재판소의 결정에 찬성하십니까, 아니면 반대하십니까?

(답 30) 1. 찬성한다
63   2. 반대한다
     3. 모름/응답거절

(문 31) 이번에는 배우자가 있는 사람이 혼외 성관계를 한 경우 성립하는 '**간통죄**'에 대해 여쭙겠습니다.
귀하께서는 간통죄를 계속 존속시키는 것이 좋다고 생각하십니까, 아니면 폐지하는 것이 좋다고 생각하십니까?

(답 31) 1. 존속시키는 것이 좋다
64   2. 폐지하는 것이 좋다
     3. 모름/응답거절

※ 지금부터는 '철학'에 대한 질문입니다. 어렵거나 까다로운 내용은 아니오니, 천천히 읽으시고 응답해 주시면 됩니다.

(문 32) 귀하께서는 '**철학**' 하면 무엇이 떠오르십니까?
그 다음으로는 무엇이 떠오르십니까? 어떤 내용이라도 좋으니, 생각나시는 대로 오른쪽 답란에 **두 개까지** 적어주십시오.

(답 32)
65-67 ㉮ _____
68-70 ㉯ _____

(문 33) 귀하께서는 지금까지 살아오시면서 **철학과 관련된 책**을 몇 권 정도 읽어보셨습니까? **숫자로** 적어주십시오.

(답 33) ☐☐☐ 권 정도의 철학 책을 읽었음
71-73 0. 철학과 관련된 책은 읽은 적이 없음

B/C

(앞에서 계속되는 질문입니다. 오른쪽의 응답란에 기록해주십시오.)

질 문	응 답
(문 34) 귀하께서는 다음 중 **어떤 철학 분야**에 가장 관심이 많으십니까? 한 가지만 선택해주십시오.	(답 34) 1. 형이상학 B74-75 2. 인식론 3. 논리학 4. 윤리학 5. 사회정치철학 6. 동양철학 7. 기타 (적어주세요 : _____) 8. 관심 있는 철학 분야가 없다 9. 모름/응답거절
(문 35) '**우리나라 철학자**'로는 어떤 철학자가 가장 먼저 생각나십니까? 그 다음으로는 어떤 분이 생각나십니까? 돌아가신 분과 현존하는 분을 모두 포함하여 오른쪽 답란에 **두 명까지** 적어주십시오.	(답 35) 76-78 ㉮ _____ 79-81 ㉯ _____
(문 36) 그럼, '**동양의 철학자**' 중에서 생각나는 철학자를 **두 명까지** 적어주십시오.	(답 36) 82-84 ㉮ _____ 85-87 ㉯ _____
(문 37) 이번에는 '**서양의 철학자**' 중에서 생각나는 철학자를 **두 명까지** 적어주십시오.	(답 37) 88-90 ㉮ _____ 91-93 ㉯ _____
(문 38) 귀하께서는 동서양을 통틀어 가장 훌륭한 철학자가 누구라고 생각하십니까? 돌아가신 분과 현존하는 분을 모두 포함하여 **가장 훌륭한 철학자를 한 명만** 적어주십시오.	(답 38) 94-96 _____
(문 39) 귀하께서는 오른쪽에 제시된 각 항목에 대해 '그렇다'고 생각하십니까, '아니다'라고 생각하십니까? 각각 응답해주십시오.	(답 39) ㉮ 철학은 공부하기 어려운 학문이다 C6 1. 그렇다 2. 아니다 3. 모름/응답거절 ㉯ 철학은 모든 학문의 기초가 되는 학문이다 7 1. 그렇다 2. 아니다 3. 모름/응답거절 ㉰ 철학은 인생의 의미와 가치를 탐구하는 학문이다 8 1. 그렇다 2. 아니다 3. 모름/응답거절 ㉱ 철학은 내 삶에 필요한 학문이다 9 1. 그렇다 2. 아니다 3. 모름/응답거절
(문 40) 현재 철학은 고등학교에서부터 정규과목으로 개설되어 있습니다. 귀하께서는 **고등학교에서의 철학 수업**이 교육적 효과가 있다고 생각하십니까, 없다고 생각하십니까?	(답 40) 1. 효과가 있다 10 2. 효과가 없다 3. 모름/응답거절
(문 41) 귀하께서는 **철학 공부와 윤리 의식**이 얼마나 관련이 있다고 생각하십니까, 아니면 관련이 없다고 생각하십니까?	(답 41) 1. 매우 밀접한 관련이 있다 11 2. 어느 정도 관련이 있다 3. 별로 관련이 없다 4. 전혀 관련이 없다 5. 모름/응답거절
(문 42) 귀하께서는 **철학이 국가 발전**에 얼마나 도움이 된다고 생각하십니까, 아니면 도움이 되지 않는다고 생각하십니까?	(답 42) 1. 많은 도움이 된다 12 2. 어느 정도 도움이 된다 3. 별로 도움이 되지 않는다 4. 전혀 도움이 되지 않는다 5. 모름/응답거절

C

(앞에서 계속되는 질문입니다. 오른쪽의 응답란에 기록해주십시오.)

질문	➡	응답

(문 43) 귀하의 자녀나 가족 중 한 사람이 대학에서 철학을 전공하겠다고 하면 말리시겠습니까, 아니면 지원하시겠습니까?

(답 43) C13
1. 말리겠다
2. 지원하겠다
3. 본인이 알아서 할 일이라고 생각한다
4. 모름/응답거절

(문 44) 귀하께서는 현재 자신이 얼마나 행복하다고 생각하십니까, 아니면 불행하다고 생각하십니까?

(답 44) 14
1. 매우 행복하다
2. 어느 정도 행복하다
3. 별로 행복하지 않다
4. 전혀 행복하지 않다
5. 모름/응답거절

(문 45) 귀하께서는 한국인이라는 사실이 얼마나 자랑스럽습니까, 아니면 자랑스럽지 않으십니까?

(답 45) 15
1. 매우 자랑스럽다
2. 어느 정도 자랑스럽다
3. 별로 자랑스럽지 않다
4. 전혀 자랑스럽지 않다
5. 모름/응답거절

(문 46) 귀하께서는 우리 인생이 얼마나 의미가 있다고 생각하십니까, 아니면 의미가 없다고 생각하십니까?

(답 46) 16
1. 매우 의미가 있다
2. 어느 정도 의미가 있다
3. 별로 의미가 없다
4. 전혀 의미가 없다
5. 모름/응답거절

(문 47) 귀하께서는 인생이 무의미하다고 얼마나 자주 생각하십니까, 아니면 생각하지 않으십니까?

(답 47) 17
1. 자주 생각한다
2. 가끔 생각한다
3. 별로 생각하지 않는다
4. 전혀 생각하지 않는다
5. 모름/응답거절

(문 48) 귀하께서는 죽음에 대해 얼마나 자주 생각하십니까, 아니면 생각하지 않으십니까?

(답 48) 18
1. 자주 생각한다
2. 가끔 생각한다
3. 별로 생각하지 않는다
4. 전혀 생각하지 않는다
5. 모름/응답거절

(문 49) 귀하의 요즘 건강 상태는 대체로 어떻습니까?

(답 49) 19
1. 매우 좋다
2. 어느 정도 좋은 편이다
3. 보통이다
4. 별로 좋지 않은 편이다
5. 전혀 좋지 않다
6. 모름/응답거절

(문 50) 현재 귀댁의 생활 형편은 어떻습니까?

(답 50) 20
1. 여유가 있는 편이다
2. 빠듯한 편이다
3. 빚을 얻어 생활한다
4. 모름/응답거절

(문 51) 우리 국민들의 생활수준을 '상, 중상, 중, 중하, 하' 등 5단계로 나눈다면, 귀댁의 생활수준은 어디에 해당된다고 생각하십니까?

(답 51) 21
1. 상
2. 중상
3. 중
4. 중하
5. 하
6. 모름/응답거절

C

지금까지 질문에 응답해 주셔서 대단히 감사합니다. 마지막으로 자료 분류를 위해 몇 가지만 더 여쭙겠습니다.
이 항목들은 통계적인 자료 분류 목적 이외에는 결코 사용되지 않을 것을 약속드립니다.

(D 1) 귀하는 **인터넷**을 이용하십니까?
인터넷을 이용하신다면, 일주일에 **며칠이나 이용**하십니까?

(답 D1) 1. 1일 이하　　5. 5일
C22　　2. 2일　　　　6. 6일
　　　 3. 3일　　　　7. 매일
　　　 4. 4일　　　　8. 인터넷을 이용하지 않음

(D 2) 실례지만, 귀하는 **학교**를 어디까지 마치셨습니까?
단, 중퇴는 졸업에 포함되지 않습니다.

(답 D2) 1. 초등학교 졸업 이하
23　　2. 중학교 졸업
　　　 3. 고등학교 졸업
　　　 4. 대학 재학/졸업
　　　 5. 대학원 재학 이상

(D 3) 귀하에게는 **종교**가 있습니까?
있다면, 무엇입니까?

(답 D3) 1. 불교
24-25　　2. 기독교 (개신교)
　　　　 3. 천주교 (가톨릭)
　　　　 4. 기타 (적어주세요 : ＿＿＿＿＿＿＿＿)

98. 종교 없음

(D 4) 현재 **함께 살고 계시는 가족 수**는 귀하 **본인을 포함**하여 모두 몇 명입니까? 숫자로 적어주십시오.

(답 D4) 함께 살고 있는 가족은 모두 □□ 명　　26-27

(D 5) 현재 살고 계시는 집의 **주택형태**는 어떻게 되십니까?

(답 D5) 1. 아파트
28-29　　2. 단독주택
　　　　 3. 연립주택/다세대/상가주택
　　　　 4. 기타 (적어주세요 : ＿＿＿＿＿＿＿＿)

(D 6) 현재 살고 계시는 집은 자가 소유입니까?
아니면 전세 또는 월세입니까?

(답 D6) 1. 자가 소유
30　　2. 전세
　　　 3. 월세 (보증금 + 월세 포함)
　　　 4. 기타 (적어주세요 : ＿＿＿＿＿＿＿＿)

(D 7) 귀하의 가족이 현재 살고 계시는 집은 몇 **평**입니까?
일반 주택인 경우에는 건평을 기준으로,
아파트인 경우에는 분양평형을 기준으로 응답해주십시오.
숫자로 적어주십시오. (3.3평방미터(㎡)=1평)

(답 D7)
31-34　□□□□ 평 (건평/분양평형)

(D 8) 현재 함께 살고 계시는 가족 모두의 한 달 평균 **총수입**은 얼마 정도입니까? 임대소득, 예금이자 등을 모두 포함한 가구 월평균 총수입을 기준으로 응답해주십시오.

(답 D8) 1. 월 49만원 이하　　　9. 월 400 - 499만원
35-36　2. 월 50 - 99만원　　10. 월 500 - 599만원
　　　 3. 월 100 - 149만원　　11. 월 600 - 699만원
　　　 4. 월 150 - 199만원　　12. 월 700 - 799만원
　　　 5. 월 200 - 249만원　　13. 월 800 - 899만원
　　　 6. 월 250 - 299만원　　14. 월 900 - 999만원
　　　 7. 월 300 - 349만원　　15. 월 1,000만원 이상
　　　 8. 월 350 - 399만원

장시간 조사에 협조해 주셔서 진심으로 감사드립니다.

이제 질문지를 저희 조사원에게 다시 되돌려 주시기 바랍니다.
저희 조사원이 혹시 응답이 누락된 문항이 있는지 확인을 도와드릴 것입니다.